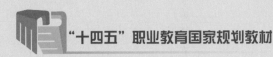
"十四五"职业教育国家规划教材

新编21世纪高等职业教育精品教材

金融类

金融学基础

（第四版）

主　编　周建松
副主编　姚星垣

中国人民大学出版社
·北京·

第四版前言
PREFACE TO THE FOURTH EDITION

党的二十大报告明确指出要"完善支持绿色发展的财税、金融、投资、价格政策和标准体系，发展绿色低碳产业"，"强化金融稳定保障体系，依法将各类金融活动全部纳入监管，守住不发生系统性风险底线"，"深化金融体制改革……依法规范和引导资本健康发展"。这是对第五次全国金融工作会议提出的三大任务，即"服务实体经济、防控金融风险、深化金融改革"的进一步深化和细化。可以预期，这些领域将是较长时期内我国金融领域改革发展的主基调。

本书以习近平新时代中国特色社会主义思想为指导，贯彻落实党的二十大精神，在保留上一版的理念和框架的基础上，着重从以下几个方面进行了修订：

1. 在进一步丰富、完善"金融视野""新闻摘录""案例分析""想一想""算一算""练一练""查一查"等栏目的基础上，新增"学思之窗""行业洞察"等特色栏目，通过丰富图表呈现等更加生动、直观的形式，增强理论与实践的联系，增加教学过程中教师与学生的互动环节。

2. 认真把握中共中央办公厅、国务院办公厅《关于深化新时代学校思想政治理论课改革创新的若干意见》，教育部《高等学校课程思政建设指导纲要》，以及国家教材委员会《习近平新时代中国特色社会主义思想进课程教材指南》的通知精神，增加了体现以下两个方面的相关案例：（1）突出新时代中国特色社会主义的特征；（2）彰显改革开放以来尤其是党的十八大以来的新成就。

3. 第十一章更改为"金融科技"，具体各节的目录调整如下："第一节　金融科技概述""第二节　金融科技理财""第三节　金融科技风险、监管与展望"。根据金融科技领域的最新发展，本章内容做了相应调整。

需要说明的是，本次修订时间紧、任务重，难免会有疏漏之处，真诚欢迎各界人士批评指正，以便于下一版予以修正，使其日臻完善。

金融学是一门理论与实践密切关联的学科。我们期待您的参与、关心和帮助，在学习金融学的过程中不断思考与实践，提升金融素养，创造更加美好的明天！

周建松
2024 年 5 月

第一版前言
PREFACE TO THE FIRST EDITION

作为现代经济的核心、现代服务业的重要组成部分，金融在经济生活中扮演着十分重要的角色，因此历来受到经管类职业教学领域的重视，大量的教材得以出版。但是，现有的大多数职教教材往往遵循学科体系来安排内容，在教学过程中参照本科教学的逻辑，职业教育的特征和优势并没有得到充分体现。

这本《金融学基础》教材，立足于高等职业教育的通识教育，充分体现了职业教育突出应用性和时效性的鲜明特征，主要面向非金融专业的学生。本教材遵循"理解基本金融原理—熟悉微观金融业务—培养宏观金融视野—指导金融综合应用"的逻辑，分为四个单元，共十章。

第一单元为第一章"认识货币"、第二章"计算利率"，主要阐述了货币、信用、利率等金融学的基本概念和基本原理，是学生后续学习的基石。

第二单元为第三章至第六章，从微观视角回答"金融是什么""金融能够做什么"的问题，包括"走进银行""交易证券""巧用保险""使用外汇"四章内容，按照"了解相关金融机构—熟悉基本金融业务—理解相关金融市场"的思路，逐步从具体过渡到抽象。

第三单元为第七章至第九章，从宏观视角介绍了金融与经济生活的关系，包括"理解运行""解读政策""放眼国际"三章内容，深入浅出地阐述了宏观金融对国家和居民日常生活的影响。

第四单元为第十章"初学理财"，可以说是前面所有章节内容的综合应用，也是对整门课程学习效果的检验。本章重点在于训练学生综合运用所学内容，对个人理财有初步的了解，提高自身的"财商"，真正达到学以致用。

本教材的编写特色十分鲜明：

1. 突出应用性。一是从"情境导入"开始，贴近现实；二是内容筛选遵循应用性，兼顾学科体系；三是专门将"初学理财"单列为一章，作为综合应用实践。

2. 注重时效性。一是多数选用案例为最新案例；二是融入部分国内外金融领域的最新成果；三是设置"新闻摘录"栏目，跟踪金融界的最新进展。

3. 增加灵活性。一是可以根据实际教学需要，采用项目驱动、任务导向等教学方法；二是可以根据教学进度适当安排课堂讨论；三是课后作业形式灵活多样，包括"想一想""算一算""练一练"以及"查一查"等。

4. 体现层次性。每一章的学习目标中分为"知识目标"和"能力目标"，前者注重基本知识的传递，包括"了解""熟悉""掌握"三个层次；后者注重基本能力的培养，包括"分析""判断""比较""应用"等不同要求。

5. 增强互动性。通过设置"情境导入""小组讨论"等栏目，增加学生的学习兴趣，丰富师生互动环节。

6. 适度扩展性。"金融视野""案例分析""新闻摘录"等栏目提供了难度较大或理论性较强以及最新的扩展内容，可供有兴趣的学生自学或讨论。

另外，在每一章开头的"情境导入"部分，会有一位叫作"小金"的同学一直陪伴大家。在上大学之后，他碰到了许多与"金融"相关的事情，他很好奇，有的时候也比较困惑。事实上，发生在小金身上的事可能是每一位大学生都会碰到的情况，小金可能就在你的身边，或者说，你就是"小金"。

在多次讨论的基础上，本教材由周建松拟定大纲，各章的编写分工如下：周建松、王丹编写第一章、第二章，周建松、姚星垣编写第三章，姚星垣编写第四章、第五章和第十章，王丹编写第七章、第八章，李敏编写第六章和第九章。本教材由周建松统稿，姚星垣在章节编目、体例安排等方面做了大量的统筹、协调和编辑工作。感谢中国人民大学出版社的大力支持，感谢编辑细致、严谨的工作和热心、有益的帮助。

当前我国正处于改革开放向纵深方向推进的时代，社会日新月异，经济快速发展，在金融领域，也不断有新的改革和进展。由于编者时间和水平所限，书中不足和疏漏之处在所难免，恳请广大读者、同仁批评指正。

周建松

2013 年 3 月

目 录

CONTENTS

第一章

认识货币

知识目标

- 了解货币的起源与发展历史
- 了解货币制度的内容和演变
- 熟悉货币的概念和本质
- 掌握货币的职能
- 掌握货币的层次划分

能力目标

- 分析不同货币制度的优劣
- 解释经济环境中存在的劣币驱逐良币现象
- 结合经济发展状况分析货币制度的更替

有一天，小金的同学小李神秘地对小金说，他发现了一个秘密：有一个地方"买"东西"不花钱"。"什么？这怎么可能？"小金很惊讶，"天下没有免费的午餐！"不过，在好奇心的驱使下，小金还是一探究竟：原来小李说的是一家物物交换的网站。

这个网站里面的东西真不少，而且似乎很有吸引力。可是经过反复比较，等小金真的想要进行"不花钱"的交易时，麻烦出现了……

思考：如果你是小金，你可能会碰到什么麻烦？为什么会出现货币？货币到底是什么？

第一节 货币的产生与发展

一、货币的产生

货币的产生是和商品交换紧密联系在一起的。货币从最初产生，到今天已经有几千年的历史。根据史料记载和考古发现，商品交换的发展经过了两个阶段：第一阶段是物物交换，第二阶段是通过媒介的交换。在商品交换的过程中，逐渐出现了通过媒介的交换，即先把自己的物品交换成作为媒介的物品，再交换成自己所需的物品。在很多国家，牲畜曾被作为这种媒介。

随着社会分工和私有制的产生，人们生产的物品开始出现剩余，于是便有了最原始的物物交换。但这种物物交换存在明显的缺陷，包括：

（1）缺少一个用来表现和衡量各种商品和劳务的共同单位；

（2）交换双方的需求在品种、质量、数量、时间和地点方面难以达成一致；

（3）缺乏贮藏一般购买力的手段和方法。

马克思认为仅仅从交换是否便利的角度来考察货币的产生是表面和肤浅的，它没有揭示商品的内在矛盾。马克思通过研究价值形式的发展过程来揭示货币的产生。

马克思认为商品是用来交换的劳动产品，具有价值和使用价值。价值是凝结在商品中无差别的人类劳动，它取决于商品的社会属性，通过交换商品的使用价值进入消费领域，并表现在与之交换的商品中。商品的交换要遵循两个原则：

（1）用来交换的两种商品必须具有不同的使用价值，完全相同的商品没有交换的必要；

（2）交换的两种商品必须具有相等的价值，必须实行等价交换，即生产这两种商品所花费的人类的一般劳动要相等。

因为物物交换的效率非常低下，交换成功的可能性很小，于是就产生了以交换媒介为纽带的间接交换，所以一般认为货币是在交换过程中为了克服物物交换的不便利而产生的。

金融视野

和货币有关的趣闻

1. 约公元前 2500 年，埃及和美索不达米亚地区开始以金银条作为货币。不幸的是，货币的发明也给小偷带来更多的机会。因此，寺庙成了银行，因为它们是大家经常光顾的地方，比较牢靠，而且对小偷具有威慑力。

2. 约公元前 1750 年，巴比伦神殿里的教士已开始对当地居民发放贷款。

3. 公元 10 世纪末，世界上最早的纸币——交子诞生于中国，这让几个世纪后来访的马可·波罗非常震惊。他注意到，当时元朝的皇帝忽必烈印刷了大量纸币，滥发纸币导致的通货膨胀最终破坏了当时的经济。中国在 15 世纪取消了纸币的发行。

4. 1472 年，意大利出现了一家当铺，它就是世界上现存最古老的银行——西雅那银行。

5. 1861 年，美国内战的大量开支促使政府发行绿背美元。

6. 1949 年，弗兰克·麦克纳马拉带朋友到纽约吃晚餐。由于忘记带现金，他尴尬无比。1950 年，他发明了世界上第一张信用卡——大莱卡。大莱卡最初的材质是厚纸板，它的背面列出了十几家参与的餐厅，年费为 3 美元。

7. 1967 年，苏格兰发明家约翰·谢泼德·巴伦在伦敦为一家巴克莱银行制造了世界上第一台自动取款机，其设计理念源于一台巧克力自动售货机。由于当时塑料卡尚未出现，因此，这台自动取款机只靠检测放射性碳 - 14 的踪迹来识别账户，检测完成后，客户需要输入 4 位密码。

资料来源：王飞. 和金钱有关的历史趣闻 [J]. 政府法制，2010（23）.

二、货币的演化历史

（一）实物货币

实物货币是指作为货币的价值与其作为普通商品的价值相等的货币。它是在商品交换的长期发展过程中产生的最初的货币形式。

在生产力尚不发达，商品交换仅仅满足必要的生活和生产要求的简单商品交换时代，货币主要由自然物品来充当。商品货币是兼具货币与商品双重身份的货币，它在执行货币职能时是货币，在不执行货币职能时又是商品。

充当实物货币的商品一般具有如下特征：

（1）它们都是劳动产品，都具有价值和使用价值；

（2）它们具有特殊的使用价值，即能够和其他商品交换，是社会共同的需求对象；

（3）它们一般是容易让渡、普遍被人接受的商品或本地稀有的外来商品。

牲畜、盐、稀有的贝壳、珍稀鸟类羽毛、宝石、沙金等较为稀缺的物品都曾充当过货币。在中国，大致在新石器时代晚期就出现了牲畜、龟背、农具等实物货币。夏商周时期既是中国实物货币发展的鼎盛期，也是衰落期，这时期的实物货币主要由布帛、天然贝等来充当。

（二）金属货币

金属货币是指以金属作为货币材料，充当一般等价物的货币。金属取代其他商品成为货币，是货币发展演进的必然趋势。金属充当货币具有以下优势：

（1）金属单位体积的价值较大，易于携带，便于流通；

（2）金属货币具有较强的耐磨损性和耐腐蚀性，易于保存；

（3）金属质地均匀，便于任意分割，便于铸造，可满足不同数额的支付需求。

其他商品则不能同时具备以上优势。例如：牲畜虽然价值较大，但不适合分割，分割后也不便于长期保存。

最初的金属货币主要是条块形状，并以重量为单位，每次交易都要鉴定成色和称重，然后根据交易的需要对金属进行分割。这导致交易过程较为复杂，降低了商品流通效率。于是，一些富商巨贾凭借信誉，在货币金属条块上打上印记，标明成色和重量，以方便商品交换流通。

经过进一步的发展，国家凭借政治权力把货币金属铸成一定形状、规定重量和成色的金属货币，于是就产生了金属铸币。最初，各国铸币有各种各样的形式，但后来基本都过渡为圆形，因为圆形最便于携带且不易磨损。

在我国，最古老的金属货币是铜铸币。从西周开始就出现了金属货币，春秋战国时期流行布币、刀币、圜钱等各种铸币。公元前 221 年秦始皇统一六国后，发行了圆形方孔的"秦半两"。这是货币在全国范围内的第一次统一，在中国货币史上具有重要地位。

尽管世界各国的金属货币发展史各不相同，铜、银、金等金属都充当过货币，但大部分国家的金属货币都基本遵循了由贱金属到贵金属的发展规律，因为贵金属比贱金属作为货币具有不可比拟的优势。

由于金属货币在流通中会不断被磨损，交易中运输携带也不方便，随着商品交换的不断发展，交易金额也越来越大，金属货币不能满足商品交易发展的需要了，因此金属货币逐渐被信用货币所替代。

（三）信用货币

信用货币是指通过信用渠道投入流通领域，且本身没有价值的价值符号，它是只凭借发行者的信用而得以流通的货币。信用货币之所以能够取代金属货币，除了上述所讲的原因以外，最主要的是因为货币在充当商品交换媒介时本身就包含产生信用货币的可能性。因为货币在充当交换媒介时，人们所关心的是能借助它换回多少价值相当的商品，而并不关心货币本身价值的大小，所以，货币完全可以用价值较低的商品甚至没有价值的符号来代替。

20 世纪 30 年代，主要资本主义国家没有足够的黄金储备来满足银行券的偿兑需求，宣布放弃金本位制。迄今为止，各个国家都建立了以信用货币为主导的货币体系。信用货币的主要形式是纸币。纸币是国家发行，不能兑付金银，依靠国家权力强制流通的价值符号，被称为不兑现的信用货币。尽管国家不承诺将纸币兑换为贵金属，但是大部分国家都保留了一定数量的黄金储备。

现代信用货币的主要形式有现金和存款货币两种。进入 20 世纪 50 年代以后，信用货币主要采取非实体化的存款货币形式。

（四）电子货币

随着科学技术的进步，尤其是电子技术的飞速发展，存款货币的收入和支付系统越来越被电子货币转移系统所代替，电子货币应运而生。电子货币是指在当代科学技术迅猛发展过程中的电子化和信息化的支付工具。由于它正处在不断创新、发展和完善的过程中，因此在全社会范围内尚不存在像纸币那样统一规范的具体形态。在此，我们把电子货币概括为两种形式：第一类是卡式电子货币，即用特种材料制成，具有真实购买力的多种用途预付卡；第二类是软件式电子货币，即通过使用特定的软件，将货币价值进行转移的支付系统。虽然电子货币的具体形式不尽相同，而且处于不断创新和发展的过程中，但电子货币已经反映出这种货币形态的基本特征：电子货币完全具有货币的职能，而且货币载体已经由纸质转变为电子，即由实体货币转变为虚拟货币。

电子货币大大缩短了信用货币结算的时间，加速了资金的周转；同时，电子货币大大减少了现金和支票等信用货币的使用，从而节约了货币流通费用。随着科技的发展，物理形式的纸币可能会退出经济社会，但是货币在经济中的重要作用不会改变。

行业洞察

数字人民币

近年来，中国人民银行以扎实开展数字人民币研发试点各项工作，坚持人民性、市场化和法治化原则，历经理论研究、闭环测试、开放试点三个阶段，推动数字人民币走出一条符合中国国情的发展道路。

在推动数字人民币研发应用试点的同时，中国人民银行不断夯实制度和规范保障，加强个人信息保护。数字人民币遵照《中华人民共和国网络安全法》《中华人民共和国个人信息保护法》《中华人民共和国反洗钱法》等法律法规，通过一系列制度安排和技术手段确保个人信息安全，同时防范违法犯罪风险。

图1-1为数字人民币的发展历程，图1-2为截至2022年8月的数字人民币的相关数据统计。

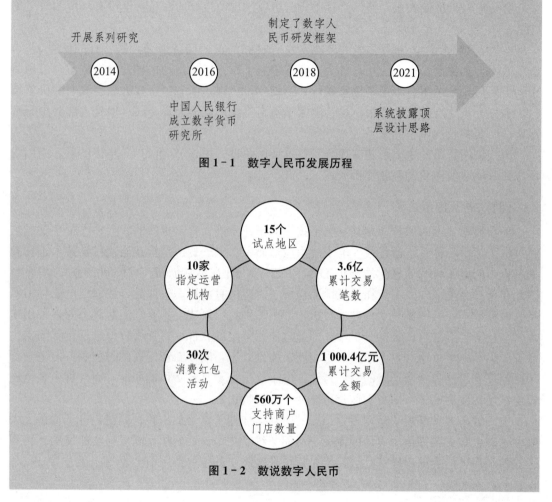

图1-1 数字人民币发展历程

图1-2 数说数字人民币

数字人民币小科普

定义：是什么？

数字人民币是人民银行发行的数字形式的法定货币，由指定运营机构参与运营，以广义账户体系为基础，支持银行账户松耦合功能，与实物人民币等价，具有价值特征和法偿性。

特征：好在哪儿？

低成本：人民银行不向指定运营机构收取兑换流通服务费用，指定运营机构也不向个人客户收取数字人民币兑出、兑回服务费。

到账快：数字人民币与银行账户松耦合，不绑定账户也可持有和使用，基于数字人民币钱包的资金转移可以实现支付即结算。

可控匿名：遵循"小额匿名，大额依法可溯"，数字人民币体系收集的交易信息少于传统电子支付模式，满足公众对小额匿名支付服务需求。

可搭载智能合约：通过加载不影响货币功能的智能合约实现可编程性，可根据交易双方商定的条件、规则进行自动支付交易。

媒介：钱放哪儿？

数字钱包是数字人民币的载体和触达用户的媒介，其按照客户身份识别强度分为不同等级钱包，例如个人钱包分为四类，交易限额随着实名程度逐级提升；按照开立主体分为个人钱包和对公钱包；按照载体分为软钱包和硬钱包。

受理：怎么用？

线上：钱包快付、拉起收银台、H5免密支付等。

线下：静态二维码、扫码枪、小白盒、POS机等。

开通：怎么办？

线下开通途径主要是运营机构（或其他具备提供数字人民币服务的金融机构，下同）网点。线上开通途径主要是官方App，即"数字人民币（试点版）"App及试点运营机构网上银行。

资料来源：数字人民币小科普.中国人民银行网站，2023-09-07.

学思之窗

你是否看好数字货币的发展前景？为什么？

第二节　货币的本质与职能

一、货币的本质

马克思于19世纪40年代起开始对货币进行系统研究，他从商品交换和价值形式的发展入手，第一次对货币问题做出了系统的理论阐述。在《资本论》中，他明确提出货币是充当一般等价物的商品，从而揭开了货币之谜，做出了创造性的贡献。

（一）货币是商品

货币是商品，是因为货币的根源在于商品，这是被价值形式发展的历史所佐证的。从货币的产生中可以看出，货币的原始形态是普普通通的商品，具有一般商品的共同属性，即价值和使用价值。一方面，作为货币的商品有其自然属性的使用价值，能满足人们某一方面的需要；另一方面，它又是用于交换的劳动产品，是社会一般劳动的凝结。如果货币没有一般商品的共性，那么它就失去了与其他商品交换的基础，也就不可能从长期的商品交换中分离出来充当一般等价物。

（二）货币是特殊商品

货币又不是普通的商品，它是从商品中分离出来固定充当一般等价物的特殊商品。货币是特殊商品的本质内涵是货币和普通商品相比较又具有自己的个性。一方面，货币能够表现和衡量其他一切商品价值的大小。普通商品的直接表现是它的使用价值，能满足人们某一方面的物质需要，但其价值必须在交换中由另一种商品来表现。货币作为一般等价物，在商品交换过程中直接体现了其他商品价值的大小，一种商品只有在商品交换中取得货币，才能使它的私人劳动转化为社会劳动，商品的价值才能得到体现。因而，货币成为商品交换世界里唯一能核算社会劳动的工具。另一方面，货币具有和其他一切商品相交换的能力。一般商品只能以某种特定的使用价值去满足人们某一方面的某种特定需要，而不可能和其他商品直接交换。这种能力的实质是货币作为社会财富的代表，能够去获取各种不同的使用价值，因此，货币自然而然地成为每一个商品生产者所追求的对象和目标。

由此分析而知，货币具有双重使用价值，即使用价值双重化。这具体表现在以下两个方面：

（1）货币自然属性的使用价值，即货币和其他普通商品一样，能满足人们某一方面的需要。

（2）货币社会属性的使用价值，即货币能够表现和衡量其他一切商品价值，同时具备和其他商品相交换的能力。这个使用价值是其他商品所没有的。

（三）货币体现了一定的社会生产关系

货币作为一般等价物，无论是表现在实物货币上，还是表现在某种价值符号上，都只是一种表面现象。马克思指出："金银作为货币代表一种社会生产关系，不过这种关系采取了一种具有奇特的社会属性的自然物的形式。"[①] 社会分工要求生产者在社会生产过程中建立必要的联系，而这种联系在私有制社会中只有通过商品交换、通过货币这个一般等价物作为媒介才能实现。因此，货币作为一般等价物，反映了商品生产者之间的交换关系，体现了商品归不同所有者占有，并通过等价交换形式来实现它们之间的社

---

① 马克思. 资本论：第1卷 [M]. 北京：人民出版社，2004：101.

会联系。

在某些社会中，货币还被作为统治阶级剥削被统治阶级的工具，这并不是货币本身所固有的属性，而是由社会制度所决定的。从货币的社会属性来看，货币反映了商品生产者之间的关系，货币本身是没有阶级性的，也并非是产生阶级剥削的根源。

综上所述，货币的本质可以描述为：货币是从商品中分离出来并固定充当一般等价物的特殊商品，它还体现了一定的生产关系。

案例分析

战俘营里的货币

第二次世界大战期间，在纳粹的战俘集中营中流通着一种特殊的实物货币：香烟。当时的红十字会设法向战俘营提供各种人道主义物品，如食物、衣服、香烟等。由于数量有限，因此这些物品只能根据某种平均主义的原则在战俘之间进行分配，而无法顾及每个战俘的偏好。但是人与人之间的偏好显然是有所不同的，有人喜欢巧克力，有人喜欢奶酪，还有人则可能更想得到一包香烟。因此，这种分配显然是缺乏效率的，战俘们有进行交换的需要。

但是，即便在战俘营这样一个狭小的范围内，物物交换也显得非常不方便，因为它要求交易双方恰巧都想要对方的东西，也就是需求的双重巧合。为了使交换能够更加顺利地进行，就需要有一种充当交易媒介的商品。

思考： 在战俘营中，究竟哪一类物品适合做交易媒介呢？为何香烟也可成为货币？

二、货币的职能

货币的本质决定了货币的职能，货币的职能是货币本质的具体表现。货币在商品经济中发挥着五种职能。

（一）价值尺度

商品的价值是由生产商品所耗费的社会必要劳动时间来决定的，因此，衡量价值的真正尺度是劳动时间的多少。在现代经济社会中，商品品种多，交易规模大，必须有一个可以衡量商品价值的共同单位。由于货币代表一定的价值，它使商品价值表现外部化和直观化。货币是商品价值的外部尺度，它衡量和评价商品包含多少社会劳动，并把社会承认的劳动量表示为一定数量的货币。因此，货币在表现和衡量商品价值大小时，执行价值尺度的职能，它是货币的一个基本职能。

货币在执行价值尺度的职能时，只需要观念上的货币，并不需要现实的货币，更不需要足值的货币，通俗地讲，只要在商品交换时，用货币形式在标签上标注出即可。例如：一支中性笔价格是两元，不需要把两元的现实纸币放在中性笔的旁边表示它的价值，只需要用价格标签标明它的价值即可。

（二）流通手段

货币的流通手段职能也是为了克服物物交换过程中的局限性而产生的。货币在商品交换过程中发挥交换媒介作用时，执行了流通手段的职能，它是货币的另一个基本职能。货币在执行流通手段职能时，改变了原来商品—商品（W—W）的交换模式，把商品交换分为卖和买两个阶段，即商品—货币（W—G）和货币—商品（G—W），从而解决了物物交换中"需求双重巧合"的问题，克服了交易双方在需求上、空间上和时间上不一致的矛盾，大大提高了商品交换成功的可能性，促进了商品经济的发展。

作为流通手段的货币，必须是现实的货币，即要求一手交钱、一手交货。这与货币价值尺度职能是不同的，作为流通手段的货币不一定是足值的货币，因为这里的货币仅仅是商品交换的手段，而不是交换的目的。人们关心的是货币所代表的价值大小，而一般不关心货币本身的价值大小，更不关心货币的使用价值，所以货币本身是否足值并不重要。

货币执行流通手段的职能时，把商品交换分为卖和买两个独立的阶段，这就可能会产生商品买卖脱节的矛盾，使商品生产者之间的社会联系和商品经济的内在矛盾更加复杂，容易产生经济危机。如果有人卖了商品而不马上买回商品，即买入小于卖出，必然使一部分商品积压，社会分工形成的生产者之间相互依赖的链条有中断的可能，严重时会发生商品过剩危机。如果有人在没有卖出商品时就买回商品，即买入大于卖出，必然使市场商品供不应求，容易引起通货膨胀。这种现象的产生，就向人们提出了一个新的问题：市场货币的流通量。要研究这个问题，我们必须从货币流通规律入手。

货币流通是由商品流通引起的，并为商品流通服务。商品流通是货币流通的基础，货币流通是商品流通的表现形式。商品经过交换后就进入了消费领域，或作为生产性消费，或作为生活性消费而退出流通。货币在充当了商品交换媒介后，仍然停留在流通领域，充当下一次交换的媒介，形成一个连续不断的货币运动过程。

货币流通规律就是指流通中货币必要量的规律。用公式表示如下：

$$流通中的货币必要量（M）=\frac{商品价格总额（PQ）}{货币流通速度（V）}$$

$$=\frac{单位商品价格（P）\times 流通中的商品供应总量（Q）}{货币流通速度（V）}$$

流通中所需的货币量取决于单位商品价格、流通中的商品供应总量和货币流通速度这三个因素，这是不以人的意志为转移的客观规律。货币必要量与商品价格总额成正比，与货币流通速度成反比。

（三）贮藏手段

当货币退出流通领域，作为社会财富的代表被人们贮藏起来时，货币执行的是贮藏手段的职能。有时货币的贮藏，其本身就是目的，即为了贮藏而贮藏，这是货币贮藏的原始形态。但更多的时候，货币的贮藏是一种手段。在商品经济条件下，各种经济行为都要积累到一定数量，其价值才能实现。

作为贮藏手段的货币不仅需要现实的货币，而且需要足值的货币，即货币本身要有价值。这是因为人们贮藏货币的目的是贮藏财富，实现保值。所以，作为财富代表的货币不能是虚幻和无价值的。纸币本身没有价值，不能执行贮藏手段的职能，但纸币可以积累和储蓄，通过储蓄，在一定程度上也能起到调节社会购买力的作用。

在足值的金属货币的流通条件下，货币执行贮藏手段的职能可以自动调节货币供应量。当市场上流通的货币量大于市场上货币的实际需要量时，单位货币的购买力就会下降，商品价格就会上升，多余的货币就会自动退出流通领域，执行贮藏手段的职能；当市场上流通的货币量小于市场上货币的实际需要量时，单位货币的购买力就会上升，商品价格就会下降，于是执行贮藏手段职能的货币重新回到市场执行流通手段的职能。正如蓄水池一样，贮藏货币自发地调节流通中的货币数量，使之与商品流通相适应。在金属货币制度下，货币具有蓄水池功能的根本原因在于货币本身具有价值。

在纸币流通条件下，货币不仅没有自动调节货币供应量的功能，而且会出现相反的情况。当市场上流通的货币量超过市场上货币的实际需要量时，物价上涨，通货膨胀的预期效应增加，货币不仅不会退出流通领域，执行贮藏手段职能的货币还会重新充斥市场，加剧货币供应量和货币需要量的矛盾，引发新一轮的通货膨胀。其根本原因是纸币本身没有价值，而仅仅是作为货币符号执行流通手段的职能。

（四）支付手段

当货币不伴随着商品流通，而是以交换价值的独立形式进行价值单方面转移时，货币执行的是支付手段的职能。货币支付手段的职能最初是由商品的赊销买卖引起的，在偿还赊销款项时，货币已经不再充当商品流通过程的媒介，而是补足交换的一个独立的环节，即作为价值的独立存在而使流通过程结束。随着商品交换的发展，货币作为支付手段的职能也扩大到商品流通领域之外。例如：货币在赋税、地租、借贷等支付中都发挥着支付手段的职能。

货币在执行支付手段职能时的特点是：首先，商品流通和货币流通在时间上和空间上相分离，货币成为商品价值独立的体现物；其次，执行支付手段职能的货币必须是现实的货币，但可以是不足值的货币。

货币执行支付手段的职能具有积极和消极两个方面的作用。其积极作用表现在：（1）促进了商品流通的扩大，在商品交易中，人们可以先购买商品，后支付货币，使商品生产和商品流通突破现货交易的限制；（2）节约了现金流通费用，在商品交易中借助货币的支付手段，信用关系得以形成，一部分债权债务关系可以相互抵销，大大减少了现金的流通量。其消极作用表现在：货币支付手段产生后，商品经济的矛盾更加复杂，在债权债务的链条中，如果有一部分生产者由于种种原因不能按期偿还债务，就有可能引起整个支付链条的断裂，给商品生产和商品流通带来严重的支付危机和信用危机。

（五）世界货币

马克思曾对金属货币在国际经济联系中的地位进行考察，提出了世界货币的概念，即货币在世界范围内发挥一般等价物的作用时，执行了世界货币的职能。

在金属货币流通条件下，由于每一个国家所规定的价格标准只能局限于在本国范围内发挥作用，一旦越出本国国界，原来的价格标准就会失效，因此，货币在发挥世界货币职能时，要还原成货币的本体，并按实际重量和成色发挥作用。

货币执行世界货币的职能主要表现在三个方面：

（1）作为国际一般的支付手段，用以平衡国际收支差额；

（2）作为国际一般的购买手段，进行国际贸易往来；

（3）作为国际财富转移的手段，如支付战争赔款、输出货币资本等。

随着金属货币退出流通领域以及黄金在世界范围内的非货币化，从国际经济联系角度考察世界货币职能，已经有了很大的变化。在现行国际货币制度下，只有为数不多的国家的货币能在世界范围内发挥价值尺度、流通手段、贮藏手段和支付手段的职能，这些货币必须是可自由兑换的货币，如美元、英镑、欧元等，仍有许多国家的货币不能在世界范围内执行世界货币的职能。

货币的五大职能并不是孤立的，而是具有内在联系的，每一个职能都是货币作为一般等价物的本质反映。价值尺度和流通手段是货币的两个基本职能，其他职能都是由这两个基本职能派生出来的。从历史和逻辑上讲，货币的各个职能都是按顺序随着商品流通及其内在矛盾的深化而逐渐形成的，从而反映了商品生产和商品流通的历史发展进程。

案例分析

工作第一个月的工资怎么花？

大学生李晓毕业工作一个月，拿到了第一笔工资 5 000 元，他去商场花 1 000 元给父亲买了一块手表，花 1 000 元给母亲买了衣服，花 1 000 元给自己买了生活必需品。离开商场时李晓看中了一台笔记本电脑，标价为 4 800 元，但他余下的钱不足以购买电脑，于是他决定发了年终奖再买。

思考： 上述案例中的数字体现了货币的什么职能？

第三节　货币的衡量

一、货币的定义

马克思把货币定义为充当一般等价物的商品。但是，现实生活中到底哪些是货币？货币和我们通常所说的钱是否是同样的概念？有人会毫不犹豫地回答说："我口袋里的现金就是货币。"其实，现金是货币，但现实生活中的货币不仅仅指现金。

经济学家通常把货币区分为狭义货币和广义货币。狭义货币是指流动性很强，主要职能是充当商品交换媒介的那部分货币，包括流通中的现金和活期存款两部分。流通中的现金是指社会公众手持的流通现金，也称为通货，它不包括银行等金融机构的库存现金。流通中的现金具有很强的流动性，它是现实的购买力，随时都可能执行流通手段和支付手段的职能。活期存款是指无须任何事先通知，存款人即可随时存取和转让的一种银行存款。这种存款的流动性接近流通中的现金，同样具有很强的流动性，也随时都可能执行流通手段和支付手段的职能。

广义货币包括流通中的现金、活期存款、流动性稍弱的其他存款货币以及经过一定程序可以变现的非存款性金融资产。这些金融资产主要是指人们接受程度较高的、可在一定程度上执行货币某些职能的信用工具，如大额可转让定期存单、国库券等。

划分狭义货币和广义货币的一般标准是信用工具是否具有直接购买力。有些信用工具在一定程度上执行着货币的某些职能（支付手段和贮藏手段表现得更为明显），但它们不具备货币的基本职能，即价值尺度和流通手段，也就是说不具备直接购买力，所以不能将其归类于狭义货币，而只能归类于广义货币。

二、货币层次的划分

（一）货币层次划分的标准

为了有效地控制货币供应量，西方国家的中央银行从 20 世纪 60 年代开始划分货币层次，但每个国家划分货币层次的标准都不相同。概括而言，大体有三个标准。

1. 以货币职能作为标准

货币执行流通手段职能时能直接购买商品和劳务，所以货币充当流通媒介、执行流通手段职能的资产构成了货币的核心部分。因此，可以用货币的流通手段的职能来划分层次。贮藏手段和支付手段都是派生职能，可以执行贮藏手段职能的资产很多，不宜作为划分货币层次的标准。

2. 以资产与国民经济之间的关系作为标准

一般而言，金融资产与国民经济变动关系最密切，这种资产就是货币的核心部分，所以，可以用资产与国民经济间变动的密切关系来拓展货币的外延，形成货币层次划分的标准。

3. 以资产流动性作为标准

流动性是对一项资产转化为一种支付手段（即货币）的难易程度的衡量。它表明了金融资产在不受或少受损失的前提下，及时变现的能力。将一项资产转化为货币的成本越高，它的流动性就越差。

流动性不同的货币在流通中的周转次数是不同的，所形成的购买力也不同，从而对商品流通和其他经济活动的影响程度也就不同。所以，许多学者认为以资产的流动性强弱作为划分货币层次的标准是比较适宜的，事实上这个标准也被许多国家所接受和采用。

（二）我国货币层次的划分

货币的流动性不同，对经济产生的影响也不尽相同。仅仅进行狭义货币和广义货币的划分仍然不足以精确反映货币多样性的特征，也就无法精确反映货币对经济产生的多样化作用。中央银行只有在进行货币投放和政策调控时，对货币的流动性进行更细致的划分，并区别其对经济影响力的大小，才能抓住重点、区别对待、有效控制，充分发挥货币对经济的最优效应。

因为各个国家划分货币层次的标准不尽相同，所以货币层次划分的模式也不尽相同。尽管许多国家是按货币的流动性强弱来划分层次的，但由于每个国家的统计口径不一样，因此货币层次的划分也有一定的区别。我国很早就进行了货币层次的划分，根据不同时期经济内涵的变化，划分模式也经过了多次调整。

1994年10月，我国正式向社会公布货币供应量统计，将货币供应量分为以下三个层次：

（1）M0＝流通中现金；

（2）M1＝M0＋单位活期存款（狭义货币）；

（3）M2＝M1＋个人储蓄存款＋单位定期存款（广义货币）。

2001年6月，我国第一次修订货币供应量口径，将证券公司客户保证金计入M2。

2002年初，我国第二次修订货币供应量口径，将在中国的外资、合资金融机构的人民币存款，分别计入不同层次的货币供应量。

学思之窗

2023年12月末，我国广义货币（M2）余额292.27万亿元，同比增长9.7%；狭义货币（M1）余额68.05万亿元，同比增长1.3%，流通中现金（M0）余额11.34万亿元，同比增长8.3%。根据上述资料，讨论下列问题：

1. 货币供应划分标准是什么？

2. 我国广义货币（M2）供应量与狭义货币（M1）供应量之间的关系是什么？

第四节　货币制度及其演变

一、货币制度的形成及内容

货币制度是指一个国家为了保障本国货币流通的正常与稳定，对货币发行和流通的各个要素所制定的系统的法律规定的总和，简称为币制。

（一）货币制度的形成

货币制度是随着资本主义经济制度的建立而逐步形成和建立的，也是随着商品经济的不断发展和社会制度的进步而不断发展和完善的。

货币最初是以实物货币的形态出现的。随着商品经济的发展，实物货币逐渐被金属货币代替，并在相当长的时间里，金属货币的流通占主导地位。随着商品生产和商品交换的进一步发展，由国家统一铸造金属铸币成为主流。最初，铸币有各种各样的形状，自然经济和政治上的割据造成铸币铸造权的分散及铸币成色和重量的不统一，极大地妨碍了商品交换的进一步发展。同时，统治阶级利用铸币的铸造发行权，有意不断减轻铸币重量，降低铸币成色，使铸币的实际价值和名义价值相脱离，从而造成了铸币的贬值和变质。

由于铸币流通的分散性和变质性，资本主义社会发展前期的货币流通极为混乱。货币流通的混乱不利于正确计算生产成本、商品价格、企业利润，不利于建立广泛的信用关系，不利于资本主义生产和流通的发展。为了扫清货币流通中的混乱现象，资本主义国家先后以法令的形式对货币流通做出种种规定，逐渐固定下来，并加以完善，形成了统一的、稳定的和相对完善的资本主义货币制度。

（二）货币制度的主要内容

1. 货币材料

建立货币制度的基础就是要合理地选择制作货币的材料。确定货币材料是建立货币制度的基本要素。不同的货币材料构成了不同的货币制度。如果用白银作为本位货币的材料，就形成了银本位制；如果用黄金作为本位货币的材料，就形成了金本位制；如果用黄金和白银共同作为本位货币的材料，就形成了金银复本位制；如果用纸张作为本位货币的材料，就形成了纸币流通制度。

货币材料的选择是由当时的客观经济基础决定的。在资本主义初期，由于商品经济不发达，商品交易规模较小，因此用白银作为本位货币的材料已经能够满足商品流通的需要。随着商品经济的发展、商品交易规模的扩大，价值相对较低的白银已经不能适应商品流通的需要，于是黄金逐渐成为制作本位货币的材料；到了 20 世纪初，商品交易的规模迅速扩大，而黄金日益短缺，于是纸张取代黄金成为制作本位货币的材料。所以，应该说货币材料是建立货币制度的基础。

2. 货币单位

货币单位包括两层含义，即规定货币单位的名称和规定单位货币的价值（单位货币的含金量）。从历史的角度来考察，货币单位的名称最初与货币商品的自然单位和重量单位一致，如贝壳是以"朋"为单位。在我国货币史上占有重要地位的"秦半两"铜钱，汉武帝铸造的"五铢"铜钱，在币面上分别铸有"半两"和"五铢"字样。后来由于种种原因，货币单位名称与货币商品的自然单位和重量单位相脱离。法律规定的名称通常以习惯形成的名称为基础。

按照国际惯例，一个国家的国名加上该国货币单位的名称往往就是该国的货币名称，如英镑、美元、加拿大元、日元等。但也存在一些例外，如欧元是欧盟成员国共同使用的货币。

确定货币单位最重要的一步是要确定货币的币值。在金属货币流通条件下，就是要确定单位货币的含金量。例如：美国1934年1月的法令规定，1美元含纯金13.714格令（合0.888 671克）；中国北洋政府在1914年颁布的《国币条例》规定，货币单位为"圆"，含纯银6钱4分8厘（合23.977克）。确定了单位货币的含金量，规定了货币单位及其等份，可以使货币更准确、更方便地执行其各种职能。

3. 货币的铸造、发行和流通

货币的铸造是指在金属货币制度下本位币和辅币的铸造。本位币又称为主币，是一个国家法定的基本通货，其最小规格是一个货币单位。为了便于在一个货币单位以下的小额支付，一般每个国家还铸造一个单位货币以下的小额通货，我们称之为辅币。辅币的面值大多是本位币价值的1/10和1/100。

在金属货币制度下，本位币按照国家规定的货币制度铸造而成。它有三个特点：

（1）本位币是足值货币。本位币是根据国家价格标准规定的单位货币含金量铸成的，即它的名义价值和实际价值相一致。

（2）本位币可以自由铸造和自由熔化。一方面，每一个公民都可以把货币金属送到国家造币厂请求铸成本位币，其数量没有限制，并且不收或收取很少的费用；另一方面，国家也允许公民把本位币自由熔化成金属条块。正因为如此，当市场上货币流通量大于需要量时，商品的价格就会上升，过多的货币就会自然地熔化成货币金属；当市场上货币流通量小于需要量时，商品的价格就会下降，货币金属会重新铸成本位币进入市场，从而保持市场货币供应量和需要量的一致。

（3）本位币具有无限法偿的能力。本位币是国家的基本通货，国家赋予其无限的支付能力。在商品交易或其他经济往来中，凡是以本位币支付，不论金额多少，出售者和债权人都不得拒绝接收，否则被视为违法。

由于辅币是一种小额通货，因此国家一般都以法律形式来确定其与本位币的固定比例关系，如1美元＝100美分，1英镑＝100便士。同时，法律规定辅币可以按规定的比例与本位币自由兑换，保证辅币可以按其名义价值进行流通。辅币是不足值的货币，即它的实际价值小于名义价值，而且一般采用贱金属来铸造。辅币由国家统一铸造，公民不能自由铸造，因为辅币的实际价值小于名义价值，如果可以自由铸造，必然会使不足值辅币大量充斥市场，而把足值的本位币排除在市场流通领域之外，造成货币流通的混乱。辅币也不具有无限法偿的能力，即每次支付行为在一定的金额之内都可以用辅币支付，超过一定金额时，接收方可以拒绝接受，如美国曾规定用铜镍所铸造的分币每次支付的最高限额为25美分。但若用辅币向国家纳税则不受其数量限制，而且可以不受限制地用辅币向国家兑换本位币。

在商品经济发展速度大大超过贵金属产量增长速度的情况下，金属铸币也不能满足商品流通对流通手段和支付手段日益增长的需要了，于是就出现了银行券和纸币。

银行券是在商业信用的基础上，由银行发行的可兑换金银的信用货币。最早的银行券出现于 17 世纪，用来替代商业票据，它的发行应有信用保证和黄金保证，随时可以向发行银行兑换金属货币。

在纸币流通制度下，纸币是由国家发行的，依靠国家权力强制流通的价值符号。它代替金属货币执行货币的职能，本身没有价值，一般也不需要黄金准备。纸币也有本位币和辅币之分，但它们都是不足值的货币，所以区分无限法偿和有限法偿并无实际意义。

4. 准备制度

准备制度就是黄金准备制度，是货币制度的一项重要内容，也是一国货币稳定的基础。大多数国家的黄金储备都集中于中央银行或财政部。在金属货币流通的制度下，黄金准备主要有三项用途：

（1）作为国际支付手段的准备金，也就是作为世界货币的准备金；

（2）作为时而扩大、时而收缩的国内金属货币流通的准备金；

（3）作为支付存款和兑换银行券的准备金。

在当前世界各国已无金属货币流通的制度下，黄金作为货币材料已经退出历史舞台，其只作为国际支付的准备金继续发挥作用。

二、货币制度的类型

虽然各个国家货币制度发展的历史轨迹不一样，但概括起来货币制度的发展大体上经历了银本位制、金银复本位制、金本位制和纸币流通制度（不兑现的信用货币制度）四大类型。

（一）银本位制

银本位制是指用白银作为本位货币材料的一种货币制度，它从 16 世纪开始在资本主义国家盛行起来。15 世纪末，哥伦布发现美洲新大陆之后，白银矿山相继被发现，白银的开采技术得到进一步提高，世界白银产量迅速增加，为实行银本位制创造了基本条件。西班牙、墨西哥、秘鲁是最先实行银本位制的国家，后来西欧各国以及日本和印度等国家也相继实行了银本位制。

银本位制分为银两本位制和银币本位制。银两本位制是以白银的重量单位（即"两"）作为价格标准，实行银块流通的货币制度。银币本位制是把白银铸成一定重量、一定成色和一定形状的银铸币，将银铸币作为本位货币，实行银币流通的货币制度。

银本位制的基本特征是：

（1）以白银为货币金属，以银铸币为本位货币，银币享有无限法偿的能力；

（2）国家统一规定了银币的重量、成色、形状和货币单位；

（3）银币可以自由铸造、自由熔化；

（4）银行券可以自由兑换成银币；

（5）白银和银币都可以自由输出和输入。

随着资本主义商品经济的不断发展，以及商品生产规模和商品交易量的不断扩大，银本位制作为一种独立的货币制度存在的时间并不是很长。这是因为：

首先，作为货币金属，必须保证其价值的相对稳定。19 世纪以后，白银产量激增，国际市场上银价极不稳定，供大于求的矛盾日益突出，银价大幅度下跌，金银比价大幅度波动。从 1866 年到 1898 年的 30 多年间，白银与黄金的比价跌落了 50% 之多。

其次，作为货币金属，只有其具有"价大量小"的特点，才能适合大宗商品的交易。与黄金相比，白银体积大而价值小，在价值较大的大宗商品交易中，由于交通不发达、信用制度比较落后，因此使用银币计价会给计量、结算和运输带来很多不便。随着商品经济的快速发展，客观上要求价值更大、体积更小、价值更稳定的黄金作为充当货币金属的材料，许多国家纷纷放弃银本位制，从此，货币制度由银本位制过渡到了金银复本位制。

（二）金银复本位制

金银复本位制是指以黄金和白银共同作为货币材料，以金币和银币共同作为本位货币的货币制度。银币主要用于小额支付，而金币主要用于大宗商品交易的支付。在 16—18 世纪，大量的金银从美洲流入欧洲，加速了欧洲国家建立金银复本位制的进程。金银复本位制成为资本主义发展初期最典型的货币制度。

金银复本位制的基本特征是：

（1）黄金和白银同时被作为货币金属；

（2）金币和银币都可以自由铸造和自由熔化；

（3）金币和银币都具有无限法偿的能力；

（4）辅币和其他货币符号都可以自由兑换为金币和银币；

（5）黄金和白银都可以自由输出和输入。

金银复本位制按金、银两种金属的不同关系，又可分为平行本位制、双本位制和跛行本位制三种。

1. 平行本位制

平行本位制是指金币和银币按它们的实际价值进行流通，即国家对这两种货币的兑换比率不加规定，金币和银币按市场实际比价进行流通的货币制度。例如：英国在 1663 年刚实行金银复本位制时，铸造的金基尼（金币）和原来流通的银先令（银币）并用，两者按它们所包含的生金和生银的市场比价进行兑换。

平行本位制是金银复本位制的最初形式。由于每一种商品都有金币和银币两种货币的标价，因此平行本位制的缺陷很快便暴露出来。在平行本位制下，一方面，金币和银币按各自的价值流通，市场上商品就会有两种价格，并且这两种价格会随着金银市场实际价值的波动而波动，容易引起商品价格的混乱。另一方面，金银实际价值的波动导致金银在世界范围内的无序流动。当国内银价高时，白银流入本国，而黄金流出本国，当国内银价低时，白银流出本国，而黄金流入本国，这样就影响了货币币值的稳定和货币职能的发挥。正因为如此，平行本位制就过渡到了双本位制。

2. 双本位制

双本位制就是指金币和银币按照国家规定的固定比价进行流通和交换的货币制度。例如：法国曾规定，不管金银市场实际比价如何变化，都按 1 金法郎＝15.5 银法郎进行兑换和流通。这种制度虽然避免了在平行本位制下由于金银实际价值波动带来的金币和银币交换比例波动的弊端，也克服了由于商品的"双重价格"使商品交换产生混乱的局面，但是这种货币制度忽视了价值规律的一般作用。当金银市场实际比价大幅度波动，而国家固定比价较市场实际比价显然缺乏弹性时，如果不能及时调整金银的固定比价，就必然会出现金银的市场比价和固定比价相背离，从而产生"劣币驱逐良币"的现象。

"劣币驱逐良币"是指在双本位制下，当两种实际价值不同而面额价值相同的货币同时流通时，实际价值较高的货币成为良币，实际价值较低的货币成为劣币，在价值规律的自发作用下，良币被人们收藏熔化而退出流通领域，劣币则不断地被人们铸造充斥市场。例如：1792 年美国《铸币法案》规定金币和银币的法定比价为 1∶15，而市场的实际比价为 1∶16，金币成为良币，银币成为劣币，在价值规律的作用下，人们就会把金币熔化掉，用 1 个单位的黄金到市场上去兑换 16 个单位的白银，再铸造成银币，在不考虑兑换费用的前提下，显然就会多出 1 个单位的银币。由于这一现象是由 16 世纪英国财政大臣托马斯·格雷欣（Thomas Gresham）发现并提出的，因此这一规律又称为"格雷欣法则"。

"格雷欣法则"告诉我们，货币具有强烈的排他性和独占性。一个国家在同一时期内只能流通一种货币，很难有两种货币同时流通，否则在金属货币流通下，必然会出现"劣币驱逐良币"的现象。

3. 跛行本位制

为了暂时解决"劣币驱逐良币"的现象，各国相继实行了跛行本位制。跛行本位制是指将金币和银币都规定为本位货币的货币制度，并由国家规定固定的兑换比例，但是金币可以自由铸造，银币不能自由铸造。

实行双本位制的国家，在"劣币驱逐良币"的作用下，不得不规定良币仍可以自由铸造，而劣币不能自由铸造，以此来保持流通中两种货币的固定比价。在跛行本位制下，由于银币不能自由铸造，银的币值实际上已经不再取决于其本身的金属价值，而取决于银币和金币的法定固定兑换比例。

跛行本位制实际上降低了银币的地位，使之成为事实上的辅币，因此，从科学的划分标准来讲，跛行本位制实质上已经不是严格意义上的金银复本位制了，可以将其视为由金银复本位制向金本位制过渡的一种货币制度。

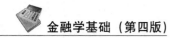

（三）金本位制

19世纪40年代以来，世界黄金产量激增，黄金本身也具有价大量小、便于携带、易于分割等特点，为各国从金银复本位制过渡到金本位制提供了物质基础。1816年，英国首先过渡到金本位制，随后各主要资本主义国家开始相继实行金本位制。

金本位制是指以黄金作为本位货币金属材料的货币制度，可分为金币本位制、金块本位制和金汇兑本位制三种。

1. 金币本位制

金币本位制就是以黄金作为货币金属，以金铸币作为本位货币的货币制度，它是一种典型的金本位制。金币本位制主要有以下三个特点：

（1）金币作为本位货币可以自由铸造和自由熔化。本国居民可以根据国家规定的价格标准，把黄金自由地铸成金币，其数量没有限制；也可以将金币自然地熔化为金块。当生金的市场价值低于金币的实际价值时，大量的生金就会被铸造成金币；当生金的市场价值高于金币的实际价值时，大量的金币又会被熔化成生金。由此可见，金币的自由铸造和自由熔化，可以自发地调节流通中的金币量，保证金币的名义价值和实际价值相一致，从而保证市场物价的基本稳定。

（2）金币可以自由兑换。在金币本位制下，一方面辅币可以自由地、无限制地被兑换成金币；另一方面，银行券等流通中的价值符号也可以自由地兑换成金币。这就表明辅币和价值符号有充足的黄金做准备，能稳定地代表一定数量的黄金进行流通，既节约了黄金的流通和货币的流通费用，又能够保证辅币和价值符号的价值稳定，不会出现通货膨胀。

（3）黄金可以自由输出和输入。在实行金币本位制的国家，各国本位币单位货币含金量的比例被称为铸币平价，它是决定货币汇率的基础，外汇行市的波动被自动控制在黄金输送点之内。当由于供求关系等因素导致汇率偏离铸币平价、超过黄金输送点时，黄金就会在外汇市场不均衡引起的利益驱动下在国际自由流动，从而使汇率回归到黄金输送点之内，实现汇率的基本稳定，有利于国际贸易的顺利开展。在金币本位制下，金币可以自由铸造和自由熔化，保证了货币的名义价值和实际价值相一致；金币可以自由兑换，保证了价值符号所代表的价值和货币的实际价值相一致；黄金可以自由输出和输入，保证了黄金的国内价值和国际价值相一致。因此，金币本位制是一个相对稳定的货币制度。

第一次世界大战期间，资本主义国家政治和经济发展不平衡，特别是世界黄金存量分配极不均衡，1913年底，美、英、法、德、俄五国控制了世界黄金存量的2/3以上，迫使许多国家竭力从市场上吸收黄金充实国库，从而使黄金的自由流动、银行券的自由兑换、黄金的自由输出和输入遭到破坏。各国为了阻止黄金外流，先后放弃了金币本位制。20世纪30年代中期，金币本位制逐渐退出了历史舞台。

2. 金块本位制

金块本位制是指国内没有金币的铸造和流通，银行券只能在一定的条件下兑换金块的货币制度，又称为生金本位制、富人本位制。1924 年至 1928 年，资本主义世界进入了相对稳定时期，出现了企图恢复金币本位制的呼声，但由于金铸币流通的基础已经遭到削弱，因此不可能恢复金币本位制。作为一种变通的金本位制，1925 年，英国率先实行了金块本位制，然后法国、荷兰、比利时等国相继实行。

金块本位制与金币本位制的主要区别在于：

（1）在金块本位制下，不再铸造和流通金币，纸币和银行券作为流通的货币，规定了单位货币的含金量。

（2）黄金集中由政府储存，辅币、纸币和银行券等价值符号不能自由地兑换黄金，只有达到一定的数量才能兑换成金块。例如：英国 1925 年规定，银行券在 1 700 英镑（合 400 盎司黄金）以上才能兑换金块；法国 1928 年规定，银行券和纸币在 215 000 法郎以上才能兑换金块。事实上，这样高的限额对于大多数人来说是无法达到的，因此他们也就无法兑换黄金。

金块本位制虽然可以控制黄金的使用，节约流通费用，但是，维持金块本位制要以国际收支平衡和大量用于对外支付的黄金储备为基础。由于 20 世纪 20 年代末至 30 年代初的世界经济危机，许多国家出现了大量的国际收支逆差，加上黄金产量的下降，黄金储备不敷支付，许多国家放弃金块本位制，实行金汇兑本位制。

3. 金汇兑本位制

金汇兑本位制是指没有金币的铸造和流通，使本国货币依附于某一外国货币，通过外汇间接兑换黄金的货币制度，又称为虚金本位制。

金汇兑本位制的特点是：

（1）国内没有金币的铸造和流通，纸币和银行券作为流通的货币，规定了单位货币的含金量。

（2）本国中央银行将黄金和外汇存放于某一个实行金币（块）本位制的国家，并与其建立固定的比价，纸币和银行券不能直接兑换黄金，只能先兑换成依附国的货币，然后兑换成黄金。

实行金汇兑本位制，国家的货币准备可以不必是黄金，而是外币债权，这种债权往往以外国有价证券或银行存款方式持有，能够获得一定的利息收入。但是本国货币实际上处于附庸地位，本国货币政策和经济发展都要受依附国的经济状况的制约。

在金块本位制和金汇兑本位制下，由于没有金币的铸造和流通，纸币、银行券和黄金的兑换受到很大的限制，削弱了货币贮藏手段对流通中货币数量的自动调节机制，容易引起货币贬值和物价的上涨。因此，金块本位制和金汇兑本位制都是残缺不全和不稳定的货币制度。

金块本位制和金汇兑本位制只在很短的一段时期内实行。1929 年 10 月，纽约证券交易所股票行市暴跌，货币信用危机迅速波及欧洲各国，导致大量企业破产、银行倒闭和黄金外流，许多国家的黄金储备急剧下降。德国在 1931 年 7 月率先放弃了金汇兑本位制。同年 9 月，英国放弃了金块本位制，于是一系列与英镑建立依附关系的国家或地区相继放弃了金汇兑本位制。1933年，美国、法国、荷兰、意大利、比利时、瑞士、波兰等国也先后放弃金块本位制和金汇兑本位制，标志着金本位制的全面瓦解，取而代之的是不兑现的信用货币制度——纸币流通制度。

金融视野

美联储为什么不储备钻石？

这段对话来自美联储前主席本·伯南克（Ben Bernanke）和前美国国会议员罗恩·保罗（Ron Paul）。

保罗：你认为黄金是货币吗？

伯南克：（停顿）不，它是贵金属。

保罗：它不是货币？即便它是货币已经有6 000年历史了。有人要反转，消灭这个经济法则吗？

伯南克：黄金是一种资产，就像美国国债一样。国债是货币吗？不是，但国债是金融资产。

保罗：如果黄金不是货币，那为什么联储会持有它？

伯南克：它是某种形式的储备。

保罗：你们为什么不持有钻石？

伯南克：（怔住）这是一个传统，长期传统。

保罗：有些人仍然认为黄金是货币。

伯南克：······

罗恩·保罗是金本位制的拥护者，他曾于20世纪80年代发起成立联邦黄金委员会，探讨重回金本位的可能性。

资料来源：向坤. 美联储为啥不储备钻石——伯南克国会听证会趣闻［EB/OL］. 金融界网站，2011－07－14.

（四）纸币流通制度

1. 纸币流通制度的形成和发展

纸币流通制度是指用纸张作为货币材料来印制本位货币，本位货币不与黄金挂钩，流通中的货币为不兑现的纸币的货币制度。这种制度是20世纪20年代末至30年代初经济危机和货币危机的产物。目前世界各国均实行这种货币制度。

纸币是国家依靠国家权力发行、强制流通的货币符号，它是在货币流通手段的基础上产生的。自从货币产生以后，原来的物物交换分化成了买和卖两个阶段，即WG和GW，货币在商品交换中仅仅充当商品交换的媒介，人们关心的是货币所能代表的价值大小，而并不关心货币本身是否具有价值或价值大小，即人们只关心自己的商品卖出后，能换回多少自己所需要的商品数量。因此，流通中只要有能代表货币价值的价值符号——纸币即可。但是货币符号代替金属货币需要具备两个条件：一是必须取得社会公众的认可，国家依靠法律的强制约束力是取得社会公众认可的有力保证；二是纸币的广泛流通必须有地区市场的存在，广泛的地区市场是吸纳货币符号的场所。

2. 纸币流通制度的特点

与金属货币流通制度相比，纸币流通制度呈现以下特点：

（1）纸币的发行不再受黄金储备的限制，由国家垄断，国家赋予纸币无限法偿能力。在纸币流通制度下，一般由国家授权中央银行来发行纸币。作为国家用法律手段强制社会接受的货币符号，纸币与黄金已经不再发生联系，纸币的价值不由黄金价值决定，而是由其实际购买力决定。

（2）在纸币流通制度下，虽然各国都有一定数量的黄金储备，但并不以此作为本国货币发行的准备，而是作为国际一般支付手段和国家经济实力的对比，或者作为一种特殊的商品，在黄金市场上依据当时的黄金价格来抛卖，换回本国需要的可自由兑换货币。所以，此时的黄金事实上已经失去了流通手段和支付手段的作用。

（3）作为信用货币的纸币通过信用的程序投入市场中，国家货币的发行反映了国家对社会公众的负债。流通中信用货币投放的多少会对经济产生直接的影响，如果银行放松银根，信用货币投放过多，可能产生通货膨胀的压力，引起物价上涨；如果银行紧缩银根，信用货币投放过少，可能产生通货紧缩的压力，引起物价下跌。有效需求不足和经济发展的矛盾凸显。

（4）中央银行对货币的有效管理成为社会经济发展的必要条件。在纸币流通制度下，政府借助中央银行对货币流通量的管理，达到政府预期的经济目标，并使之成为宏观调控经济政策中不可缺少的组成部分。

3. 纸币和银行券的联系与区别

纸币和银行券同是货币符号，都能够执行货币的流通手段和支付手段的职能，但两者又是有区别的。

（1）两者产生的基础不同。纸币产生于货币的流通手段职能，代表金属货币充当商品交换的媒介，是价值符号的完全形式；银行券产生于货币的支付手段职能，它产生的基础是信用关系。

（2）两者发行的主体不同。纸币是由政府依靠国家权力强制发行并流通的，构成国家对公众的长期无须偿还的负债；典型的银行券是由商业银行通过商业票据的贴现而发行的，构成了发行银行对公众的负债。

（3）两者对黄金的兑换不同。一般而言，纸币是不能兑换成黄金的，只能作为货币符号在市场上流通；典型的银行券发行银行能保证随时兑换金属货币。

（4）两者的价值表现不同。因为纸币不能自由兑换成黄金，所以当流通中的纸币数量和流通中的实际需要量不一致时，纸币的名义价值和实际价值会产生背离，发行过多，会引起纸币贬值，物价上涨；银行券能保证随时兑换金属货币，即使名义价值和实际价值产生背离，一般也不会产生贬值现象。

金融视野

欧元

2001 年，德国人恋恋不舍地告别了德国马克，欧元首先在德国成为正式流通的货币。紧接着，欧元区的其他国家也陆续停止使用原有的货币。截至 2023 年，欧元已经是 20 个欧盟成员国和非欧盟的 6 个国家（地区）的官方货币。

目前官方使用欧元的 20 个欧盟国家是：德国、法国、意大利、荷兰、比利时、卢森堡、爱尔兰、西班牙、葡萄牙、奥地利、芬兰、立陶宛、拉脱维亚、爱沙尼亚、斯洛伐克、斯洛文尼亚、希腊、马耳他、塞浦路斯、克罗地亚。

欧元纸币有 7 种不同的面值，分别为 5、10、20、50、100、200、500 欧元。这 7 种不同面值的纸币以不同颜色为主色调，票面币值越大，纸币面积就越大。

欧元纸币采用的是奥地利设计师罗伯特·卡利纳（Robert Kalina）的设计方案，主题是"欧洲的时代与风格"。7 种不同面值的纸币正面印着的 7 种不同建筑上的窗户和拱门，象征欧洲的开放和合作；12 颗星星围成一个圆圈，象征当代欧洲各国融洽地生活在一起。7 种不同面值的纸币背面印着 7 座不同时代的欧洲桥梁，象征欧洲各国之间的密切联系。

本章小结

1. 货币是市场经济的要素之一，是商品生产和商品交换的产物，是在长期的商品生产和商品交换过程中，逐渐从商品世界中分离出来的、固定地充当一般等价物的特殊商品。货币经历了由实物货币、金属货币到信用货币、电子货币的发展演化。

2. 货币是固定地充当一般等价物的特殊商品，并体现一定的社会生产关系，这就是货币的本质。

3. 货币的职能是指货币本质所决定的内在功能。在现代经济生活中，一般认为货币具有五种职能，分别是价值尺度、流通手段、贮藏手段、支付手段和世界货币。

4. 货币层次划分的依据是流动性。流动性是指金融资产不受损失及时转化成现实购买力的能力。我国的货币分为 M0、M1、M2 三个层次。

5. 货币材料决定了货币制度类型。从货币材料变化的过程可以看出，货币制度主要经历了金属货币本位制和信用货币本位制两个阶段。金属货币本位制又可以划分为三类典型的货币制度，即银本位制、金银复本位制和金本位制。

1. 货币的本质是什么？它有哪些职能？
2. 价值尺度和价格标准之间有什么关系？
3. 为什么说金币本位制是一个相对稳定的货币制度？
4. 货币层次划分的依据和意义是什么？
5. 货币制度的主要类型及其特征有哪些？

练一练

在我国，下列哪些资产属于货币？
（1）钱包里的现金；
（2）支票中的资金；
（3）银行卡中 1 000 元的活期存款；
（4）1 张 1 万元的定期存单；
（5）2020 年发行的国债；
（6）黄金；
（7）股票、基金、理财产品；
（8）房产、艺术品。

查一查

登录中国人民银行网站（http://www.pbc.gov.cn），查找目前我国货币供应量数据。了解近年来我国货币供应量增速，并分析其影响。

第二章

计算利率

知识目标
- 掌握利息和利率的含义
- 熟悉影响利率变动的因素
- 了解信用的含义
- 了解信用的基本要素
- 熟悉不同信用形式的差别和特征

能力目标
- 能够用单利计算法和复利计算法计算利息
- 区分名义利率和实际利率
- 分析和解释利率对不同经济主体的影响
- 分析利率的微观作用和宏观作用
- 判断不同的信用形式

情境导入

　　大学的生活丰富多彩，再加上物价……这不，一不留神，小金明显感到手头有点紧，怎么办？向爸妈要吧，生活费爸妈给的已经不算少了，有点张不开口。小金只好考虑向同寝室的几个同学借钱。向谁借合适呢？借多少呢？借多久呢？会不会被拒绝呢？要不要写欠条呢？还钱的时候要不要"意思一下"呢？

　　想到这里，小金有点犹豫。

　　思考：小金借钱会碰到哪些困难？"意思一下"是什么意思？如果小金向你借钱，你会借给他吗？你自己或者身边的同学、朋友也有过类似小金的苦恼吗？

第一节　利息与利息率

一、利息的本质

　　利息是在信用关系中借款人支付给贷款人的报酬，在数量关系上表现为超过本金的那部分金额。利息是伴随着信用关系的产生而产生的经济范畴，只要存在信用关系，利息就必然存在。从一定意义上讲，利息还是信用关系存在和发展的必要条件。

　　马克思在透彻地分析借贷资本和生产资本的关系、资本所有权和资本使用权之间的关系、货币资本家和产业资本家的关系后指出："事实上，只有资本家分为货币资本家和产业资本家，才使一部分利润转化为利息，一般地说，才产生出利息的范畴；并且，只有这两类资本家之间的竞争，才产生出利息率。"[①] 马克思认为借贷资本的运动是二重支付和二重回流的运动，从表面上看，借贷资本的运动是脱离了社会再生产过程的纯价值运动，而实际上，借贷资本的运动是以产业资本的运动为基础的价值运动。利息绝不是货币本身产生的，也不是在再生产过程之外的借贷活动中产生的，更不是在购买生产要素和销售商品的流通过程中产生的，而是工人在再生产过程中创造的归货币所有者占有的剩余价值的一部分。因此，马克思从根本上回答了利息的来源和本质，从而揭开了利息神秘的面纱。根据马克思对利息本质的论述，我们可以从以下三个方面来准确、全面地理解和把握利息的本质。

　　（1）从利息的来源看，利息是剩余价值的转化形式。利息是工人在再生产过程中创造的剩余价值的一部分，是剩余价值的转化形式，是货币资本家和产业资本家共同瓜分剩余价值的结果。

---

① 马克思．资本论：第3卷［M］．北京：人民出版社，2004：415．

（2）从借贷双方的关系看，利息是财富的分配形式。利息是利润的一部分，因此是社会总产品的组成部分，表现为社会一定时期财富的增加。

（3）从市场供求关系看，利息是借贷资本的价格。在现代经济社会中，多种融资方式并存使得融资成为市场行为，金融工具成为商品，资金需求者通过出售金融商品而筹措资金，资金供应者通过购买金融商品而投资，资金供求关系转化为金融商品的买卖关系，利息成为金融商品的价格。

二、利息率

（一）利息率的含义

利息率是指一定时期内获得的利息额与本金的比率，简称为利率。它体现了借贷资本或生息资本的增值程度，是衡量利息量的尺度。利率是租赁资金的价格。资金的供给方（债权人）把一笔资金转让出去具有一定机会成本和风险：首先，即使贷款者最终可以收回自己贷出去的总金额，贷款期内失去的机会也无法找回；其次，把资金借给他人，可能因为主观或客观原因产生无法收回本金的风险。因此，要收取一定的利息。利率的基本计算公式为：

$$利率 = \frac{利息额}{预付借贷资本} \times 100\%$$

按照我国的传统习惯，不论是年利率、月利率、日利率都用"厘"作为单位。年利率一般用本金的百分比来表示，称为年息几厘（如年息百分之五，称为年息 5 厘）；月利率一般用本金的千分比来表示，称为月息几厘（如月息千分之五，称为月息 5 厘）；日利率一般用本金的万分比来表示，称为日息几厘（如日息万分之五，称为日息 5 厘）。现在也常用"分"作为利率的单位。"分"是"厘"的 10 倍。

过去，利率以月利率为主，现在已正式用年利率表示。年利率、月利率和日利率之间的换算公式如下：

年利率＝月利率×12

日利率＝年利率÷360

（二）利息的一般计算方法

根据利息计算的基准不同，利息的计算通常有两种方法，即单利计算法和复利计算法。

1. 单利计算法

单利计算法是指在规定期限内只把借贷的本金作为计算利息依据的一种计息方法。

利息的计算公式如下：

$$I = P \cdot r \cdot n$$

本利和的计算公式如下：

$$S = P \cdot (1 + r \cdot n)$$

式中，I 代表利息，P 代表本金，r 代表利率，n 代表期限，S 代表本利和。

单利计算法的特点是对利息不再计算利息，计算比较简便易行，但这种计算方法没有考虑货币的时间价值。

2. 复利计算法

复利计算法是指将上一期的利息加入本金，作为本期计算利息依据的一种计算方法，也就是通常我们说的"利滚利"。本利和及利息的计算公式如下：

$$S = P \cdot (1 + r)^n$$

$$I = S - P$$

复利计算法的特点是考虑了货币的时间价值，不仅对本金计算利息，而且对利息也计算利息，但计算比较烦琐。目前比较流行的还是采用单利计算法。

案例分析

复利的魔力

在印度有这样一个古老的传说。舍罕王打算奖赏国际象棋的发明人——宰相西萨·班·达依尔。舍罕王问他想要什么，他对舍罕王说："陛下，请您在这副棋盘的第 1 个小格里放 1 粒米，在第 2 个小格里放 2 粒，在第 3 个小格里放 4 粒，以后每一小格都比前一小格加一倍。请您把这样摆满棋盘上所有的 64 格的米粒，都赏给您的仆人吧！"

舍罕王笑了，认为宰相太小家子气，但等他知道结果后，他就笑不出声了。那么，宰相要求得到的米粒到底有多少呢？答案是 18 446 744 073 709 551 615 粒。据测算，1 千克米约有 4 万粒。将宰相要的米换算成标准吨后，约等于 4 612 亿吨。这是一个什么概念呢？2023 年，全球大米总产量为 5.24 亿吨。

思考：1 元钱，每天翻一倍，30 天后的数字是多少？

三、利率的种类

利率是一个非常复杂的经济变量，一方面是由于金融资产的多样化，另一方面是由于人们可以从不同的角度来考察利率，使其在金融市场上具有各种各样的表现形式。

（一）名义利率和实际利率

在市场经济条件下，市场的物价水平经常会出现一定程度的波动，而市场物价的变动导致了金融资产持有者的实际收入水平和名义收入水平呈现不一致，这种不一致的实质是物价水平的变动造成的名义利率和实际利率的不一致。名义利率是指以货币为标准计算出来的利率，通常是在没有考虑通货膨胀率的条件下，投资者根据借贷契约上载明的应该收到的利率或债务人应该支付的利率，也称为货币利率。实际利率是指名义利率剔除物价变动因素，以实物为标准计算出来的利率，它表明投资者实际所获得的利率或债务人实际所要支付的利率。名义利率、实际利率和通货膨胀率三者之间的数量关系有两种计算方法。

$$r=\frac{i-P}{1+P}$$
$$r=i-P$$

式中，r 代表实际利率，i 代表名义利率，P 代表通货膨胀率。

这两种计算方法的结果会有一定的误差。第一种计算方法比较精确，一般用于核算成本和实际收益；第二种计算方法比较直观简便，一般用于估算成本、收益及进行理论阐述。

在市场经济运行过程中，物价水平要随着商品供求关系和货币供求关系的变化而不断变化，即使名义利率相对稳定，实际利率也会不断变化。实际利率是资金使用者的实际成本，同样也是资金提供者的实际收益，因此，实际利率的变化势必对货币资金的供求关系以及人们对金融资产的选择产生影响。

在经济生活中，正确把握名义利率和实际利率极为重要。当市场物价稳定，通货膨胀率等于零时，实际利率就等于名义利率；当通货膨胀率高于名义利率时，实际利率则表现为负数，我们称为负利率。负利率的实质意义是金融资产持有者在名义上有利息的收益，而实际上是金融资产持有者的金融资产不断贬值和损失。

金融视野

名义利率与保值贴补

当通货膨胀率很高时，实际利率将远远低于名义利率。由于人们往往关心的是实际利率，因此若名义利率不能随通货膨胀率进行相应的调整，人们储蓄的积极性就会受到很大的打击。例如：1988 年，中国的通货膨胀率高达 18.5%，而当时银行存款的利率远远低于物价上涨率，所以 1988 年的前 3 个季度居民的银行储蓄不仅未给存款者带来收入，就连本金的实际购买力也在日益下降。老百姓的反应就是到银行排队取款，然后抢购物品，以保护自己的财产，因此就发生了 1988 年夏天银行挤兑和抢购事件，银行存款急剧减少。

针对这一现象，中国的银行系统于 1988 年第 4 季度推出了保值存款，将名义利率大幅度提高，并对通货膨胀所带来的损失进行补偿。表 2-1 给出了 1988 年第 4 季度到 1989 年第 4 季度中国的银行系统 3 年定期存款的年利率、通货膨胀补贴率和总名义利率，其中总名义利率等于年利率和通货膨胀补贴率之和。

表 2-1　中国的银行系统对 3 年定期存款的保值率　　　　　　　单位：%

季度	年利率	通货膨胀补贴率	总名义利率
1988（4）	9.71	7.28	16.99
1989（1）	13.14	12.71	25.85

续表

季度	年利率	通货膨胀补贴率	总名义利率
1989（2）	13.14	12.59	25.73
1989（3）	13.14	13.64	26.78
1989（4）	13.14	8.36	21.50

保值贴补措施使得存款实际利率重新恢复到正数水平。以 1989 年第 4 季度到期的 3 年定期存款为例，从 1988 年 9 月 10 日（开始实行保值贴补政策的时间）到存款人取款这段时间内的总名义利率为 21.5%，而这段时间内的通货膨胀率，如果按照 1989 年的全国商品零售物价上涨率来计算的话，仅为 17.8%，因此实际利率为 3.7%。实际利率的上升使存款的利益得到了保护，老百姓又开始把钱存入银行，使存款下滑的局面很快得到了扭转。

（二）固定利率和浮动利率

根据利率在整个借贷期间是否调整，可把利率分为固定利率和浮动利率。

固定利率是指利率在整个借贷期间按借贷时契约规定的利率执行，不随市场利率的变化而变动。它的特点是简便易行，有利于借贷双方核算成本和收益。但在通货膨胀条件下，债权人要承担由于通货膨胀给其造成金融资产损失的风险，特别是在中长期借贷中风险更大。

浮动利率是指在借贷契约上规定，在借贷期间利率要根据市场利率的波动定期调整。它的特点是避免了在借贷期间由于市场利率的波动给借贷双方带来的风险，但利息的计算相对比较复杂，而且不利于借贷双方成本和收益的核算。目前在国际债券市场和中长期借贷中，浮动利率被广泛地采用。

（三）官定利率和市场利率

官定利率是指由政府金融管理部门或者中央银行确定的利率，它在一定程度上反映了非市场的强制力量对利率形成的干预，是国家实现宏观经济目标的重要政策手段，也称为法定利率。市场利率是指在金融市场上资金供求双方自由竞争所形成的利率，是资金供求的指示器。官定利率对市场利率起着导向作用，官定利率的升降通常会使市场利率随之升降。

虽然官定利率和市场利率是从资金价格决定权的角度来分析利率的形式，但实际上，在统一的官定利率背景下，受融资形式多样性、经济发展的不平衡、市场分割等因素影响，市场利率也会有多种表现。例如：在一个国家内部，经济较发达地区和经济欠发达地区的市场利率水平就会呈现一定的差距。

（四）短期利率和长期利率

由于资金借贷期限长短的不同，利率水平也有不同的表现。通常我们把借贷期限在一年以内所采用的利率称为短期利率，把借贷期限在一年以上所采用的利率称为长期利率。资金借贷期限的长短对借贷资金的风险、借贷资金的盈利水平和资金的时间价值等方面都有不同的影响。通常来说，资金借贷期限越长，资金的时间价值就应该越大，经营者的获利也会越多，同时，市场不确定因素的影响越大，市场经营风险也就越大，所以贷出者所获得的报酬也应越多，借入者所支付的利息也应越多。划分长短期利率的真正意义在于：明确借贷期限长短对利率水平的影响，掌握期限利率结构的管理要求，确保借贷资金的真实收益。

（五）一般利率和优惠利率

根据对不同对象和项目执行不同的利率水平来划分，利率可分为一般利率和优惠利率。一般利率是指金融机构按市场的一般标准发放贷款和吸收存款所执行的利率。优惠利率是指低于市场一般标准的贷款利率和高于市场一般标准的存款利率。用优惠利率对国家重点扶持的贷款项目和贷款对象进行信贷支持，是国家调整经济结构和产业结构的需要。在国际金融市场上，人们普遍将低于伦敦银行间同业拆放利率的利率视为优惠利率。

（六）存款利率和贷款利率

根据商业银行的存贷业务来划分，利率可分为存款利率和贷款利率。存款利率是指商业银行在吸收客户存款时所采用的利率。贷款利率是指商业银行在向客户发放贷款时所采用的利率。在正常情况下，贷款利率必须高于同期存款利率，因为对商业银行来说，贷款利率与存款利率之差是商业银行主要的业务经营收入。我国商业银行的收益大部分来自存贷款的利差。

金融视野

什么是LPR？

贷款基础利率（Loan Prime Rate，LPR），又称贷款市场报价利率，是商业银行对其最优质客户执行的贷款利率，其他贷款利率可在此基础上加减点生成。贷款基础利率的集中报价和发布机制是在报价行自主报出本行贷款基础利率的基础上，指定发布人对报价进行加权平均计算，形成报价行的贷款基础利率报价平均利率并对外予以公布。

2013年10月25日，我国正式运行贷款基础利率集中报价和发布机制，首日一年期贷款基础利率为5.71%。

学思之窗

根据不同的分类标准，LPR属于什么利率？

第二节　利率的影响因素和作用

一、利率的影响因素

不管是马克思的利率决定理论，还是西方经济学家的利率决定理论，都是从理论上探讨利率的决定机制，而且由于现实经济的局限性，只能起到一定的借鉴意义。下面我们从现实的角度出发，结合上面所介绍的利率决定理论，进一步探讨决定和影响利率水平的因素。

（一）社会平均利润率

根据马克思的利率决定理论，利息表现为借入者因获得资金的使用权而付给贷出者的一部分利润，利息是利润的一部分。利息这种质的规定性决定了它的量的规定性，社会平均利润率成为决定和影响利率水平的最基本因素。总的来说，利率既不能小于零，也不会超过社会平均利润率，即利率总是在零和社会平均利润率之间摆动。

（二）借贷资本的供求状况

在商品经济条件下，借贷资本是一种特殊的商品资本，利息是转让这种特殊商品的报酬，或者说是使用借贷资本的价格。尽管借贷资本是一种特殊的商品，但它也同普通商品一样要受到价值规律的支配和制约，其价格也要受到借贷资本供求状况的影响。当市场上借贷资本供不应求时，利率就会上升，贷出者可以得到较多的收益；当市场上借贷资本供过于求时，利率就会下降，借入者可以支付较少的利息，从而获得更多的利润。所以，借贷资本的供求状况是影响利率变动的一个重要因素，它决定着市场某一时刻利率的高低。

（三）社会再生产的经济周期

在正常的社会再生产条件下，利率水平的高低主要是由社会平均利润率和资金的供求状况决定的。但在社会再生产出现危机时，由于商品过剩、价格下降、销售不畅、生产停止，一方面，多数企业为了求得生存和发展，迫切需要注入新的资金来维持生产，表现为市场上对资金需求的大量增加；另一方面，资金的供给者为了保证自己资金的安全，一般不愿意将资金存入银行，造成了市场上资金供求矛盾日益突出，致使利率产生较大幅度的上涨，甚至超过社会平均利润率。在经济危机过后的萧条时期，由于生产的停止和压缩，工商企业的结余资金日益增多，市场上有较为充足的资金供给；同时，企业对资金的需求量却日渐萎缩，从而造成利率水平的不断下降。

（四）物价水平

市场商品的价格水平不仅和商品的供求有直接的关系，还和货币的购买力大小有直接的关系。物价上涨表现为货币的贬值和货币购买力的下降，物价下跌表现为货币的升值和货币购买力的上升。虽然利率与物价水平并没有直接的必然联系，但由于货币形式的借贷资金体现着一定量的货币购买力水平，因此物价的升降引起货币购买力的变动，必然影响借贷双方对资金价格的评价。对借入者来说，由于物价上涨、货币贬值，如果名义利率不变，就等于降低了实际利率，从而减少了偿还本息的实际货币量，从中获得了额外的收益；而对贷出者来说，由于物价上涨、货币贬值，如果名义利率不变，就等于降低了实际利率，从而降低了贷出资金的实际收益，而且如果名义利率小于通货膨胀率，贷出者不仅没有正的实际收益，反而承受着实际损失。因此，物价水平高低的实质是改变了实际利率水平，在确定利率水平时必然要考虑市场的物价水平。

（五）国家的经济政策

国民经济是一个宏观运行的整体，无论是实行市场经济的国家，还是实行计划经济的国家，为协调全社会的整体经济利益，都要通过各种经济政策和经济手段来体现国家意志。利率政策是能比较直接体现国家意志的重要经济手段。利率水平、利率结构的确定和设计，有助于实现国家的经济增长政策、产业政策和货币政策。国家可以通过规定和调整官定利率来影响整个市场利率的变动，通过优惠利率实现对重点产业、部门或项目的扶持，进而实现对产业或部门结构的调整和优化，保证国家产业政策的顺利实施。另外，中央银行可以通过公开市场业务、再贴现政策等货币政策来调控基准利率水平，影响资金的供求状况和资金流向，从而实现调控国民经济的目的。

（六）国际利率水平

全球经济一体化是世界经济发展的潮流。世界各国的联系越来越密切，商品、资金和技术等生产要素广泛地在世界范围内流动。在与国际经济的接轨中，国际利率水平对国内利率水平的影响也就越来越大。一般而言，国际利率水平对国内利率水平的影响是通过资金在国际的流动来实现的：当国内利率水平高于国际利率水平时，国外货币资金在追逐高额利息的驱动下流向本国，这不仅改善了本国的国际收支状况，而且改变了本国货币市场上的资金供求关系，促使本国利率水平的下降；当国内利率水平低于国际利率水平时，本国货币资金在追逐高额利息的驱动下流向国外，这同样改变了本国货币市场上的资金供求关系，加剧了本国资金供给的紧张，促使本国利率水平的上升。此外，利率对国际收支的影响，会带动本国货币价值的变化，从而直接影响本国的对外贸易。因此，国家在制定利率政策时，必然要考虑国际金融市场上的利率水平，尽量做到与国际利率水平接轨，使本国经济融入世界经济中。

除此之外，商业银行的经营成本、国家的法律规定、传统习惯、国际协议或默契等因素，都会影响本国利率水平的变动。所以，我们在分析和研究利率水平，制定利率政策时，一定要把影响利率水平的所有因素结合起来加以考虑。

二、利率的作用

利率是国家调控国民经济的重要经济杠杆，在调节微观经济主体行为和宏观经济政策方面起着不可替代的作用。

（一）利率对微观经济的调节作用

1. 影响各种市场主体的行为

利率的变动对金融市场、金融机构、企业、个人都有显著的影响。在其他条件不变的情况下，利率上调对于股市往往有负面影响，而利率下调往往会对股市形成利好效应。对于金融机构而言，利率上调往往是利好消息，会提高金融机构的收益。对于企业而言，利率上调加大了企业的融资成本和利息负担，对实体经济会产生一定的紧缩作用。利率上调还会增加居民在银行的存款和债券的投资，减少居民的消费信贷，对于按揭贷款买房的居民而言，利息负担加重，部分居民可能考虑提前还款。

2. 合理分配社会财富

利率是借贷资本的价格，是借款人取得资本使用权所付出的代价和贷款人出让资本使用权所获得收益的计算单位。在任何一个具体的借贷关系中，借款人的代价和贷款人的收益总是一一对应的，这就意味着利率在其中发挥着财富分配的作用。财富分配作用是利率的其他经济作用的基础。

从理论上讲，在实际利率大于零，并且还本付息有保证的前提下，利率的财富分配作用意味着财富从借款人向贷款人的净转移，即把借款人的一部分财富转变为贷款人的财富，而且利率越高，财富分配的量就越大。

（二）利率对宏观经济的调节作用

1. 聚集和积累闲散资金

聚集和积累闲散资金是利率最主要的作用。利率的存在，使中央银行可以用经济的手段，将分散在社会各阶层的货币收入和再生产过程中暂时闲置的货币资金集中起来，转化为信贷资金，再通过信贷资金的分配，满足生产发展的需要，促进经济的发展。

2. 调节资金供求

利率作为重要的经济杠杆，对调节社会资金供求起着重要的作用。如果利率水平上升，一方面，对资金的需求者来说，会增加其融资成本，相应地降低了盈利水平，从而抑制了社会资金需求的增加；另一方面，对资金的供给者来说，会提高其实际收入水平，从而刺激了社会资金供给的增加。反之，如果利率水平下降，就会减少社会资金的供给量，增加社会资金的需求量。所以，中央银行可以通过调整利率水平来调节社会资金的供求，为实现宏观经济目标服务。

3. 优化产业结构和经济结构

利率作为资金的价格，会自发地引导社会资金流向利润率较高的部门和行业，从而实现社会资源的优化配置。同时，国家可以利用差别利率政策，对基础行业、重点项目和重点产品的生产和发展给予优惠利率的支持；对某些需要限制发展的长线产品的生产，适当地提高利率，用经济手段加以限制，从而实现优化产业结构和经济结构的目的。

4. 稳定货币流通

存款利率的高低直接影响银行的存款规模，对实现社会购买力与商品可供量的平衡具有调节作用。贷款利率的高低直接影响银行的贷款规模，决定货币供应量，对币值稳定具有重要的作用。贷款利率的差别对贷款结构和产业结构有着重要的影响，而产业结构的合理化是货币正常流通的基础。利率的高低还直接影响企业的生产规模和经营状况，从而影响社会商品的供给总量和结构，对货币流通具有重要的调节作用。

5. 调控信贷规模和投资规模

贷款利率的高低与企业的收益率成反比。提高贷款利率必然使企业的利润减少，企业对投资的兴趣下降，随之引起银行信贷规模的缩减，并且当贷款利率提高到一定程度时，有可能使产业资本转化为借贷资本，以获取高额的借贷利息；反之，降低贷款利率会引起社会信贷规模的扩大。因此，贷款利率的高低与社会信贷资金总量成反比，中央银行可以通过调整贷款利率水平来调节社会信贷规模和投资规模。

6. 实现国际收支平衡

利率对国际收支平衡也具有重大的调节作用。当国际收支出现逆差时，一国可以提高本国的利率水平，这样做一方面可以阻止本国资金流向利率较高的国家或地区，另一方面可以吸引国外资金流入本国，以获取高额利息。但是，当国际收支出现逆差并且国内经济出现衰退时，一国应当慎重调整利率水平，因为利率水平的提高对扭转国内经济衰退状况是很不利的。一般而言，只能通过调整利率结构来实现国际收支的平衡。当国际收支出现顺差时，一国可以通过降低本国的利率水平来鼓励资金外流，并限制外国游资进入本国，从而解决国际收支顺差。

第三节　信用概述

一、信用的内涵和基本要素

（一）信用的内涵

日常生活中经常讲到的"信用"一词，从不同角度有不同理解。经济学中的信用是指商品或货币的所有者（即贷出者）把商品或货币的使用权暂时让渡给商品或货币的使用者（即借入者），后者到期偿还并支付一定利息的价值运动形式。要准确把握信用的内涵，必须从以下三个方面来理解。

1. 信用是一种特殊的价值运动形式

商品或货币的借贷不同于一般的商品买卖关系，也不同于货币价值的赠予。在商品买卖中，卖者在卖出具有一定使用价值的商品时，取得了与自己的商品等值的价值；而买者在付出一定价值时，取得了自己所需要的具有某种使用价值的商品，从而实现了等价交换。在信用交易中，商品或货币不是被卖出，而是被贷（借）出，所让渡的是商品或货币在一定时期的使用权，其所有权不发生变更和转移，所以到期要偿还贷出者同样的商品或货币。

2. 信用是以支付利息为条件的借贷行为

信用交易的贷出者让渡商品或货币的使用权，目的是获得一定的报酬。在现代商品货币经济中，贷出货币或商品的价格表现为利息，也就是说其获得的报酬以借入者到期支付一定的利息为条件。

3. 信用是从属于商品货币关系的经济范畴

信用关系反映了社会经济组织和个人之间的一种让渡商品或货币的经济关系。信用及信用形式是随着商品货币关系的产生而产生和发展的。

信用活动与金融活动是两个既有联系又有区别的范畴。在资本主义社会以前，信用和金融虽然也有密切联系，但其主要方面是各自独立发展的。信用产生于原始社会末期，而金融是在资本主义生产条件下，在信用不断发展下才得以产生和发展的。随着信用货币取代金属货币而成为流通中货币的基本形式，任何独立于信用活动之外的货币制度已不存在，相应的信用活动也都和货币的运动相结合。两者也表现为范围上的区别，广义的金融泛指一切与货币流通与资金运动有关的运动，包括货币的发行、保管、兑换和流通的调控等，在内涵上包括货币信用和股票融资，而不包括实物信用。信用包括所有的信用活动，它既包括货币信用，也包括实物信用。但在现代经济关系中，两者在一定条件下又具有同一性，信用活动即资金融通，金融活动中包含信用关系。由于在现代经济条件下，商品货币关系越来越发达，实物信用形式越来越少，同时，现代金融市场已经相当发达，对投资者来说，可选择的金融产品种类很多，一定程度上也淡化了实物信用的形式，因此，信用和金融这两个范畴越来越趋于相同。

（二）信用的基本要素

信用关系的成立所应具备的四大要素如下：

1. 信用主体

信用作为特定的经济交易行为，必须具有行为主体，即构成信用关系的当事人，他们通过直接或间接方式，在资金或实物融通过程中形成债权和债务关系。债权和债务关系是构成信用的第一大要素。

2. 信用标的

信用标的是指信用交易的对象。信用交易对象是指授信方的资产，它既能以货币形式存在，也能以商品形式存在。

3. 信用载体

信用载体是指授受信用双方的权利和义务的关系，表现在一定的对象物中，即信用工具，它是载明债权和债务关系的合法凭证。

4. 信用条件

信用条件是指在信用期内，债权和债务双方应相互享有和遵守的权利和义务。因为信用是一种借贷关系，所以信用条件主要是指信用的期限、利率等。信用是信用标的物的所有权和使用权暂时分离，这就需要确定一个暂时分离的期限，这是信用行为得以存在的必要条件。而利息既是债权人让渡商品或货币使用权的报酬，又是债务人获得商品或货币使用权的代价。

二、信用的产生和发展

在原始社会末期，私有制的产生促进了商品生产和交换的发展，导致社会财富占有的不均和分化，从而出现贫富差异，贫穷阶层不得不向富裕阶层借贷来维持生计，由此产生了最原始的信用形式。可见商品交换和私有制是信用产生的基础。

随着商品生产和交换的发展，在商品买卖中，由于生产周期长短不一，以及商品购销地点远近的不同等因素，商品生产者和商品购买者在出售和购买商品时存在时间和空间上的差异，为了维持正常的社会再生产，出现了商品买卖中的延期支付和赊销买卖，由此产生了信用交易。卖者因为赊销商品，成为信用交易中的债权人，而买者则成为信用交易中的债务人，到期时买者再以货币清偿债务。货币在这里不是作为流通手段，而是作为支付手段发挥作用，从而实现价值转移和债务清算。

信用产生于商品流通，但又不局限于商品流通的范围。随着商品货币经济的深入发展，货币的支付手段超出了商品流通的范围，因而与货币支付手段相联系的信用关系也就不仅仅表现为商品赊购、赊销，货币借贷的信用关系日渐显露。货币成为契约中的一般商品。一方面，一些人手中积累了货币，或者一些企业在生产流转过程中出现了闲置货币；另一方面，一些人或企业则需要货币维持生活或从事生产经营，要求通过信用形式进行货币余缺调剂。

信用在不同的社会有不同的表现形式，分别经历了高利贷信用、资本主义信用和社会主义信用几个发展阶段。从信用发展的历史进程来看，信用作为商品经济的重要组成部分，既受特定的生产方式所制约，又反映着一定的生产关系并为其服务。

三、信用的基本特征和基本职能

（一）信用的基本特征

1. 暂时性

信用关系中实物或货币的所有权和使用权的分离是暂时的，具有一定的期限，到期需要偿还货币或实物，因此，这种让渡是暂时的。

2. 偿还性

实物或货币使用权的暂时让渡是以到期偿还为先决条件的，债权人贷出实物或货币资金，要求债务人在信用关系结束时，以一定方式偿还实物或货币，这是信用的基本要求。

3. 收益性

实物或货币的转让是有机会成本的，实物或货币的暂时让渡也具有风险性，债权人在让渡实物或货币的使用权后，到期时必然有价值增值的要求。

4. 风险性

由于受经济环境、法律制度、道德规范、债务人的信誉和能力等多种因素的影响，债权人到期能否收回本息具有不确定性，因此信用活动具有一定的风险性。

（二）信用的基本职能

信用是商品经济发展到一定阶段的产物，而信用的产生和发展又极大地推动了商品经济的发展。商品经济越发达，经济对信用的依赖也就越强，信用对经济的影响也就越大，这也正是信用职能发挥作用的具体体现。

1. 信用能更有效地合理配置社会资源

在市场经济条件下，任何一个经济单位的货币收入都会出现不平衡的状况。信用是解决货币资源在某时期不平衡的有效方式。资金的需求方可以通过信用获得资金，把未来的收入转为当前使用，促进社会资源的有效使用，使原本不可能的生产成为可能。资金的付出方也可以通过信用获得投资收益，实现财富的增值。用信用方式调节社会资金资源余缺，既可以有效解决资金分配不平衡的状况，又可以提高整个社会资源配置的效益。

2. 信用能更有效地节约流通费用，提高经济效益

信用的产生大大节约了各种流通费用，加速了资金周转速度。一方面，在信用基础上产生了非现金结算，减少了现金的流通量和流通费用。另一方面，由于信用结算手段快速灵活，加速了商品流转，缩短了商品流通的时间，减少了流通占用和流通消耗。信用的存在能够促进资金的快速成交，从而有利于提高社会资金的使用效益。

3. 信用方式是调节经济的有效手段

信用是调节国民经济的重要经济杠杆，能对国民经济的总量和结构进行有效调节。国家通过制定各种信用政策、金融法规，调节社会信贷总规模，从而调节社会货币供给总量，使货币供求保持一致。同时，国家可以利用信用杠杆及利率的变动调节信用的方向及需求结构，以实现社会产品结构、产业结构和经济结构的调整。

金融视野

留学趣闻：德国人先看信用记录再恋爱

　　有一段时间，我曾经在德国的一所学校做交流，我的德国同事丽莎是一位开朗、漂亮的女生，而且非常年轻，有不少男生追求她。

虽然有众多追求者，丽莎却一直迟迟没有定下恋爱的对象。有一天，学校里的另一位德国同事又给丽莎介绍了一位男士。据介绍，这位男士家里相当富有，属于"钻石王老五"型。在我们的怂恿和催促下，丽莎答应和对方见个面。当丽莎约会回来后，我们急切地问她怎么样。丽莎回答说，"人看上去还不错"，之后便对介绍人说，"你抽空把他的身份证复印件给我"。介绍人立即答应了。

第一次见面就要查看对方的身份证，对此我困惑不解。也许是看出了我的困惑，丽莎主动向我解释。她说，因为只有拿到对方的身份证复印件，自己才能到银行去查他的信用记录，看他是不是一个讲诚信的人。

原来，德国人非常讲究信用，要想知道一个人是不是诚信，可以直接去银行查问。德国法律规定，只要是本国人就可以凭借自己的身份证和对方身份证的复印件，到任何一家银行去查看对方的信用记录，看看对方是不是有什么不良的信用记录，例如：有没有按时交款付费，是否拖欠他人财物或欠下银行债务迟迟不还。

丽莎还补充说，在德国，你不能仅凭个人感觉，从外表去判断一个人。例如：你遇到一个人，外表上看他显得很富有，很有涵养和素质，但是如果你到银行查他的信用记录，也许你会惊讶地发现：他欠了一大笔债务，穷得连水电费都不能按时交纳。

谈恋爱居然还要先看对方的信用记录，这让我感到非常新奇。丽莎说，其实不仅仅是恋爱，甚至在谈婚论嫁前，也要看对方的信用记录，就连租房子、借钱等小事，对方也要查看你的信用记录，看看你是不是一个讲诚信的人，再决定是否要把房子租给你、把钱借给你。

资料来源：木梅. 德国人恋爱前先看信用记录［EB/OL］. 中青在线，2010 - 03 - 16.

第四节　信用形式

一、商业信用

（一）商业信用的概念及存在的意义

商业信用是指企业之间相互提供的与商品交易直接相联系的信用，包括商品赊销、分期付款、委托代销等。商业信用是一种较早出现的信用形式，并成为资本主义信用制度的基础。

在产业资本循环过程中，企业之间相互依赖，但它们在生产时间和流通时间上往往不一致，从而造成一些企业商品积压，有些企业虽急需该商品却无钱购买，因此以延期付款形式提供的商业信用随即出现。卖方可以向买方提供该商品的商业信用，使买方能够顺利地实现商品增值，卖方的利益也就可以得到实现，使整个社会的再生产得以顺利进行。另外，商业信用还与商业资本的存在和发展有直接联系。商业资本是实现生产和消费的中间环节，商业企业赚取中间差额作为利润，也不可能有足够的资本从工业企业那里购买全部工业品。为保证商品流通顺利进行，工业企业要向商业企业提供信用，商业信用因此得到了发展。可见商业信用是直接与商品生产和商品流通相联系的，直接为产业资本循环和商业资本循环服务。所以，商业信用是资本主义信用制度的基础。

(二) 商业信用的特点

1. 主体是企业

商业信用的债权人和债务人都是企业，信用的贷出者（债权人）在商品赊销行为中是商品的卖方，信用的借入者（债务人）在商品赊销行为中是商品的买方。它们都是直接参加生产和流通并掌握着商品的企业，只要双方同意即可签订延期付款或预收货款的合同协议，手续简便，无须信用中介机构介入，就可以自发实现商品形态向货币形态的转化。所以，商业信用是一种直接信用形式。

2. 客体是商品资本

商业信用所提供的是处于社会再生产过程中的商品资本，而不是社会闲置的货币资本，具体表现为企业与企业间，信用贷出者最后阶段的商品资本直接转化为信用借入者最初阶段的商品资本。

商业信用虽然是以商品形态提供的信用，但其活动包括两种性质不同的经济行为，即买卖行为和借贷行为。当一个企业把商品赊销给另一个企业时，商品的所有权发生了转移，商品的买卖行为已经完成。但由于商品的货款没有立即支付，商品的卖方成为债权人，商品的买方成为债务人，商品的买卖关系又演变成了债权债务关系，即借贷关系，但这种借贷关系及其运动还没有从社会再生产过程中独立出来。

3. 规模和产业资本动态一致

在经济繁荣时期，企业生产规模扩大，生产的商品增加，商业信用的需求和供应都随之扩大；在经济危机时期，企业生产规模萎缩，商业信用的需求和供应也随之缩减。

(三) 商业信用的局限性

1. 规模和数量上的局限性

由于商业信用是企业之间相互提供的信用，因此从整个社会来看，商业信用只能在企业之间的现有资本总额中进行再分配，它的最大限度是企业现有资本总额的充分运用；从个别企业来看，企业所能提供的信用规模取决于它所得到的商业信用的规模或准备资本的规模。

2. 使用范围上的局限性

因为商业信用是直接信用，借贷双方只有在互相了解对方的信誉和偿债能力的基础上才可能确立信用关系，所以商业信用在使用范围上受到限制。

3. 方向上的局限性

由于商业信用的客体是商品资本，因此商业信用的产生要受到商品流转方向的限制。信用的产生只能是商品的生产者或经营者提供给该商品的需求者，即只能是上线商品向下线商品提供商业信用。例如：棉农可以向纺纱厂提供商业信用，纺纱厂可以向织布厂提供商业信用，而反过来，纺纱厂向棉农提供商业信用、织布厂向纺纱厂提供商业信用是不成立的。

4. 期限上的局限性

由于商业信用所提供的是在循环过程中的商品资本，如果不能很快地以货币形态收回，就会影响产业资本的正常循环和周转，因此，一般而言，商业信用是短期信用，对于用于扩大再生产的长期资本的筹集作用有限。

二、银行信用

（一）银行信用的概念

银行信用是指银行及其他金融机构以货币的形式提供的信用。银行信用是在商业信用发展到一定阶段的基础上，克服了商业信用的局限性而产生和发展起来的。它的产生对资本主义商品经济发展起到了巨大的推动作用，并且已经成为整个信用制度的核心和主体。

（二）银行信用的特点

1. 主体是金融机构和社会不同的经济利益者

银行信用是一种间接信用。一方面，银行作为受信者以债务人的身份通过存款等方式向社会筹措资金；另一方面，银行作为授信者以债权人的身份通过贷款等方式向社会贷放资金。银行充当了信用中介，为全社会提供全面的信用服务，以促进商品生产和流通的扩大。

2. 客体是货币资金

银行信用的载体是单一的货币资金。一方面，银行信用能有效地聚集社会上的各种闲散资金，包括社会再生产过程中暂时游离出来的货币资本、货币所有者的货币资本，并可以把社会各阶层的货币储蓄也转化为生产资本，形成巨额的借贷资本。另一方面，银行信用是以单一的货币形态提供的，它可以向任何企业、任何机构和个人提供银行信用，从而克服了商业信用在方向和规模上的局限性。

3. 与产业资本动态的不一致性

由于银行信用所贷出的资本是独立于产业资本循环的货币资本，因此银行信用规模和产业资本动态表现出不一致，具有一定的独立性，尤其是在经济危机时表现得更加明显。

4. 具有创造信用的功能

任何经济实体只有在先获得货币资本或商品资本的前提下才能提供信用，并且对外提供信用规模的大小要受到自身资本总量的制约。只有银行信用可以突破上述两点限制。银行不仅可以根据其自身的资金来源安排资金运用，还可以通过其资金运用创造资金来源，具有创造信用的能力。

（三）银行信用发展的新趋势

银行信用由于克服了商业信用的局限性，大大拓展了信用的范围、数量和期限，可以在更大程度上满足经济发展的需要，因此成为现代信用的主要形式和核心。

20世纪80年代后期以来，随着世界经济一体化步伐的加快，以及并购和重组的加剧，银行信用的发展与变化主要表现在：越来越多的借贷资本集中于少数大银行手中；银行规模越来越大；银行资本与产业资本的结合日益密切；银行信用提供的范围不断扩大；银行信用在整个社会信用关系中，不管是金额还是范围都占据绝对优势。

银行信用虽然在诸多方面都优于商业信用，更适应社会化大生产的需要，但还不能取代商业信用。因为商业信用直接与商品生产和流通相联系，在商业信用可能解决的范围内，企业间可以直接利用商业信用实现融资，然后通过银行信用方式，把商业信用纳入银行信用的范畴。所以，在信用体系中，商业信用是信用制度的基础，银行信用是信用制度的主导与核心。

行业洞察

信用评级

2023年9月21日，中国保险资产管理业协会发布了2023年信用评级机构评价结果，从保险机构投资者角度，对11家信用评级机构开展自律评价，排名见表2-2。

表2-2　信用评级机构自律评价排名（按照最终得分排序）

排名	机构名称	最终得分
1	中债资信评估有限责任公司	80.73
2	中诚信国际信用评级有限责任公司	74.02
3	上海新世纪资信评估投资服务有限公司	70.06
4	中证鹏元资信评估股份有限公司	68.31
5	惠誉博华信用评级有限公司	65.75
6	远东资信评估有限公司	62.84
7	联合资信评估股份有限公司	62.82
8	标普信用评级（中国）有限公司	62.69
9	大公国际资信评估有限公司	60.90
10	东方金诚国际信用评估有限公司	59.75
11	安融信用评级有限公司	51.70

2023年度的评价结果包括综合素质得分和最终得分两部分。综合素质得分由基本素质、信评质量、报告质量、服务质量得分加权汇总形成，反映评价期内信用评级机构的整体评级能力。最终得分在此基础上，由评审专家根据评价对象在评价期内是否发生重大信用评级事故、是否存在人员或机构违规等方面的问题，按照问题的性质、发生频率以及后果，进行相应减分，反映评价期内信用评级机构的整体评级表现。

资料来源：中国保险资产管理业协会2023年信用评级机构评价结果［EB/OL］. 中国保险资产管理协会，2023-09-21.

三、国家信用

（一）国家信用的概念

国家信用是指以国家或政府为主体的借贷活动。在现代社会中，国家信用主要是指国家或政府的负债。国家以债务人的身份取得信用，可分为国家的对内负债和国家的对外负债。对内负债是指国家以债务人身份向国内的居民、企业、团体等取得的信用，它形成国家的内债。对外负债是指国家以债务人身份向国外的居民、企业、团体、政府和国际金融组织等取得的信用，它形成国家的外债。

国家信用不是在商品生产和交换的基础上产生的，而是为了满足国家财政分配的需要而产生的。国家举债的目的一般是弥补财政赤字或实施重点建设项目。因此，国家信用又是一种由信用分配转化为财政分配的特殊信用方式。

（二）国家信用的基本形式

1. 内债

内债的基本形式主要有三种：（1）发行政府公债。这是国家为了弥补财政赤字或实施国家重点建设项目而发行的中长期政府债券，是内债的主要形式。（2）发行国库券。这是国家为了应付短期预算支出需要而发行的一种短期政府公债，期限一般在 1 年以上。（3）向中央银行借款或透支。这是政府向本国中央银行实施短期的资金融通。

2. 外债

外债的基本形式主要有两种：（1）发行国际债券。这是指国家在国际金融市场上，通过发行中长期国际债券筹措建设资金。这是国家对外举债比较流行的形式。（2）国家向外借款。国家向外借款主要包括向外国政府借款、向国际金融机构借款、向国外商业银行借款以及出口信贷等形式。

（三）国家信用的作用

1. 国家弥补财政赤字的主要途径

国家财政部门通过一定手段解决财政收支不平衡的状况，通常有三种方法可供选择，即增加税收、向中央银行借款或透支、发行国债。增加税收无非是提高税率或增加税种，但都会造成企业和城乡居民的负担，同时要受到本国立法程序的制约。向中央银行借款或透支，会使货币的供应量超过实际需要量，引起物价上涨和通货膨胀。所以，世界上大多数国家都通过发行国债（政府公债和国库券）来保持财政收支的平衡。

2. 国家筹措建设资金、优化资源配置的重要手段

国家利用信用的经济功能，将社会闲置的货币资金集中起来，用于国家的重点项目和基础设施的建设，保证社会经济的可持续发展。

3. 宏观经济调控的重要方式

国家可以利用信用的经济功能，合理地调节市场货币流通量。当市场货币流通量超过

实际需要量，引起物价上涨、通货膨胀时，国家通过发行国债，吸收市场过多的货币，以推迟货币购买力的实现；反之，则可以通过公开市场业务回购国债，向市场注入新的货币，从而实现市场货币的供求均衡。

案例分析

希腊主权债务乱局

2008 年全球金融危机的爆发使得葡萄牙、爱尔兰、意大利、希腊和西班牙的经济状况每况愈下，国内赤字严重，国外债台高筑，主权债务危机全面爆发，这五国也被戏称为"欧猪五国"（PIIGS）。虽然在这五个国家中，希腊经济所占比重较小，但其严重性和最终出路对资本市场和欧元产生了重要影响。

大公国际的评估显示，希腊债务规模不断攀高，已经呈现失控风险，在短期内难以稳定。截至 2010 年底，希腊各级政府债务规模已达国内生产总值的 142.8%。

资料来源：谈佳隆. 希腊主权债务乱局 [J]. 中国经济周刊，2011（24）.

思考： 希腊主权债务属于哪种信用形式？

四、消费信用

（一）消费信用的概念

消费信用是由工商企业、商业银行和其他金融机构以商品或货币的形式向消费者个人提供的一种信用。消费信用的产生旨在解决消费者个人支付能力不足的困难，通过提供消费信用使消费者的需求提前满足，达到推销商品、促进生产的目的。

（二）消费信用的形式

随着金融新产品的开发，消费信用的形式也在不断地发展和变化，但概括起来主要有以下几种形式。

1. 分期付款

分期付款是向消费者提供的以购买高档耐用消费品为主的中长期消费信用。这是一种最常见的消费信用的形式。消费者购买高档耐用消费品时，在支付一定数额的首付款后，与卖方签订分期支付剩余货款和利息的合同，按月（或年）支付剩余货款和利息，消费者按合同分期付清本息后，商品的所有权由卖方转移给消费者。

2. 信用卡消费

信用卡消费是由银行和商业企业共同向消费者提供的消费信用形式。信用卡信用是一种延期付款的短期信用。消费者可以凭信用卡在约定单位购买商品或支付劳务，销售单位定期与银行结账。消费者还可以利用信用卡在规定额度内向银行透支现金。

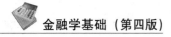

3. 消费信贷

消费信贷是指银行和非银行金融机构采用信用放款或抵押放款的方式，向消费者提供主要用于购买高档耐用消费品的信用方式。消费信用是一种中长期信用，它的还款方式主要有到期一次偿还本息和分期偿还本息两种。

五、国际信用

（一）国际信用的概念

国际信用是指各国银行、企业、政府之间相互提供的信用以及国际金融机构向各国政府、银行、企业提供的信用，反映了国际的相互借贷关系。在国际信用中，授信国往往通过借贷资本的输出来带动本国商品的出口，从而实现利润；而受信国往往想利用国际信用，购买所需的设备、技术和商品，提高本国生产设备的科技含量，从而促进本国经济的发展。

（二）国际信用的形式

1. 出口信贷

出口信贷是指出口国政府为了扩大本国商品的出口，而向本国出口商或外国进口商（或银行）提供的一种优惠利率的出口贷款。出口信贷的利率比国际商业贷款的利率低，一般由出口国政府财政给予利差补贴。比较常见的出口信贷有出口卖方信贷、出口买方信贷等。

2. 国际商业贷款

国际商业贷款是指本国银行或企业从外国商业银行或银团取得的直接贷款。它的优点是贷款金额较大，使用自由，手续较为简便；缺点是利率相对较高并且实行浮动利率，期限相对较短。

3. 政府贷款

政府贷款是指本国政府从外国政府取得的具有援助性质的贷款。这种贷款利率比较优惠，期限较长；但这种贷款往往要附加一些经济或政治条件，而且贷款金额相对较小，手续烦琐。

4. 国际金融机构贷款

国际金融机构贷款是指国际金融机构的会员从国际金融机构中获得的贷款。国际金融机构包括全球性的国际金融机构和区域性的国际金融机构。这种贷款的利率比较优惠，期限较长；但这种贷款一般具有特定的用途，其贷款金额也要受到会员在该国际金融机构中所认缴基金的份额的限制。

5. 补偿贸易

补偿贸易是指设备出口国企业以赊销商品的方式向进口国企业提供机器设备，并以该项目投产后的产品或利润来清偿货款的一种信用方式，其实质是一种国际商业信用。补偿贸易从 20 世纪 70 年代开始流行起来，被发展中国家广泛采用，它包括产品的回购和互购等形式。

6. 国际债券

国际债券是指本国政府、金融机构或企业在国际债券市场上发行以外国货币表示的债券，从而实现筹资目的的一种信用方式。这种信用方式因为在筹资金额、期限、利率和偿还方式等方面都具有较大的灵活性和主动性，所以被许多国家和企业接受和采用。

7. 国际租赁

国际租赁是一种国际融资与融物相结合的信用方式，一般是租赁公司出资购买设备，租赁给客户使用，承租者向出租者定期支付租金。比较常见的国际租赁形式有经营租赁、金融租赁、维修租赁、转租赁和返租赁等。

六、民间信用

（一）民间信用的概念

民间信用是指个人之间以货币或实物的形式相互提供的信用，又称为个人信用。个人信用在我国已经有几千年的历史。随着个体经济、私营经济的不断发展和壮大，目前，个人信用已经从单纯的生活消费领域转向生产经营领域，并有逐步发展和形成规模的态势。

（二）民间信用的特点

（1）信用主体一般是个体经营者和家庭个人消费者。

（2）信用客体逐步由以实物为主转向以货币资金为主。

（3）资金用途由生活消费逐步转向生活消费和生产消费并重。

（4）利率一般要高于银行同期贷款利率。

民间信用作为我国信用形式的补充，利弊并存，应加以正确引导。

本章小结

1. 利率通常用分数表示：年利率一般用百分数表示，月利率一般用千分数表示，日利率一般用万分数表示。

2. 决定和影响利率的基本因素有：社会平均利润率、借贷资本的供求状况、社会再生产的经济周期、物价水平、国家的经济政策、国际利率水平等。

3. 利率的经济功能表现为通过利率水平的变化、利率结构的调整来影响其他经济变量。利率作为借贷资金的价格，既影响货币的流量，又影响货币的存量；既影响储蓄与投资，又影响物价和经济发展。

4. 经济学中的信用是指商品或货币的所有者（即贷出者）把商品或货币的使用权暂

时让渡给商品或货币的使用者（即借入者），后者到期偿还并支付一定利息的价值运动形式。它是一种特殊的价值运动形式，是以支付利息为条件的借贷行为，从属于商品货币经济的范畴。信用关系的成立应具备四大要素，即信用主体、信用标的、信用载体和信用条件。

5. 信用形式就是信用关系表现出来的具体形式，主要有商业信用、银行信用、国家信用、消费信用、国际信用、民间信用等。其中，商业信用是信用制度的基础，银行信用是信用制度的主导与核心。

想一想

1. 决定和影响利率的因素有哪些？
2. 名义利率与实际利率的关系是什么？
3. 利率功能的发挥必须具备哪些条件？
4. 简述信用的基本特征与基本职能。
5. 商业信用与银行信用的主要区别有哪些？

练一练

1. 甲是生产焦炭的企业，乙是生产钢材的企业，如果甲企业把焦炭赊销给乙企业，乙企业开具一张商业票据给甲企业，甲企业和乙企业之间存在信用关系吗？如果存在信用关系，是什么信用形式呢？这种信用形式有什么特点？

2. 小李为了买房，向银行贷款100万元，这种信用属于哪种信用形式？在该信用活动中，各种信用要素分别是什么？

算一算

1. 假如张先生有10万元，年利率为3%，分别采用单利和复利计算方法，帮他计算一下2年后的本利和。

2. 李小加打算明年结婚，在某城市市区通过按揭贷款买了套100平方米的住房，单价为每平方米2万元，房款总额为200万元，假设首付两成，按揭年数20年。通过网络房贷计算器查一查，在当前贷款利率水平下，如果按照等额本息法偿还，李小加每个月要还款多少？如果加息1%，每个月要多还多少钱？

第三章

走 进 银 行

知识目标

- 了解商业银行的概念
- 了解商业银行的产生和发展
- 掌握商业银行的资产业务和负债业务
- 熟悉商业银行的中间业务
- 掌握货币市场运行的基本原理

能力目标

- 比较商业银行的不同业务种类及其特点
- 能够应用商业银行管理的一般原则进行案例分析
- 比较同业拆借市场、票据贴现市场等货币市场的异同

在大小城镇的主要街道，银行网点常常是人头攒动、业务繁忙。

有一次，小金陪同学到银行去"办业务"，这是他第一次正儿八经地走进银行，不免好奇地里里外外打量起来，心里也在嘀咕：为什么这里有这么多人？为什么银行大厅总显得比隔壁的商店气派？

思考：商业银行到底是怎样的金融机构？其主要经营哪些业务？

第一节　商业银行概述

一、商业银行的概念

商业银行是指以追求利润为目标，以经营金融资产和负债为主要对象，具有货币创造能力，并提供日趋多样化服务的综合性、多功能的金融企业。商业银行与其他银行和非银行金融机构的根本区别在于：只有商业银行才能吸收公众存款，是唯一能够创造和收缩存款货币的金融中介机构。商业银行是现代金融体系的主体，对国民经济的发展起着十分重要的作用。

金融视野

商业银行的定义

商业银行的定义有很多种，不同时期有不同的定义，即使在同一时期，由于不同国家商业银行的业务范围不同，定义也不同。美国著名经济学家、诺贝尔经济学奖得主保罗·萨缪尔森（Paul A. Samuelson）在其代表作《经济学》中把商业银行定义为："商业银行是企业的银行，是银行货币的主要提供者。"法国银行法中把商业银行定义为："向公众吸收资金，为客户提供金融服务的信贷机构。"我国1995年颁布的《中华人民共和国商业银行法》（以下简称《商业银行法》①）将商业银行定义为："商业银行是指依照本法和《中华人民共和国公司法》设立的吸收公众存款、发放贷款、办理结算等业务的企业法人。"

这里需要说明的是，我国《商业银行法》中的定义具有合理性和时代性。但近年来国际金融市场发生了深刻变化，商业银行的业务范围越来越广泛。我国商业银行正慢慢

---

① 《商业银行法》已根据2015年8月29日第十二届全国人民代表大会常务委员会第十六次会议《关于修改〈中华人民共和国商业银行法〉的决定》第二次修正。

地适应世界潮流，业务也逐渐多样化。因此，我们结合我国与发达国家商业银行的实际，兼顾商业银行的发展趋势，可以认为：商业银行是以吸收存款为主要资金来源，以开展贷款和中间业务为主要业务，以营利为目的的综合性、多功能的金融企业。

二、商业银行的产生

（一）货币兑换业和货币经营业

商业银行的先驱是随着商品生产和流通的扩大而出现的货币兑换业。在14—15世纪的欧洲，社会生产力有了较大的发展，国家、地区间的商业贸易往来日益扩大。然而，由于封建割据的存在，货币铸造权分散，不同国家、不同地区的货币单位不同，材料、种类和成色不一，给商人们的商业贸易活动带来很多不便。商人们在从事对外贸易时，不仅要鉴别铸币的材料、重量和成色，还要把本国铸币兑换成当地铸币，对货币进行真伪鉴别，因此兑换就成为商业活动中不可或缺的一个组成部分，于是一部分商人就从一般商人中分离出来，专门从事货币兑换业务，成为货币兑换商。

早期的货币兑换商仅仅从事鉴别与兑换货币的技术性业务，并收取一定的手续费。经过长期的发展，货币兑换商逐渐建立了自己的信誉，取得了商人们的信任；而商人们为了避免自己保管和携带货币所产生的风险和困难，就把自己的货币交给货币兑换商保管，并取得货币兑换商提供的相应凭据，然后凭着这张凭据，可以在另一个城市兑取当地的货币。后来，商人们又将这些凭据用作商业支付，并委托货币兑换商代为支付现金。这样，货币兑换商所开出的凭据，便成了早期的"汇票"，最初的汇兑、结算业务就在此基础上发展起来，原先的货币兑换业逐渐演变成货币经营业，而原先的货币兑换商也变成货币经营商了。

（二）早期的银行

随着社会生产力和早期资本主义工商业的进一步发展，货币经营业也得到了迅速发展，货币经营商手中聚集的资金越来越多。当货币经营商发现这些长期大量集存的货币相当稳定，可以用来发放高利贷以获取高额利息收入时，货币经营商就从原来被动接受客户委托保管货币转变为积极主动招揽货币保管业务，通过降低保管费和不收取保管费，甚至给委托保管货币的客户一定好处来招揽业务。此时，货币保管业务便演变成存款业务。同时，货币经营商根据经验，改变了以前实行全额准备制以防客户提现的做法，实行部分准备制，所吸收的存款除了保留一部分以应付日常的提现外，其余的均用于贷款取息。此时，货币经营业就演变为集存款、贷款、汇兑、结算业务于一体的早期银行业。

最早的银行产生于当时的世界商业中心意大利，之后传播到欧洲其他国家。例如：1580年成立的里亚布尔市场银行（1587年改名为威尼斯银行）、1609年成立的阿姆斯特丹银行等都是早期著名的银行。这些银行的放款利率很高，一般都在 20％～30％，属于高利贷性质的银行。

银行的起源

银行一词源于意大利语 banca，意思是板凳，被早期的银行家在市场上进行交易时使用。英语转化为 bank，意思为存放钱的柜子，早期的银行家被称为"坐长板凳的人"。

我国古代已有"银行"一词，起源于唐代。公元 9 世纪，苏州出现了"金银行"。我国最早的专门借贷机构是国家开办的质库，此后又有了民间经营的钱庄。它们融汇天下的货币，方便了往来的商旅。日升昌票号成立于 1823 年，是我国第一家专营存款、放款、汇兑业务的私人金融机构，开我国银行业之先河。

1845 年，英国的丽如银行在香港设立分行；1848 年，该行又在上海正式开办了分行。1897 年，中国通商银行成立。该行是由盛宣怀奏请清廷后设立的，是中国人自办的第一家银行，总行设在上海。

（三）现代商业银行的形成

现代商业银行起源于资本主义社会。随着资本主义生产社会化和商品经济的发展，早期高利贷性质的银行已不能满足经济发展对资金融通的需求，客观上迫切要求建立资本主义银行，以支持和推动资本主义扩大再生产。现代资本主义银行是通过两条途径产生的：一是早期高利贷性质的银行逐渐适应新的条件而转变为资本主义银行；二是根据资本主义原则组建股份制银行。

世界上第一家股份制银行是 1694 年在英国创办的英格兰银行，该行一开始就把年利率定为 4.5％～6％，大大低于当时那些高利贷性质的银行的贷款利率。英格兰银行的建立标志着适应资本主义生产方式的新银行制度的建立，也意味着高利贷在信用领域的垄断地位被打破。继英格兰银行之后，欧洲其他国家也先后建立了股份制银行，这种银行资本雄厚、规模大、发展快，从而成为资本主义银行的主要形式。

商业银行的发展模式

由于各国商业银行产生的条件和社会生产发展的环境不同，因此各国商业银行业务经营的范围和特点存在一定的差异。从历史上看，商业银行基本上是遵循两种模式发展起来的。

1. 传统式的英国模式

这一模式是以"真实票据论"为依据，认为商业银行的放款要以真正的商业行为为基础，并有真实的票据作为凭证。这种商业银行以吸收短期存款为主要业务，其资产业务主要集中于自偿性贷款，即一种依存于商业行为而能自动清偿的贷款，银行通过贴现票据发放短期的周转性贷款，一旦票据到期和承销完成，贷款就可以自动收回。由于这种贷款与商业行为、企业的产销活动相结合，期限短、流动性强，因此，对银行来说比较安全可靠。在英国和受英美传统影响的一些国家，商业银行基本上是遵循这种模式建立和发展起来的。

2. 综合式的德国模式

与英国相比，德国的工业化起步较晚，资本市场比较落后。为了满足工业革命的需要，德国的商业银行不仅为工商企业提供短期的商业性周转贷款，而且提供中长期的固定资产贷款。此外，德国的商业银行还直接投资于新兴工业企业，并为企业提供财务、决策咨询等服务。这种综合性的银行业务把商业银行业务和投资银行业务有机地结合在一起。显然，综合式的商业银行促进了德国工业化的进程，使德国在短短几十年间就超过了英国。但是，由于业务范围过广，因此，在资本的充足性、资产的流动性及其他管理方面都较容易产生问题，从而加大了银行经营风险。除德国外，瑞士、奥地利和荷兰等国也基本上实行这种综合式的银行发展模式。

自20世纪70年代以来，世界各国经济及国际金融领域的变化对商业银行的业务与经营产生了巨大的影响，商业银行的发展显现出新的趋势，趋向全能化、综合化经营。商业银行发展到今天，与其当时因发放自偿性贷款而获得的"商业银行"称谓相比已相去甚远。现代商业银行已成为经营范围广泛，业务品种丰富，技术手段先进，功能齐全，服务质量不断提高的多功能、综合性的"金融百货公司"。

三、商业银行的性质与职能

(一) 商业银行的性质

1. 商业银行是企业

商业银行具备一般企业的基本特征。商业银行和一般工商企业一样，拥有业务经营所必需的自有资本，实行独立核算、自主经营、自负盈亏，其一切经营活动都是以追求最大利润为目标。

2. 商业银行是金融企业

商业银行又不是一般的企业，它是经营金融业务的特殊企业。商业银行的活动范围不是一般的商品生产和流通领域，而是货币信用领域，其经营对象是货币和货币资本这种特殊的商品，包括货币收付、货币借贷以及各种与货币运动有关的金融服务。由于货币资本是社会再生产过程中所不可缺少的，因此，商业银行的经营活动实际上服务于社会生产和流通的各个环节，它比其他企业具有更广泛的社会联系，在社会再生产中处于特殊地位，发挥着其他企业无法比拟的特殊作用。

（二）商业银行的职能

商业银行的职能是由商业银行的性质决定的，是商业银行性质的具体表现。商业银行作为特殊的金融企业，具有信用中介、支付中介、信用创造、金融服务四大职能。

1. 信用中介职能

商业银行的信用中介职能，是指商业银行通过负债业务，把社会上各种暂时闲置的资金聚集起来，再通过资产业务，把资金投放到社会再生产的各个需要资金的部门和企业中去，即充当借贷双方的中间人。信用中介职能是商业银行最基本、最首要，也是最能反映商业银行经营特性的职能。通过信用中介职能，商业银行可以将闲置在社会各个角落里的零星、短期的资金集中起来，变小额的货币资金为大额的货币资金，变短期的货币资金为长期的货币资金，不仅扩大了用于社会再生产过程中的货币资金总量，而且使社会资本得到了最充分、最有效的运用。

2. 支付中介职能

商业银行的支付中介职能，是指商业银行借助为客户开设的账户，充当客户之间货币收付与结算的中间人，成为客户的现金出纳和保管者，并从中赚取手续费收入。商业银行的支付中介职能是建立在信用中介职能的基础上的。商业银行发挥支付中介职能，可以大大减少现金的使用，节约社会的流通费用，缩短资金的结算过程和货币资金的周转，促进社会经济的发展和效率的提高。此外，支付中介职能也使商业银行有了更广泛的资金来源和客户基础，增加了商业银行的收益。

3. 信用创造职能

商业银行的信用创造职能是在信用中介和支付中介职能的基础之上产生的，具体包括两个方面：一是商业银行可以创造各种信用工具，如银行券、存款货币等；二是商业银行对信用量的创造。在部分准备金制度下，商业银行可以用吸收的存款发放贷款，在非现金结算的条件下，贷款又可以转化为存款。如此循环往复，商业银行就可以创造出数倍于原始存款的派生存款，从而扩大货币供应量，扩大信贷规模。商业银行的信用创造职能进一步促进了社会闲置资金的利用，有益于社会经济的发展，此外，商业银行的信用创造职能也是中央银行通过控制派生存款，有效调控金融与经济的重要手段。

4. 金融服务职能

现代商业银行作为综合性、多功能的金融企业，是"金融百货公司"，可以为社会公众提供多样化的金融服务。除了传统的存、取、汇、兑业务以外，信息咨询、财务管理、现金管理、担保、代理、保管等中间业务和表外业务应运而生，客户只要到一家银行，所有金融业务与服务的需求都可以得到满足。随着金融业务电子化进程的推进，商业银行的服务效率大大提高，服务功能大大强化，对经济的渗透力也大大增强，提供金融服务已经成为现代商业银行的一个重要功能。

第二节　商业银行的业务

商业银行的业务种类繁多，并不断得到拓展和创新。概括而言，商业银行的业务包括负债业务、资产业务和中间业务三大类。

一、商业银行的负债业务

商业银行的负债业务是形成商业银行资金来源的业务。该业务的开展，不仅决定着商业银行资产业务以及中间业务的开展，而且决定着商业银行与社会公众之间的密切联系。因此，负债业务是商业银行最基础、最主要的业务。从广义的角度来看，商业银行的负债业务包括自有资本、存款和借款三项业务。

（一）自有资本

作为经营货币信用业务的金融企业，商业银行同工商企业一样，必须拥有一定数额的最原始的资金来源，即资本金。

1. 资本金的含义与构成

（1）资本金的含义。有关资本金的定义因各国金融制度、会计制度的不同而有所不同。国际上通常把资本金定义为：银行股东为赚取利润而投入银行的货币和保留在银行中的收益。它代表了商业银行股东的所有者权益，或者说银行所有者的净财富。

（2）资本金的构成。国际清算银行于 1988 年 7 月通过的《巴塞尔协议》将银行资本分为核心资本和附属资本两类。

核心资本，也叫一级资本，它是最具完全意义的银行自有资本，也是《巴塞尔协议》达成之前各国银行自有资本定义中唯一相同的部分，主要包括股本和公开储备两种。股本包括普通股和永久非累积优先股。普通股是银行股金资本的基本形式；永久非累积优先股是指股息因经营状况不好而无法支付，并在将来不再补发的优先股。公开储备是指银行通过留存收益或其他盈余转化而来的，并在银行资产负债表中公开标明的那部分储备，包括股票发行溢价、未分配利润和公积金等。

附属资本，也叫二级资本，它是核心资本的补充，由未公开储备、重估储备、普通准备金、混合资本工具和长期附属债券组成。

2. 商业银行资本充足率的测定

银行自有资本是商业银行所能承担的最大资产损失，因此，各国一般都对商业银行有一个最低的资本要求。但在 1988 年以前，各国规定的资本充足率的计算方法和最低标准各不相同。为了保证银行的安全和国际银行业的公平竞争，1988 年 7 月通过的《巴塞尔协议》规定了衡量国际银行业资本充足率的指标，即将资本与加权风险资产的目标比率确定为 8%，其中核心资本充足率（即核心资本与风险资产的比率）不得低于 4%，并且要求各成员的国际银行在 1992 年底都要达到这一标准。然而，由于科学技术的进步、银行产品服务的创新、金融市场的日益全球化，1988 年的《巴塞尔协议》已不能为银行和监管当局提供计量银行风险的可靠办法，迫切需要修订。2011 年 6 月，巴塞尔委员会正式发布了《巴塞尔协议Ⅲ》，并于 2013 年 1 月起正式实施，要求将商业银行更宽泛的一级资本充足率下限从现行的 4% 上调至 6%。

（二）存款

存款是商业银行负债业务中最重要的业务，也是商业银行最主要的资金来源，在商业银行的全部负债中所占的比重最大。存款不仅决定了商业银行的负债规模，而且制约着商业银行的资产经营能力，甚至影响商业银行的生存和发展。因此，对银行而言，具有最重要意义的始终是存款。

商业银行的存款种类很多，各个国家有不同的划分标准。存款可按多种方式分类，如按期限可分为活期存款、定期存款和定活两便存款；按存款者可分为单位存款和储蓄存款。主要的存款类型说明如下：

1. 活期存款

活期存款是商业银行传统的、特有的业务。它是指存款户可以随时存取而无须事先通知的一种银行存款。由于在支取这种存款时需使用银行规定的支票，因此活期存款又称为支票存款。

开立活期存款账户一般是为了交易和支付，所以存款人主要是企业和个人。由于活期存款存取频繁、流动性强，银行需要花费较多的人力、物力来处理此项业务，成本较高，因此，在多数国家，银行通常对此类存款不支付利息，有的甚至还要收取手续费。我国是目前少数对活期存款支付利息的国家之一。

2. 定期存款

定期存款是指存款客户与银行事先约定期限，到期才能支取的银行存款。这种存款的期限短则 3 个月或 6 个月，长则 5 年或 10 年不等。与活期存款相比，定期存款存期固定，经营成本较低，为商业银行提供了稳定的资金来源，因此，商业银行通常对定期存款给予较高的利息，一般而言，存期越长，利率越高。定期存款的形式有存单和存折两种。在存款到期前，若存款人要求提前支取，虽然银行制度规定不予提取，但为了争取客户，吸引存款，银行一般并不严格执行这一制度，但对提前支取的部分要按活期存款的标准计付利息。

3. 储蓄存款

储蓄存款是指银行为居民个人积蓄货币资产和获取利息收入而设立的一种存款。储蓄存款分为活期存款和定期存款两类，银行均应支付利息。储蓄存款不使用支票，也不使用存单，而是通常由银行发给存款户存折，以作为存款和提款的凭证，并且一般不能据此签发支票，支取时只能提取现金或先转入存户的活期存款账户。

（三）借款

商业银行的借款业务主要有以下几种：

1. 同业借款

同业借款是商业银行之间以及商业银行与其他金融机构之间发生的短期资金融通活动。具体形式有：

（1）同业拆借。同业拆借是指银行同业之间利用时间差、空间差和行际差来调剂资金余缺的一种短期资金借贷行为。拆入的资金主要用于满足日常性的资金周转需要。由于同业拆借一般是通过商业银行在中央银行的存款账户进行，实际上是商业银行之间超额准备金的调剂，因此同业拆借资金又称为中央银行基金。

（2）转贴现。转贴现是指商业银行在发生临时性的支付准备金不足时，将已贴现的尚未到期的商业票据在二级市场上转售给其他商业银行的行为。

（3）转抵押。转抵押是指商业银行在准备金头寸不足时，将发放抵押贷款而获得的借款客户提供的抵押品再次向其他银行申请抵押贷款，以获得资金融通的行为。

（4）回购协议。回购协议是指商业银行将持有的有价证券暂时出售给其他金融机构，并约定在今后某一日期，以约定的价格再购回其所出售的有价证券的一种协议。回购协议实际上是银行以有价证券作为抵押而获得借款的一种协议。

2. 向中央银行借款

中央银行是银行的银行，是商业银行的最后贷款人。商业银行出现资金不足时，可以向中央银行申请借款。商业银行向中央银行借款主要通过再贴现和再贷款两种形式进行。再贴现是指商业银行将自己办理贴现业务时所取得的尚未到期的票据再向中央银行申请贴现以取得现金的行为。再贷款是指商业银行向中央银行的直接借款，以解决其季节性或临时性的资金需求的行为。西方国家的商业银行通常都以政府债券或合格票据作担保来抵押贷款，而我国则采用信用贷款的形式。目前，我国中央银行再贷款有三种形式，即年度性再贷款、季节性再贷款、日拆性再贷款。

3. 发行金融债券

发行金融债券是指商业银行以发行人身份，通过承担利息的方式直接向国内、国际市场的货币持有者举债的融资活动，主要用于解决长期资金来源问题。由于发行债券筹集的资金不缴纳存款准备金，这意味着商业银行实际可用资金的额度增大，实际负担的利息成本降低，同时负债的证券化使商业银行的风险分散，因此，它已成为商业银行吸收长期资金、推进资产负债管理的有效方法。

4. 向国际金融市场借款

随着国际金融市场的发展，商业银行还可以在国际金融市场上通过吸收存款、发行大额可转让定期存单、发行商业票据等方式广泛地获取资金，来弥补资金来源的不足。目前，最具规模、影响最大的国际金融市场之一是欧洲货币市场。向国际金融市场借款，具有交易量大、资金来源充足、流动性强、借款手续简便、借款利率较高的特点。

5. 结算过程中的短期资金占用

商业银行在为客户办理汇兑、代收代付、代客买卖、代理投资等中间业务时，可以在收进款项与完成业务之间的这段时间内占用客户的资金；银行在同业往来过程中，当出现应付款大于应收款时，也会占用他行的资金。虽然每笔业务的占用时间很短、金额不大，但就周转总额来看，所占用的资金数量是相当可观的，因此也可构成银行的资金来源。

行业洞察

2022年中国银行业百强榜发布

中国银行业协会（以下简称中银协）于2022年6月20日发布"2022年中国银行业100强榜单"。据悉，此次为中银协连续第七年发布榜单。榜单遵循简单、客观、专业的原则，参考《巴塞尔协议Ⅲ》和监管机构相关要求，按核心一级资本净额排序，并对中国银行业前100家银行的经营规模、盈利能力、运营效率及资产质量进行综合展示。榜单数据主要来源于各商业银行公开年报，同时覆盖所有类型中资商业银行。

相较于中银协于2021年7月发布的"2021年中国银行业100强榜单"，此次入围"2022年中国银行业100强榜单"（榜单前20强见表3-1）的100家商业银行中，有33家银行排名得以保持，数量较2021年增加8家；有31家银行排名上升，数量较2021年增加9家；有33家银行排名后退，数量较2021年减少17家。同时，3家银行新晋入榜，数量与2021年一致。榜单具体数据分析见图3-1。

表3-1　2022年中国银行业100强榜单（前20强）

排名	机构名称	核心一级资本净额（亿元）	资产规模（亿元）	净利润（亿元）
1	中国工商银行	28 863.78	351 713.83	3 502.16
2	中国建设银行	24 754.62	302 539.79	3 039.28
3	中国农业银行	20 424.80	290 691.55	2 419.36
4	中国银行	18 438.86	267 224.08	2 273.39
5	交通银行	7 838.77	116 657.57	889.39
6	招商银行	7 043.37	92 490.21	1 208.34
7	中国邮政储蓄银行	6 350.24	125 878.73	785.32
8	兴业银行	5 985.56	86 030.24	838.16
9	上海浦东发展银行	5 484.86	81 367.57	537.66
10	中信银行	5 140.78	80 428.84	563.77
11	中国民生银行	4 865.52	69 527.86	348.53
12	中国光大银行	3 747.92	59 020.69	436.39
13	平安银行	3 065.49	49 213.80	363.36

续表

排名	机构名称	核心一级资本净额（亿元）	资产规模（亿元）	净利润（亿元）
14	华夏银行	2 400.73	36 762.87	239.03
15	北京银行	2 141.02	30 589.59	223.92
16	广发银行	1 867.10	33 599.85	174.76
17	上海银行	1 783.00	26 531.99	220.80
18	江苏银行	1 551.11	26 188.74	204.09
19	宁波银行	1 340.36	20 156.07	196.09
20	浙商银行	1 226.02	22 867.23	129.16

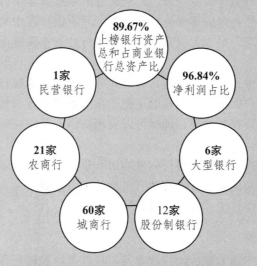

图 3-1　数说 2022 年中国银行业百强

资料来源：曾蕾. 中银协发布 2022 年中国银行业百强榜：33 家银行排名不变 3 家银行杀入榜单 [EB/OL]. 中国网，2022-06-21.

二、商业银行的资产业务

商业银行的资产业务是指商业银行运用其资金的业务。商业银行通过其负债业务筹集货币资金就是为了运用资金从而获得利润。所以，资产业务是商业银行主要的利润来源。一般而言，商业银行的资产业务主要包括现金资产业务、贷款资产业务以及证券投资业务等项目。

（一）现金资产业务

现金资产是商业银行中流动性最强的资产，是商业银行的一线准备。这部分资产的数额不大，而且基本上不会给银行带来直接的收益，但其作用特殊、意义重大。从构成上看，现金资产主要包括：

1. 库存现金

库存现金是指商业银行保存在业务库中的现钞和硬币，其主要用于应付客户提现和银行本身的日常零星开支。因为库存现金不能生息，保管有风险且费用昂贵，所以对商业银行而言，现金库存量要适度，一般压至最低。

2. 中央银行存款

中央银行存款是指商业银行存放在中央银行的存款准备金。商业银行存放在中央银行的存款准备金由两部分组成：一是法定存款准备金，二是超额准备金。

法定存款准备金是指商业银行根据吸收的各项存款余额，按照中央银行规定的存款准备金率计算并向中央银行缴存的准备金。超额准备金是指商业银行存在中央银行的存款准备金账户中，超过法定准备金的那部分存款余额。商业银行在中央银行的存款，一方面用于满足法定准备金的要求，另一方面是通过中央银行的清算系统便于债权债务的清算。

3. 同业存款

同业存款是指商业银行存放在代理行和有业务往来的商业银行的存款。商业银行在其他银行开立活期存款账户保持存款的目的是便于在同业之间开展代理业务和结算收付。由于在同业的存款属于活期存款性质，随时可以支用，因此可以视同商业银行的现金资产。

4. 托收中现金

托收中现金是指本行通过对方银行向外地付款单位或个人收取的票据款项。商业银行每天都会收到开户人拿来的支票，而支票有可能非本行付款，需要向付款行收取，这种需要向其他银行收款的支票称为"托收中现金"。

（二）贷款资产业务

贷款资产主要来源于商业银行的贷款业务。贷款是商业银行作为贷款人，按照一定的贷款原则和政策，以还本付息为条件，将一定数量的货币资金提供给借款人使用的一种借贷行为。贷款业务是商业银行的传统核心业务，贷款资产也是商业银行中占比最大、最重要的资产。商业银行贷款业务种类很多，可以按照不同的标准进行分类。

1. 按贷款期限划分

按贷款期限划分，贷款可分为短期贷款、中期贷款和长期贷款。

（1）短期贷款是指期限在1年以内（含1年）的各项贷款，一般用于企业的各种临时性、季节性的营运资金需求，因此期限短、流动性强、周转快。

（2）中期贷款是指期限在1年（不含1年）以上5年（含5年）以内的各项贷款，一般用于企业的设备更新和技术改造。

（3）长期贷款是指期限在5年（不含5年）以上的各项贷款，一般用于企业的基本建设。

2. 按贷款保障程度划分

按贷款保障程度划分，贷款可分为信用贷款、担保贷款和票据贴现。

（1）信用贷款是指银行完全凭借借款人的信誉而无须提供抵押物或第三者保证而发放的贷款。这类贷款从理论上讲风险较大，因此银行要收取较高的利息，而且对借款人的要求较高。一般而言，银行只向熟悉的、资信状况良好的大公司、大集团提供此类贷款。

（2）担保贷款是指以法律形式规定的担保方式作为还款保障而发放的贷款。根据提供保障方式的不同，担保贷款又可分为保证贷款、抵押贷款、质押贷款。保证贷款是指按照《中华人民共和国担保法》（以下简称《担保法》）规定的保证方式，以第三人承诺在借款人不能偿还贷款时，按约定承担还款责任而发放的贷款。这种贷款要求保证人必须具有代为清偿债务的条件和能力。抵押贷款是指按照《担保法》规定的抵押方式，以借款人或第三人的财产作为抵押物而发放的贷款。如果借款人不能按期归还贷款本息，银行将凭借抵押权处理抵押品以收回债权。质押贷款是指按照《担保法》规定的质押方式，以借款人或第三人的动产或权利作为质物发放的贷款。

（3）票据贴现是指贷款人以购买借款人未到期商业票据的方式发放的贷款，即借款人以未到期的票据向银行申请贴现，银行按一定的利率扣除自贴现日起至票据到期日为止的利息后，再将余额支付给持票人的一种贷款形式，是贷款的一种特殊方式。票据到期后，银行可向票据载明的付款人收取票款。如果票据合格且有信誉良好的承兑人承兑，这种贷款的安全性和流动性就比较好。

3. 按贷款的质量和风险程度划分

按贷款的质量和风险程度划分，贷款可分为正常贷款、关注贷款、次级贷款、可疑贷款和损失贷款。

（1）正常贷款是指借款人能够履行借款合同，有充分把握按时足额偿还贷款本息的贷款。这类贷款的借款人的财务状况无懈可击，银行没有任何理由怀疑贷款的本息偿还会发生问题。

（2）关注贷款是指尽管借款人目前有能力偿还本金，但是出现了一些可能影响贷款偿还的不利因素，如果这些因素继续存在，可能影响借款人的还款能力的贷款。因此，银行需要关注或监控此类贷款人。

（3）次级贷款是指借款人的还款能力出现了明显的问题，依靠其正常收入已无法保证足额偿还贷款本息的贷款。

（4）可疑贷款是指借款人无法足额偿还贷款本息，即使执行抵押或担保也肯定会造成一部分损失的贷款。这类贷款具备次级贷款的所有特征，但是程度更加严重。

（5）损失贷款是指在采取所有可能的措施和一切必要的法律程序后，本息仍然无法收回或只能收回极少部分的贷款。这类贷款已经丧失作为银行资产的价值，因此将其继续保留在资产账面上已没有意义，银行应当履行必要的内部程序之后将其冲销。这种贷款分类标准的核心内容是贷款偿还的可能性，其实践性很强，很大程度上取决于检查人员的经验、知识和判断能力。

此外，按贷款偿还方式划分，贷款可分为一次性偿还贷款和分期偿还贷款；按发放贷款时是否承担本息收回的责任及责任大小划分，贷款可分为自营贷款、委托贷款和特定贷款等。

新 闻 摘 录

从小额信贷到普惠金融

我国现代小额信贷起源于公益性小额信贷机构的扶贫行动。自 1993 年开始，中国社会科学院农村发展研究所先后在河北省和河南省与当地政府合作成立了 4 个"扶贫经济合作社"，引入了孟加拉乡村银行小额信贷模式开展扶贫试验，实现了信贷扶贫资金真正到达贫困户的"真扶贫，扶真贫"的良好效果。

20 世纪末，小额信贷被我国政府在扶贫行动中广泛采用，逐步成为制度化、系统化、规范化的扶贫政策工具。被纳入精准扶贫"十大工程"的"扶贫小额信贷"是为建档立卡贫困户量身定做的金融精准扶贫产品，其政策要点是"5 万元以下、3 年期以内、免担保免抵押、基准利率放款、财政贴息、县建风险补偿金"。同期，在中国人民银行的推动下，农信社系统（农信社、农合行、农商行）全面推行农户小额信贷，解决农户"贷款难"的问题，成为对农户放贷的主力。

进入 21 世纪，各类商业银行陆续开展小额信贷和小额担保贷款业务，为城乡小微企业、个体工商户和下岗失业人员的创业提供支持，在吸收、消化国际微贷技术的基础上，开发出适合我国小微企业特点的微贷技术，逐渐发展成为城市小额信贷和普惠金融的主力军。部分金融机构顺应金融科技发展潮流，开展了数字银行、直销银行的具体实践。

在 20 多年里，中国的小额信贷发生了巨大变化，由扶贫的涓涓细流发展成为蓬勃的服务普罗大众和小微实体经济的普惠金融大潮，其业务内容从单一的小额贷款发展到包括存款、支付、汇兑、保险等综合性的小微金融服务，其从业机构由公益性小额信贷机构的一枝独秀发展到农民资金互助、农村合作金融机构、各类商业银行、政策性银行、小额贷款公司和互联网金融企业竞相参与的百花齐放，其技术手段从手工操作发展到互联网、大数据和人工智能等金融科技的应用。这些变化是新时代解决不平衡、不充分发展问题的有效路径，是全面建成小康社会和实现社会公平正义的必然要求。

资料来源：辛闻. 25 年发展：从小额信贷到普惠金融［EB/OL］. 中国网，2018 - 11 - 16.

（三）证券投资业务

证券投资是商业银行的一项重要的资产业务，它是指商业银行运用其资金在金融市场上购买各种有价证券的业务活动。

1. 商业银行证券投资的目的

商业银行作为经营货币信用业务的金融企业，其参与证券投资业务的主要目的有三个：

（1）增加收益。从证券投资业务获取收益，以提高商业银行的盈利水平是商业银行从事证券投资业务的首要目的。商业银行证券投资的收益主要来自利息收益和资本收益。

（2）分散风险。如果商业银行将全部的资金都用于发放贷款，一旦贷款到期收不回来，银行就必须承担全部风险。而如果将部分资金投资于有价证券，银行就可以有效分散和降低风险，得以稳健经营，利润的实现也可以得到保障。

（3）增强流动性。流动性是商业银行经营管理的重点之一。在商业银行的资产中，具有较高流动性的除现金外，首推其持有的各种流动性较强的有价证券。银行可以将这些有价证券在几乎不受损失的情况下抛售出去，换回现金。因此，商业银行投资有价证券可以提高资产的流动性。

2. 商业银行证券投资的对象

由于商业银行证券投资的主要目的是增加收益、分散风险和增强流动性，因此，商业银行应投资于安全性好、变现能力强、盈利性较高的有价证券。满足这些要求的最佳选择就是政府债券、信用等级高的企业债券和部分优质股票。由于政府债券的最大特点是安全性好、流动性强，特别是短期的政府债券（如国库券），还本付息期限短，又有活跃的二级市场，可以随时变现，因此成为各国商业银行投资的主要对象。

事实上，各国金融管理当局基于银行经营的安全和保持金融秩序稳定的需要，对商业银行的证券投资业务都有严格的限制规定，如大多数国家的商业银行都被禁止投资于股票。这是因为：一方面，股票投资风险大，变现成本不确定，流动性不强，不符合银行稳健经营的原则；另一方面，银行投资股票容易产生市场操纵行为，不利于证券市场的健康发展。我国《商业银行法》第43条规定："商业银行在中华人民共和国境内不得从事信托投资和证券经营业务，不得向非自用不动产投资或者向非银行金融机构和企业投资，但国家另有规定的除外。"

商业银行的资产除了现金资产、贷款资产和证券投资资产外，还包括所拥有的实物资产，如建筑物、计算机、ATM和其他设备等固定资产。

案例分析

巴林银行事件

巴林银行曾经是英国伦敦历史悠久、声名显赫的商业银行集团，素以发展稳健、信誉良好而著称，其客户多为显贵阶层。巴林银行的业务专长是企业融资和投资管理，业务网点主要在亚洲及拉美新兴国家和地区。1994年，巴林银行的税前利润高达1.5亿美元。

巴林银行破产的直接起因是新加坡巴林银行期货经理尼克·李森（Nick Leeson）错误地判断了日本股市的走向。1995年1月，日本经济呈现复苏势头，李森看好日本股市，分别在东京和大阪等地买进大量期货合同，希望在日经指数上升时赚取大额利润。天有不测风云，1995年1月17日突发的日本阪神地震打击了日本股市的回升势头，持续下跌的股价造成了巴林银行高达 14 亿美元的损失，这几乎是其当时的所有资产，这座曾经辉煌的金融大厦就此倒塌。巴林银行破产的消息震动了国际金融市场，各地股市均受到不同程度的冲击，英镑汇率急剧下跌，对马克（原德国货币单位）的汇率跌至历史最低水平。巴林银行事件对于欧美金融业的隐性影响不可估量。

思考： 导致巴林银行倒闭的原因是什么？如何吸取教训避免类似现象出现？

三、商业银行的中间业务

商业银行的中间业务是指商业银行不用或较少运用自己的资金，以中间人的身份代客户办理收付和其他委托事项，提供各类金融服务并收取手续费的业务。这种业务是由资产业务和负债业务衍生而来的，不在资产负债表中反映，具有相对的独立性。

按功能与性质来分，我国商业银行的中间业务大致可分为九类：

（1）支付结算类中间业务：是指由商业银行为客户办理因债权债务关系引起的与货币支付、资金划拨有关的收费业务，如支票结算、进口押汇、承兑汇票等。

（2）银行卡业务：是指由经授权的金融机构向社会发行具有消费信用、转账结算、存取现金等全部或部分功能的信用支付工具的业务。

（3）代理类中间业务：是指商业银行接受客户委托，代为办理客户指定的经济事务，提供金融服务并收取一定费用的业务，包括代理政策性银行业务、代收代付款业务、代理证券业务、代理保险业务、代理银行卡收单业务等。

（4）担保类中间业务：是指商业银行为客户债务清偿能力提供担保，承担客户违约风险的业务，包括银行承兑汇票、备用信用证、各类银行保函等。

（5）承诺类中间业务：是指商业银行在未来某一日期按照事前约定的条件向客户提供约定信用的业务，包括贷款承诺、透支额度等可撤销承诺和备用信用额度、回购协议、票据发行便利等不可撤销承诺两种。

（6）交易类中间业务：是指商业银行为满足客户保值或自身风险管理的需要，利用各种金融工具进行的资金交易活动，包括期货、期权等各类金融衍生业务。

（7）基金托管业务：是指有托管资格的商业银行接受基金管理公司的委托，安全保管所托管的基金的全部资产，为所托管的基金办理资金清算款项划拨、会计核算、基金估值等，并监督管理人的投资运作的业务。

（8）咨询顾问类业务：是指商业银行依靠自身信息和人才等方面的优势，收集和整理有关信息，结合银行和客户资金运动的特点，形成系统的方案提供给客户，以满足其经营管理需要的业务，主要包括财务顾问和现金管理业务等。

（9）其他类中间业务：包括保管箱业务以及其他不能归入以上八类的业务。

按有无风险来分，商业银行的中间业务可分为无风险中间业务和有风险中间业务。无风险中间业务包括结算、代理、咨询类和信用卡业务；有风险中间业务包括担保类、承诺类以及与利率、汇率相关的业务。

根据巴塞尔银行监管委员会的划分，商业银行的中间业务大致可分为四类：

（1）商业银行提供的各类担保业务：主要包括贷款偿还担保、履约担保、票据承兑担保、备用信用证等。

（2）贷款承诺业务：主要包括贷款限额、透支限额、备用贷款承诺和循环贷款承诺等。

（3）金融工具创新业务：主要包括金融期货、期权业务、货币及利率互换业务等。

（4）传统中间业务：主要包括结算、代理、信托、租赁、保管、咨询等业务。

学思之窗

你接触过商业银行的哪些中间业务？其中哪些是要收费的？你觉得中间业务收费合理吗？

新闻摘录

34家上市银行中间业务盘点

2019年上半年，从我国34家上市银行的中间业务收入规模排名来看，四大行（中国工商银行、中国农业银行、中国银行和中国建设银行）排在行业前列，其中中国工商银行的非利息收入规模达到1 436.14亿元，位居榜首。同时，有两家国有大行在中间业务收入水平上，被股份制银行赶超，其中，交通银行排在第6位，而中国邮政储蓄银行仅排在第12位，已经接近股份制银行中间业务规模的"垫底"位置。

在上市的股份制银行中，招商银行的非利息收入为508.94亿元，仅次于四大行，排在第5位，是股份制银行之中规模最高的。中小商业银行的中间业务收入绝大多数在100亿元以下，超过100亿元的仅两家城商行，即上海银行108.57亿元、江苏银行107.04亿元。在所有上市银行之中，非利息收入总额最低的是张家港农商银行，仅为1.53亿元。

此外，从"中间业务收入/营业收入"这一指标来看，34家上市银行的平均占比为29.4%。对比其他国家的非利息收入占比已达40%左右，我国银行业尚存在较大的差距。2019年上半年，我国非利息收入占比在40%以上的银行有6家，即江苏银行48.84%、民生银行48.42%、兴业银行44.50%、上海银行43.17%、宁波银行41.33%、交通银行40.72%。

资料来源：李薇. 34家上市银行中间业务排名：工行最高、招行仅次于四大行［EB/OL］. 零壹财经网，2019-09-20.

第三节　商业银行管理

一、商业银行的组织形式与内部组织机构

（一）商业银行的组织形式

商业银行的组织形式，是指商业银行分支机构的设置及其相互关系的状况，它是商业银行运作的基本框架。由于各国的国情不同，因此商业银行的组织形式具有不同的特点。世界各国商业银行的组织形式主要有以下几种：单元制、分支行制、银行控股公司制、连锁银行制和代理行制等。

1. 单元制

单元制又称单一银行制，即一家商业银行原则上只有一家经营机构，不设或不允许设立分支机构的制度。目前，只有美国还存在这种组织形式。

金融视野

美国的单一银行制

美国曾长期实行完全的单一银行制，不允许银行跨州经营和分设机构，甚至在州内也不准设分支机构。这种制度是由美国特殊的国家政治体制、适度分权的法律框架和区域经济相对均衡的发展需求决定的。

美国实行联邦制，各州独立性较强，早期东部和中西部经济发展有较大差距。为了发展经济，保护本地信贷资金来源，一些经济比较落后的州通过颁布州银行法，禁止或者限制其他地区的银行到本州设立分行，以达到阻止金融渗透、反对金融权力集中、防止银行吞并的目的。

然而，随着经济的发展、地区经济联系的加强以及金融业竞争的加剧，许多州对银行开设分支机构的限制逐步放宽，如20世纪70年代后，美国一些州允许商业银行在一个城市内或在州内设立分支机构。到1993年底，美国有39个州以及华盛顿哥伦比亚特区通过立法程序，允许商业银行无条件在其他地区内开设分行。1994年，美国国会通过了《里格-尼尔州际银行及分支机构效率法案》，开始允许商业银行跨州设立分支机构。由于历史原因，美国至今仍有不少单元制银行。

2. 分支行制

分支行制也称总分行制，是指法律上允许商业银行在设立总行的同时，可以在不同的地区或同一地区设立多个分支机构的商业银行制度。分支行制是目前各国普遍实行的一种

银行制度，尤其以英国、德国、日本等国为典型。我国商业银行也采取这种组织形式。

按照总行职能的不同，分支行制又有总行制和总管理处制两种具体的形式。在总行制下，总行既对其分支机构进行管理监督，也作为经营机构对外营业；而在总管理处制下，总行只负责管理监督各分支机构，不对外营业，总行所在地另设对外营业的分支机构。

3. 银行控股公司制

银行控股公司制是指由一个大银行或大企业首先成立一家控股公司，然后由该公司控制或收购一家或几家银行的组织形式。最早的银行控股公司出现在美国，这是美国各商业银行对利润的追逐所产生的绕过限制跨州设立分支机构规定的金融创新。这种制度不仅能有效地帮助商业银行逃避管制，还能有效地帮助商业银行突破对其业务的限制，介入其他行业的业务中，从而进一步扩大银行的经营规模，增强自身实力。此外，银行控股公司还可以从各种渠道筹措资金，从而扩大商业银行的资金来源，提高资金的流动性。因此，银行控股公司制成为最受银行家欢迎的、最具影响力的变相的分支行形式。

银行控股公司制一般有两种类型：一种是银行控股公司，即由一家大银行组建一个控股公司；另一种是非银行控股公司，即由一家大企业组建控股公司拥有银行股份。

4. 连锁银行制

连锁银行制又称联合银行制，是指由某一个人或某一集团购买若干家银行的多数股票，以达到控制这些银行的目的。它与银行控股公司制的区别在于：它不设置银行控股公司，而是通过若干商业银行相互持有对方的股票，相互成为对方的股东的方式结为连锁银行。这些连锁银行从表面上看是互相独立的，但在业务上互相配合、互相支持，经常互相调剂资金余缺、互通有无。而且由于其控制权掌握在同一个人或同一个集团手中，因此，它也是一种变相的分支行制。

5. 代理行制

代理行制是指银行间相互签订代理协议，以委托对方银行代办指定业务。一般而言，银行代理关系是相互的，双方互为对方代理行。在国与国之间，银行代理关系相当普遍；在一国国内，银行之间也存在代理关系。例如：在一国国内的城市和乡镇之间，城市的大银行可以与乡镇的小银行结成代理行的关系，以此克服在乡镇没有或很少有分支机构，或者在乡镇设立分支机构不经济的缺陷。代理行制实际上是银行与银行之间互惠互利、互相协作的产物，与真正的分支银行制很相似。

(二) 商业银行的内部组织机构

一国商业银行内部机构的设置，受该国商业银行的组织形式、经营环境等各种因素的制约。即使在一个国家采取同一组织形式的商业银行，由于经营规模、经营条件等方面存在的差异，各国商业银行内部机构的设置也有所不同。但是，总体而言，商业银行的内部组织机构一般分为三类，即决策机构、执行机构、监督机构。下面以西方股份制商业银行为例介绍其内部组织机构的设置。

1. 决策机构

商业银行的决策机构包括股东大会和董事会。

股东大会是商业银行最高的权力和决策机构，由全体普通股东组成。商业银行的任何重大决策都须经过股东大会通过才有效。它的权力是通过法定的投票表决程序，选择和罢免董事，赞成或否决决策事项，从而间接地影响商业银行的经营管理，实现对商业银行的控制。股东大会一般由董事会组织召开，董事长是股东大会的主席。

召开股东大会时，股东有权听取商业银行的一切业务报告，有权对商业银行的经营管理提出质询。但是每个股东的表决权由其持有的股份决定，因此，持有多数股份的大股东对商业银行的经营决策有决定性影响，而一般股东对经营决策的影响并不大。所以，股东大会的表决权实际上掌握在少数大股东手里。

董事会由股东大会选举产生，并代表股东执行股东大会的决议。董事会的职责有：一是确定商业银行的经营目标和经营政策；二是选聘商业银行的高级管理人员；三是设立各种委员会，如执行委员会、审计委员会、贷款委员会、稽核委员会等，以贯彻董事会的决议，监督银行的业务经营活动。

2. 执行机构

商业银行的执行机构包括行长、副行长及各职能部门。

行长是商业银行的执行总管，是商业银行内部的首脑。行长一般由具有经营管理商业银行的专门知识和组织才能、忠于职守、善于决策的人士担任。行长的职责包括：执行董事会的决议；组织商业银行的各种经营活动；组织经营管理班子，提名副行长及各职能部门的经理等高级职员的人选，并报董事会批准；定期向董事会报告经营情况；招聘和解雇有关员工，并对员工实行奖惩等。

商业银行的职能部门一般分为两类：一类是业务职能部门，一般包括存款部、贷款部、投资部、国际业务部、信用卡部、信托部等；另一类是内部管理部门，主要包括会计部、人事教育部、公共关系部等。

3. 监督机构

商业银行的监督机构主要是股东大会选举的监事会，监事会执行对董事会、行长及整个商业银行管理的监督权。监事会的职责是检查执行机构的业务经营和内部管理，对董事会制定的经营方针和决策、制度及其执行情况进行监督检查，并督促限期改正。

二、商业银行的管理原则

安全性、流动性、盈利性是商业银行在业务经营过程中必须始终坚持的三条基本原则。

（一）安全性原则

安全性是指商业银行的资产、负债、收益、信誉以及所有业务经营发展的条件免遭损失的可能性。由于银行业是一个风险高度集中的行业，因此安全性是银行在经营活动中首先要考虑的一个问题。坚持安全性原则，也是商业银行业务经营的特殊性所决定的，是商业银行业务经营与管理的内在要求。

第一，商业银行自有资本较少，经受不起较大的损失。商业银行的资本金按照目前国际统一的监管标准，只要达到 8% 就可以了，而一般的工商企业为 50% 以上，高负债经营的特性使得商业银行承受风险的能力比一般的工商企业弱得多，因此，在其业务经营与管理中必须特别关注安全性。

第二，银行经营条件特殊，尤其需要强调安全性。银行经营的对象是货币，而货币是国民经济发展中的综合变量，它受到许多复杂因素的影响，如政治、经济、社会等，极易在流量、流向、流速等方面发生变化。这样，不仅运用出去的资金能否收回难以预料，而且资金成本、资金价格的变动也很难预测。因此，要想在高度变化的经济环境中站稳脚跟并得到发展，就必须在各项业务中严格经营管理，强化安全观念。

（二）流动性原则

流动性是指商业银行能够随时应付客户提现、满足各种合理资产支付需求的能力。这种流动性具体体现在资产和负债两个方面：资产的流动性是指商业银行的资产能够在不发生损失的条件下迅速转变为现金的能力；负债的流动性是指商业银行能够以较低的成本随时获得所需资金的能力。

商业银行的经营性质决定了它必须保留足够的流动性。首先，与其他企业相比，商业银行资金的流动更加频繁，现金资产的收支频率更大、更快；其次，商业银行现金资产的收支时间事先无法准确预测，这就要求商业银行保持充足的流动性，以免陷入经营困境。

（三）盈利性原则

盈利性是指商业银行获得利润的能力。商业银行作为经营性的企业，获取利润既是其最终的目标，又是其生存的必要条件。因为只有获得足够多的利润，才能使银行股东获得较高收益，股东收益提高，又能提高股票价格，扩大股票销售，有利于银行增加资本；只有获得足够多的利润，才能提高银行信誉，增强银行实力，使银行对客户有较大的吸引力；只有获得足够多的利润，才能增强银行承担经营风险的能力，避免因资本大量损失而带来银行破产倒闭的危险。可见，银行盈利的多少，不仅关系到银行股东的利益，而且关系到商业银行的生存和发展。

商业银行的盈利来自银行业务收入与银行业务支出之差。银行盈利的多少一般取决于银行资产收益、其他收入和各项经营成本费用的多少。因此，努力提高银行资产的收益能力，不断提供更多更好的金融服务以获得更多的服务费收入，并尽可能降低商业经营成本，是提高银行盈利性的根本途径。

学思之窗

你对未来几年上市银行的业绩有什么预期？

（四）"三性"原则的关系

商业银行经营的安全性、流动性与盈利性原则，既有统一的一面，又有矛盾的一面。

一方面，它们共同保证了银行经营活动正常、有效地运行。其中，安全性是前提，只有保证了资金安全无损，才能获得正常盈利；流动性是条件，只有保证了资金正常流动，才能确立信用中介的地位，银行各项业务活动才能顺利进行；盈利性是目的，保持资金的安全性和流动性的目的就是盈利。

另一方面，"三性"原则之间又存在矛盾。因为安全性和流动性较高的资产，一般都只能提供较低的收益，而盈利性较高的资产，往往安全性和流动性都比较差，所以要提高资金的安全性和流动性，往往会削弱其盈利性，而要提高盈利性，安全性和流动性必然受到影响。从某种意义上说，商业银行经营管理的核心或着力点就是协调这三者之间的关系，使安全性、流动性和盈利性达到最佳组合。

第四节 货币市场

一、货币市场概述

（一）货币市场的概念

商业银行的各项主要业务往往与金融市场中的重要领域相关联，即货币市场。那么什么是货币市场？其基本的运行规则和内在规律如何？

货币市场是短期资金市场，是指融资期限在 1 年以下的金融市场，是金融市场的重要组成部分。由于该市场交易的金融工具主要是政府、银行及工商企业发行的短期信用工具，具有期限短、流动性强和风险小的特点，在货币供应量层次划分上被置于现金货币和存款货币之后，被称为"准货币"，因此将该市场称为"货币市场"。货币市场是金融市场的重要组成部分，主要由同业拆借市场、票据贴现市场、回购协议市场等组成。

（二）货币市场的工具

在我国，货币市场的工具主要包括：

（1）现金；

（2）1 年以内（含 1 年）的银行定期存款、大额存单；

（3）剩余期限在 397 天以内（含 397 天）的债券；

（4）期限在 1 年以内（含 1 年）的债券回购，期限在 1 年以内（含 1 年）的中央银行票据；

（5）中国证券监督管理委员会、中国人民银行认可的其他具有良好流动性的金融工具。

（三）货币市场的功能

（1）调剂资金余缺，满足短期融资需要。

（2）为各种信用形式（如商业信用、银行信用、国家信用、国际信用）的发展创造条件。

（3）为政策调控提供条件和场所。政府常常直接或间接通过货币市场进行宏观调控。中央银行货币政策的三大传统工具都是通过货币市场实施的。

二、同业拆借市场

（一）同业拆借市场的概念

同业拆借市场又叫同业拆放市场，是银行等金融机构之间进行短期资金调剂、融通的场所。资金不足者向资金多余者借入款项，称为资金拆入；资金多余者向资金不足者借出款项，称为资金拆出。资金拆入大于资金拆出称为净拆入；反之则称为净拆出。随着规模的扩大和功能的完善，同业拆借市场已成为货币市场中最具有影响力的子市场，在商业银行的经营管理和中央银行的宏观调控中发挥着重要作用。

金融视野

同业拆借市场与存款准备金制度

同业拆借市场形成的根本原因是中央银行建立的存款准备金制度。其意义在于：一方面，可以节省商业银行及其他金融机构自存的准备金，充分发挥资金作用，以满足社会对资金的需求；另一方面，可以确保这些机构对客户的清偿能力和支付能力。中央银行也可以据此控制金融机构的放款规模，调节其放款能力，进而调节宏观经济。

由于商业银行缴存的准备金是不能带来任何收益的，因此商业银行总希望尽可能少地保有这部分存款。但如果商业银行的准备金没有达到规定数额，中央银行就要对其进行处罚。在日常经营过程中，商业银行的资产负债结构及存款余额总要发生变动，由此导致存款准备金出现超额或不足的情况。这就使得出现资金头寸暂时盈余的商业银行需要临时拆出资金，以取得利息收入，增加资产的盈利；而资金头寸临时不足、出现缺口的商业银行需要临时拆入资金，以弥补资金头寸的临时缺口，避免受到惩罚，同业拆借市场由此而产生。

为了保证商业银行的存款支付能力和控制商业银行的信用扩张能力，美国最早以法律规定，接受存款的商业银行必须按存款余额的一定比例向联邦储备银行（即美国的中央银行）提交存款准备金，若准备金数额不足，将会遭受一定的经济惩罚，甚至会遭到停业处分。然而，商业银行在日常运作中，存款余额经常发生变动，在法定存款准备金率一定的前提下，法定存款准备金也随时变化；同时，商业银行所拥有的实际准备金因日常清算和收付也不断发生变化。这在客观上提出了银行间相互调剂、融通资金的要求，为同业拆借市场的产生创造了条件。1921 年纽约货币市场首创会员商业银行之间的准备金头寸拆借，并逐渐形成以联邦基金交易为内容的同业拆借市场。20 世纪 30 年代经济危机以后，由于各国相继采纳存款准备金制度，同业拆借市场在世界许多国家和地区广泛发展起来。

（二）同业拆借市场的特点

1. 对融资主体资格的限制

能进入拆借市场进行资金融通的双方必须是具有准入资格的金融机构。这些金融机构从最初的商业银行扩展到其他所有经批准的有资格的金融机构。

2. 融资期限较短

最初是为解决头寸临时性的余缺而进行一日或几日的资金临时调剂，后来发展成为金融机构之间进行短期资金融通的市场。

3. 交易数额较大

同业拆借市场是为了满足金融机构之间的需要而建立的，每笔交易数额通常较大，而且大多不需要抵押或担保。

4. 利率由供求双方议定

同业拆借市场上的利率由双方经过讨价还价后协商议定，能够较客观地反映市场资金的供求变化。

5. 参与拆借的机构在中央银行开立有存款账户

参与拆借的机构在中央银行开立有存款账户，同时拆借交易的资金主要是金融机构存放在该账户中的多余资金。

（三）我国同业拆借市场的产生与发展

我国的同业拆借市场产生于 1986 年。20 世纪 80 年代的信贷管理体制改革是同业拆借市场产生的直接原因。1985 年，我国信贷管理体制实行"统一计划、划分资金、实存实贷、相互融通"的新管理办法，其实质是计划与资金相分离，当专业银行资金不足时，可在借款额度内向中国人民银行申请贷款，同时允许专业银行之间相互拆借资金，调剂资金余缺。在此前提下，中国人民银行决定从 1986 年 1 月开始建立我国同业拆借市场。

1990 年 3 月，中国人民银行颁布了《同业拆借管理试行办法》[①]，从而使我国的同业拆借市场走向了规范化。到 1991 年，全国除西藏外，各省、自治区、直辖市相继建立了同业拆借中心，形成了以大中城市为依托，全国范围的跨地区、跨系统的融资网络。

---

① 《同业拆借管理试行办法》已废止。我国自 2007 年 8 月 6 日起施行《同业拆借管理办法》。

1996年，全国统一的银行间同业拆借交易网络系统建成并投入运行。该网络包括两个层次：一是由12家商业银行总行和15家融资中心组成，二是15家融资中心吸收当地机构为交易会员。所有会员单位都通过计算机进场拆借，统一报价、统一交易、统一清算，大大增强了同业拆借市场的透明度，为形成拆借主体的自我约束机制及中央银行进行事前监管创造了有利条件。

金融视野

美国联邦基金市场与 LIBOR

美国的同业拆借市场叫联邦基金市场。联邦基金是商业银行和其他金融机构在美国联邦储备银行系统的存款，是可以用于同业间借贷的资金。联邦基金市场是买卖联邦基金的场所。联邦基金市场的隔夜贷款利息在所有金融资产中是流动性最强的资产收益。因此，它对人们的投资决策至关重要。美国联邦储备银行通过联邦基金市场，调剂其资金余缺，以继续维持法定准备金。但是许多美国联邦储备银行系统以外的商业银行、储蓄机构、政府机构、外国银行分支机构等，也在该市场进行借贷活动。由于非联邦储备银行的大量介入，该市场得到迅速发展。

商业银行是联邦基金市场上最大和最活跃的参与者，它们利用该市场每天调整其准备金头寸。从传统的商业银行经营方式看，商业银行是从客户那里接收存款，并将存款再转换成贷款或投资，其间的存贷差（即利差）便是其收益。20世纪60年代以来，商业银行开始以更积极的方式筹集资金，而不局限于坐等吸收客户存款，其中的参与者还包括一些经纪公司。它们既不贷款，也不借款，只是为借贷双方安排交易，以获取佣金。该市场的所有参与者均聘请交易商作为贷款或借款机构的代表进行电话联系，就借贷条件进行磋商。

联邦基金的借贷通常是无担保的，即贷款机构获得的仅仅是借款人的承诺，而无其他还款保证，实为信用借贷。当然，联邦基金的贷款人有时也要求获得贷款人的担保，不过这种情况并不普遍。联邦基金市场并没有一个具体的场所，它是由电话网络组成的松散型市场。联邦基金市场中的借贷业务均是大额借贷，通常在几百万美元以上。交易清算是通过美国联邦储备银行系统的有线传送网络进行的。

另外，英国也有一个类似联邦基金市场的银行间短期借贷市场。它的大部分借贷业务通过经纪人进行，小部分是由银行之间直接进行的。每笔交易最低金额为25万英镑，最高达几百万英镑。资金借贷无须抵押担保，完全凭借贷人的信誉。拆借的期限有1天、1周、1个月、3个月和6个月，大部分资金拆借是隔夜的拆借。商业银行利用这些资金的重要目的是使其每天的短期资金头寸和存放在英格兰银行的准备金保持平衡。银行同业拆借市场的利率称为伦敦银行同业拆借利率（LIBOR），这也成为国际借贷利率的基础利率。

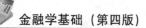

三、票据贴现市场

票据贴现市场主要包括票据承兑和票据贴现两大内容，是货币市场的重要组成部分。

（一）票据的概念

票据的概念有广义和狭义之分。广义的票据包括各种有价证券和商业上的权利凭证，如股票、债券、发票、提货单等；狭义的票据是指票据法规定的汇票、本票和支票。因此，从这个意义上讲，票据是具有法定要式、体现债权债务关系的一种有价凭证，是世界各国现行的主要结算工具和信用工具。

金融视野

票据的分类

（1）根据出票人不同，票据分为商业票据和银行票据。

商业票据发生在商品交易基础之上，是商业信用的工具，主要有商业本票（期票）和商业汇票两种。商业票据可以流通转让，转让时要经过背书，就是由转让人在票据的背面作转让的签字。商业票据的流通受到一定的限制，只能在彼此经常有往来而且相互了解的购销者之间流通。一般商业票据通常由它的持有者提请银行贴现，以取得现款。银行票据是银行签发或由银行承担付款义务的票据，包括银行本票和银行汇票两种。此外，支票实质上是银行汇票的特殊形式，但较之银行本票和汇票，支票的流通范围更广泛。

（2）根据票据法，票据分为本票、汇票和支票。

票据法是规定票据种类、票据形式及票据当事人权利义务关系的法律规范的总称。通常讲的票据法，是狭义的票据法，是关于票据的专门立法。在票据的各种类型中，汇票是最具有典型意义的，其所包含的内容最为全面，各国票据法对汇票的规定也最为详细。在国内、国际结算业务中，汇票的使用也最为广泛。

（3）根据到期日不同，票据分为即期票据和定期票据。

即期票据是见票即付的票据，定期票据是必须到票据载明的到期日才能付款的票据。

（二）票据承兑

1. 承兑的含义

承兑，即承诺和兑现，是指汇票付票人（包括银行）按照票据记明事项，对汇票的金额在票面上做出表示承认付款的文字记载及签章的一种业务，即在汇票上签名并写上"承兑"字样的手续。支票和本票不需要承兑。由于汇票的出票人在汇票上指定付款人是一种单方面的行为，在未征得付款人同意之前，票据的债权债务关系尚未正式确立，因此，汇票必须有一个承兑的过程。只有经过承兑才能在法律上明确票据的债权债务关系。

2. 承兑的操作过程

承兑的操作过程有两个步骤：承兑提示和承兑表示。承兑提示是指持票人欲办理承兑业务时，预先向付款人出示票据，请其承兑。承兑表示是指付款人对提示做出承兑与否的表示。

3. 商业承兑汇票和银行承兑汇票

根据承兑人的不同，票据又可分为商业承兑汇票和银行承兑汇票。经过办理承兑手续的汇票即承兑汇票。由企业承兑、付款的汇票即商业承兑汇票，是购货人作为汇票的承兑人，在票面上办理承兑手续的汇票；由银行承兑、付款的汇票即银行承兑汇票，是银行作为汇票的承兑人，在票面上办理承兑手续的汇票。

商业票据通常是由信誉好的工商企业发行的，是货币市场中历史最悠久的融资手段之一，最早可追溯到 19 世纪初，商业票据最初是随商品劳务交易而产生的商业信用。到了 20 世纪 20 年代，商业票据的性质发生了变化，与商品劳务交易相分离，演变成一种专供在货币市场上融资的票据，发行人与投资人成为一种单纯的债权债务关系，而不是商品买卖或劳务供求关系。20 世纪 60 年代，商业票据得到迅速发展，成为西方货币市场中的重要融资工具，但仍只是具有经济实力和商业信誉的大公司才公开发行并流通这种商业票据，其信用度仍有待提高，应用范围有局限性。商业票据常以贴现方式发行，故其利率即贴现率。

从银行承兑汇票的产生来看，它是为方便商业交易而出现的新的金融工具。因此，银行承兑汇票实质上是商业信用的产物，是一种商业票据，而非银行票据。但是，由于商业票据经过银行承兑后拥有了包括银行的双重保证，因此其资信度极大地提高，流通范围也大大地扩展，功能大为加强。特别在国际贸易和国际结算中，银行承兑汇票被广泛应用。银行承兑汇票市场包括出票、承兑、背书和贴现四个环节。

（三）票据贴现

1. 背书

背书是以将票据权利转让给他人为目的的一种行为，即持票人在票据背面签字以表明其转让票据权利的意图，并以此转让票据。经过背书手续，票据权利由背书人转让给了受让人（即被背书人）。背书人与出票人一样对票据负完全责任。如果出票人或承兑人不能按期支付款项，票据持有人有权向背书人进行追索，要求背书人付款。这一措施促进了商业票据的流通。背书次数越多，票据的负责人也越多，其担保性越强，持票人权利就越有保障。

2. 票据贴现的含义

票据贴现是指远期票据的持有人将未到期的票据转让给银行或其他金融机构，以提前取得现款的一种短期资金融通方式。对于持票人来说，票据贴现等于提前取得了到期支付的票款；对于银行来说，票据贴现等于向票据持有人提供了一笔相当于票面金额的贷款，只是利息已预先扣除。

在货币市场上，从事贴现业务的是商业银行、贴现公司、中央银行，贴现的票据主要有汇票、商业本票、短期债券等。

从形式上看，票据贴现是票据买卖，是银行买入未到期的票据或持票人将未到期的票据卖给银行，但实质上是债权转移，是一种信用活动，是银行的一种放款业务，是短期资金融通。通过票据贴现，持票人的票据债权提前转化为货币资金，从而有利于市场经济的发展和资金周转。

3. 票据贴现的操作过程

（1）申请贴现。由持票人填写有关事项，交银行审批。

（2）贴现金额发放。银行收到贴现申请凭证和票据，经审核无误后，扣除自贴现日起至票据到期日的利息后，实付贴现金额。

（3）收回贴现票据。票据到期，银行凭票向付款人收取款项。

4. 影响票据贴现的因素

贴现银行实付的贴现金额是由贴现额、贴现期和贴现率三个因素决定的。

（1）贴现额。贴现额是指贴现银行核定的用以计算实付贴现金额的基数，一般均按票据的票面金额核定。

（2）贴现期。贴现期是指贴现银行向申请贴现人支付从发放贴现票据款之日起至该贴现票据到期日为止的期限。

（3）贴现率。票据贴现时扣除的自贴现日起至票据到期日止的利息，又称贴息，它与票据票面金额的比率称为贴现率。影响贴现率水平的因素有三个：一是市场利率水平，它与贴现率成正相关；二是票据的信用程度，信用程度较高的票据，贴现率较低；三是贴现期限，接近到期日的票据，贴现率较低。

实付贴现金额的计算公式是：

贴现利息＝贴现额×贴现期（未到期天数）×（年贴现率/360 天）

实付贴现金额＝贴现额－贴现利息

5. 转贴现和再贴现

票据贴现业务具体包括贴现、转贴现和再贴现业务。贴现前文已介绍。转贴现是指办理贴现业务的银行将其贴进的未到期票据，再向其他银行或贴现机构进行贴现的票据转让行为，通常是金融机构同业之间相互融通资金的一种形式。对申请转贴现的银行来说，通过转贴现可提前收回垫付于贴现票据的资金，解决临时资金需要；对接受转贴现的银行来说，这又是运用闲置资金的有效途径。西方发达市场上的转贴现行为十分普遍。

再贴现是指商业银行或其他金融机构将其贴进的未到期票据向中央银行再次贴现的票据转让行为。在一般情况下，再贴现就是最终贴现，票据即退出流通转让过程。中央银行进行再贴现时，同样要先计算出贴现日到票据到期日应计收的利息，把票面金额扣除利息后的金额付给贴现银行。为了保证商业银行办理贴现业务有一定的利润，中央银行的再贴现率一般低于商业银行的贴现率。

（四）我国票据市场的产生与发展

票据承兑和票据贴现是我国货币市场中开展较早的业务之一。上海市在改革开放之初就开展了商业票据化试点，1981 年开始试办商业票据承兑贴现业务，并于 1985 年在全国推广。1995 年，《中华人民共和国票据法》出台，有效地规范了票据交易行为，保证了票据的正常使用和流通。1997 年，中国人民银行进一步加强了对商业银行票据业务的宏观管理和制度建设，设立了总行再贴现窗口，批准了中国人民银行江苏省分行在全省范围内进行转贴现业务的试点，颁布实施了《商业汇票承兑、贴现与再贴现管理暂行办法》。1998 年，中国人民银行加强了再贴现率作为货币政策的作用，改革了再贴现率和贴现率的确定方式，使其浮动幅度扩大。

票据的流通与融资作用已被各金融机构和企业普遍接受和应用。通过票据的签发、承兑、贴现、转贴现和再贴现等业务，企业、商业银行和中央银行有机地联系在一起。再贴现已成为中央银行的重要货币政策工具，在推动货币政策发挥作用和调控宏观金融方面发挥了重要作用。

四、回购协议市场

（一）回购协议市场的概念和特点

1. 回购协议市场的概念

回购协议市场也叫回购市场。回购协议是证券持有者与证券购买者双方签订的同意暂时卖出证券获取资金，并于将来某日按约定的价格重新买回这些证券的协议。可见，回购协议是资金短缺者在货币市场上以出售证券再协议购回的方式融通短期资金的一种操作行为和买卖方式。

证券持有者在卖出一笔证券的同时，与买方签订协议（即回购协议，或称再回购协议），约定以一定的期限和一定的价格，买入同一笔证券。其实质是一种短期质押融资行为，质押品即证券。证券的卖方以一定数量的证券进行质押借款，条件是一定时期内购回证券。但证券持有者只是暂时放弃证券的所有权，以获取使用一笔货币资金的权利；而证券购买者也只是暂时拥有作为抵押品的有价证券的所有权，出借一笔资金，到时又出卖证券收回资金，通过价格差获得收益。

回购协议市场交易的对象主要是国库券、政府中长期债券或其他有担保债券，也有以其他货币市场工具为交易对象的，如可转让大额存单、商业票据。虽然作为回购交易的证券包括中长期的债券和其他证券，但其交易目的都是短期融资。因此，回购协议仍应属于货币市场范畴。

需要指出的是，回购协议市场并不是完全独立的市场形态，这一点不同于其他的货币市场。如前所述，回购协议是一种买卖方式，往往与国库券市场、同业拆借市场以及其他中长期债券市场有着十分紧密的联系，并且相互交织在一起。也就是说，回购协议已广泛融入这些货币市场的各种形态中。

回购协议中的回购行为包括正回购和逆回购。逆回购的操作方向与正回购正好相反，即证券购买者在获得证券的同时约定一定时期内重新卖出。从回购交易双方的不同角度看，同一项交易既可以看作正回购，也可以看作逆回购：从证券持有者欲卖出证券的角度看，显然是正回购行为；从证券购买者的角度看，则是逆回购行为。因此，一项回购交易到底是正回购还是逆回购并非绝对，主要取决于交易双方当时处于哪一方的立场上或需求上。但发生在证券交易商和客户之间的回购交易往往以交易商的立场来判定。

2. 回购协议市场的特点

回购协议市场主要有以下几个特点：

（1）回购协议的期限较短。约定期的回购必须在约定的日期买回证券，大多数回购都属此类。若约定时间1天为隔夜回购，超过1天为定期回购，通常有7天、14天、21天、1个月、3个月、6个月等几个标准到期日。无约定期的回购，则双方无须预先通知对方即可结束回购协议，这样可避免不断更新回购协议的手续，只要双方认为有利可图，回购协议就会自动延续下去。

（2）根据回购协议，卖出政府或政府机构证券获得的资金，不受法定存款准备金限制。

（3）一方向另一方卖出政府证券获取资金，协议到期时，双方必须进行反向交易。

（4）回购协议是一种风险较小的金融工具，因为这种交易通常是在资信等级较高且相互信任的金融机构之间进行，交易期限短，双方可以利用其回购资金与证券市价之间的差额来预防可能出现的风险。

（二）回购协议市场的参与者

20世纪60年代以后，回购协议市场的范围和规模得到迅速发展。各种金融机构、企业、基金会、机关团体等纷纷参与其中，将回购协议作为广泛适用的、低风险的、灵活的短期融资工具。回购协议市场已成为货币市场最具流动性的市场之一。

1. 商业银行和证券交易商是回购协议市场的主要资金需求者

证券交易商既可通过回购协议融入短期资金，也可反向操作获得证券满足自己或客户的需要。商业银行以手中持有的证券进行回购交易，融入资金以满足资产流动性的要求。由于回购协议交易具有抵押担保性质，其资金利率一般低于同业拆借利率，因此商业银行作为十分重要的参与者，创造并形成了银行同业间的回购协议市场。

2. 中央银行也是回购协议市场的重要参与者

回购协议已成为中央银行干预货币市场的重要金融工具。中央银行进行公开市场业务操作的技术主要有两类：一类是直接业务，即中央银行直接买卖有价证券，主要是国库券；另一类是回购协议业务，即中央银行以正回购或逆回购的方式形成货币供应量的增加或减少。回购协议的方式较之直接业务，最大的优点是能降低利率波动给中央银行所持证券资产带来资本损失的风险，对证券市场的冲击也小于直接交易。因此，回购协议在中央银行的公开市场业务中占据重要地位。

3. 公司、银行和政府是回购协议市场的资金供给者

非金融性公司是回购协议市场上重要的非银行资金的提供者。这些公司持有的现金和短期流动资产，因为其收入和支出在时间上存在差异，暂时未支付的红利、税款、工资以及其他费用便构成了其可提供的短期资金。过去这些公司将这些短期资金存入银行，但活期存款没有任何利息，于是这些公司在如何管理流动资产上面临选择。而回购协议具有的特点和优势，正好迎合了这些公司资金管理的需要。政府机构的收入与支出同样存在时间差问题。美国法律规定，州政府和地方政府应以最安全的形式持有短期资产，如银行存款和政府或政府机构证券。回购协议不仅符合法律的规定，又能赚取短期投资收益，从而促使政府将较多的资金投资于回购协议市场。商业银行作为回购协议市场最活跃的参与者，也可以为市场提供资金。

（三）我国回购协议市场的产生与发展

1991 年上半年，全国证券交易自动报价系统（STAQ 系统）制定了证券代保管制度，同年 7 月宣布试行回购业务。1991 年 9 月 14 日，上交所两家 STAQ 系统成员完成了第一笔回购交易。随后，武汉、天津证券交易中心也相继开展国债回购业务。1993 年下半年，上交所开设国债回购品种，回购市场规模也开始急剧膨胀。1998 年，我国对债券市场进行了一项重大改革，将商业银行的债券交易业务从交易所中分离出来，组建专门供商业银行之间进行债券回购交易的银行间市场，从此形成了两个相互平行的债券回购市场。

银行间债券回购市场的直接参与者只限于商业银行、城市信用社以及信托投资公司、证券公司等非银行金融机构，而非金融机构只能在交易所进行债券回购交易。回购交易品种主要是国库券、国家重点建设债券和金融债券，回购期限一般在 1 年以下。

本章小结

1. 从原始的货币兑换业和经营业开始，随着业务的不断拓展以及职能的不断显现，真正意义上的现代商业银行得以形成，即以吸收存款为主要资金来源，以开展贷款和中间业务为主要业务，以营利为目的的综合性、多功能的金融企业。

2. 商业银行作为社会经济体的重要组成部分，发挥了重要职能，即信用中介、支付中介、信用创造、金融服务四大职能。

3. 商业银行主要开展资产业务、负债业务和中间业务三大类业务，并不断得到拓展和创新；为保持商业银行的稳健高效运营，在业务经营管理过程中，要遵循安全性、流动性和盈利性三大原则。

4. 货币市场是专指融资期限在 1 年以下的短期资金交易市场，它是金融市场的重要组

成部分，主要由同业拆借市场、票据贴现市场、回购协议市场等组成。

5. 同业拆借市场是银行等金融机构之间进行短期资金调剂、融通的场所。票据贴现市场主要包括票据承兑和票据贴现两部分。回购协议是证券持有者与证券购买者双方签订的同意暂时卖出证券获取资金，并于将来某日按约定的价格重新买回这些证券的协议。

想一想

1. 联系实际，简要回答商业银行开展了哪些业务。
2. 作为特殊的金融企业，试分析商业银行的经营原则。
3. 简述商业银行产生的社会经济背景。
4. 同业拆借市场的种类与特点有哪些？

练一练

利用周末或节假日到一家银行网点，观察一下里面的布局和各类业务人员。如果有电子显示屏，认真阅读上面显示的内容。

查一查

登录 2~3 家商业银行的网上银行，看看它们主要有哪些业务，这些业务有哪些区别。

第四章

交 易 证 券

知识目标
- 了解证券公司的概念和发展
- 掌握股票交易的基本原理
- 掌握债券交易的基本原理
- 了解资本市场的各类主体
- 熟悉资本市场运行的基本原理

能力目标
- 应用股票交易的一般方法和技巧
- 应用债券交易的一般方法和技巧
- 把握分析资本市场走势的一般原理

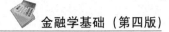

小金听说在另一所大学读书的老乡小张炒股赚了钱，于是给小张发了微信要他请客，但是小张回复时总是支支吾吾，一点都不爽快。小金心里不是很高兴，暗自埋怨小张"不够意思"。

一天，小金碰巧遇到小张，见他一副愁眉苦脸的样子，仔细一问，才知道小张最近炒股被"套牢"了。这倒激起了小金的兴趣：到底是怎么回事？

思考： 你听说过亲戚朋友炒股赚钱或者赔钱的经历吗？你有亲身经历证券交易的起起落落吗？证券交易赚钱靠的是运气，是技术，还是其他？

第一节　证券业机构

一、证券公司的概念和主要业务

（一）证券公司的概念

证券公司是专门从事对工商业股票与债券承销和投资、代销包销，并为企业提供长期资金业务的金融机构。在西方国家，证券公司多被称为投资银行；英国称之为商人银行。

证券公司在金融市场上的功能主要包括两方面：一是为需要资金的单位（包括企业和政府部门）提供筹集资金的服务，二是充当投资者买卖证券的经纪人和交易商。

（二）证券公司的主要业务

证券公司的主要业务有五个方面：

（1）为公司股票、债券的发行提供咨询和担保，并代理发行或包销。

（2）向公司融资，包括直接投资公司股票、债券和向公司提供长期信贷。

（3）直接参与公司的创建与改组活动，为公司的设立、合并、收购、调整提供投资及财务方面的咨询。

（4）从事证券的自营买卖。

（5）充当政府的投资顾问，即包销本国及外国政府债券，较大的证券公司还充当国际金融顾问，为国外企业和政府机构提供国际金融市场的咨询服务。

此外，一些证券公司还从事外汇及黄金买卖，经营设备以及耐用品的租赁，提供公司股票登记与法规咨询服务，管理退休基金、投资信托和单位信托等各种投资基金，兼营一些短期贷款和其他业务。近年来，证券公司的业务日趋多样化，与一般商业银行的区别正在逐步缩小。

二、证券交易所

（一）证券交易所的概念和类型

证券交易所是有组织的、公开集中证券买卖的场所，是金融市场的有机组成部分。证券交易所为证券买卖双方提供了集中交易的场所以及多种与交易有关的服务和设施，从而使交易双方可以充分交换信息，保证证券交易迅速且顺利进行。

在证券交易所中，交易过程并不表现为买卖双方个别协商成交，而是由交易人员代表众多的买卖者集中在交易所内充分展开竞买竞卖，根据价格优先、时间优先的原则达成交易，形成价格，从而有利于公正价格的形成。各国的证券交易所都制定了严格的规章制度和标准规程。

按组织类型，证券交易所可以划分为公司制和会员制两种。公司制交易所是采取股份公司形式，以营利为目的的法人组织，其交易费用比会员制交易所高，其最高决策机构是董事会，由股东大会选举产生。会员制交易所是一个由会员自愿出资共同组建，不以营利为目的的法人团体，其最高权力机关是会员大会，下设理事会，由全体会员选举产生。出资的证券商成为交易所会员，由会员共同经营交易所业务，也只有会员才能参加证券交易。目前，大多数国家的证券交易所都采用会员制组织形式。

（二）证券交易所的特征

1. 有组织的市场

有组织的市场是指证券交易所为保证大量的证券顺畅有效地成交，经常有规则地使用一定的场所与设施，在一定的人员组织和交易规章下人为形成的交易市场。证券交易所按一定法律程序设立，具有同其他企业类似的组织机构，对证券的上市、竞价、清算、成交单位等均有一定的规章制度。

2. 具有证券交易的中介性

证券交易所本身不买进证券，也不卖出证券，更不规定证券价格。证券交易所的职能主要是为证券买卖双方创造交易条件，提供各种服务，并对买卖双方进行监管，充当证券交易的中介人。这一职能主要是通过规定证券上市制度、交易日以及交易规章，并通过公布证券成交价格、数量及证券发行单位等信息来实现的。

3. 具有公开性

证券交易所是一个完全公开的市场，要求所有申请上市的证券发行单位（政府除外）必须定期地、真实地将其经营状况和财务状况公布于众。证券交易所还定期编制各种上市证券的行情表和统计表，向买卖双方公布。这使得投资者能够对各种证券做出判断和选择，并投资于优良证券。

（三）主要的证券交易所简介

1. 纽约证券交易所

纽约证券交易所是目前世界上规模最大、组织最健全、设施最完善、管理最严密的交易所之一。纽约证券交易所创立于 1792 年，是一个自律性的协会组织。其会员大致分为佣金经纪人、交易厅经纪人、交易厅交易商、零股买卖商、专家经纪人、债券经纪人六种。

2. 东京证券交易所

东京证券交易所是世界著名证券交易所之一，于 1878 年创立，第二次世界大战时曾暂停交易，于 1949 年 4 月重开。东京证券交易所采用会员制的组织形式。东京证券交易所有正式会员、中介人会员、特殊会员和场外会员四种会员。

3. 伦敦证券交易所

伦敦证券交易所是世界著名证券交易所之一，实行会员制，会员必须为自然人。虽然大多数会员都分属于各证券金融机构，但都不是以法人名义直接参加。

4. 上海证券交易所

上海证券交易所成立于 1990 年，是中国最重要的证券交易场所之一，提供规范的证券交易环境和市场监管机制。其交易机制包括电脑撮合交易和涨跌幅限制等措施，以稳定市场情绪和保护投资者利益。上海证券交易所还重视国际合作与交流，并积极履行社会责任，支持国家重大战略和绿色金融发展。

三、我国的证券业机构

（一）证券公司

我国的第一家证券公司于 1987 年在深圳经济特区成立，以后各省、自治区、直辖市陆续成立了多家证券公司。这些证券公司初设时或是由某一家金融机构全资设立的独资公司，或是由若干金融机构、非金融机构以入股形式组建的股份制公司。

从业务的性质来看，我国的证券公司可以分为两种类型：一类是证券专营机构，即专门从事与证券有关的各项业务的证券公司；另一类是证券兼营机构，主要是通过其设立的证券业务部经营证券业务的信托投资公司。

金融视野

证券公司与投资银行

在《中华人民共和国证券法》公布实施之前，我国的证券公司在业务范围上多是集一级市场上的承销业务、二级市场上的经纪和自营业务于一身的综合型经营机构。从这个意义上说，我国的证券公司类似于西方的投资银行。

投资银行是主要从事证券发行、承销、交易、企业重组、兼并与收购、投资分析、风险投资、项目融资等业务的非银行金融机构，是资本市场上的主要金融中介。投资银行是与商业银行相对应的一个概念，是现代金融业适应现代经济发展形成的一个新兴行业。它区别于其他相关行业的显著特点是：其一，它属于金融服务业，这是区别于一般性咨询、中介服务业的标志；其二，它主要服务于资本市场，这是区别于商业银行的标志。

世界各国对证券公司的划分和称呼不尽相同，美国通常称投资银行，英国则称商人银行。以德国为代表的一些国家实行银行业与证券业混业经营，通常由银行设立公司从事证券业务经营。日本等国家和中国一样，将专营证券业务的金融机构称为证券公司。

在美国，投资银行往往有两个来源：一是由综合性银行分拆而来，如高盛公司、美林公司、摩根士丹利公司等；二是由证券经纪人发展而来，如美林证券。

美国投资银行与商业银行的分拆发生在1929年的大崩盘之后。1933年，《格拉斯-斯蒂格尔法案》获得通过，一大批综合性银行按照法案进行了分拆，其中最典型的例子就是摩根银行分拆为从事投资银行业务的摩根士丹利以及从事商业银行业务的摩根大通。随着美国经济、金融形势的变化以及信息技术的进步，1999年新出台的《金融服务现代化法案》撤销了《格拉斯-斯蒂格尔法案》中关于商业银行和投资银行分业经营的条款。

（二）证券交易所

我国目前有三家主要的证券交易所，即上海证券交易所、深圳证券交易所和北京证券交易所。它们都是不以营利为目的，为证券的集中和有组织的交易提供场所和设施，并履行相关职责，实行自律性管理的会员制事业法人。

（三）证券登记结算公司

证券登记结算公司是专门为证券与证券交易办理存款、资金存管、资金结算、交收和证券过户业务的中介服务机构。我国的证券登记结算公司是不以营利为目的的法人，采取全国集中统一的运营方式。

目前，上海证券交易所的登记结算工作由中国证券登记结算有限责任公司上海分公司承担，深圳证券交易所的登记结算工作由中国证券登记结算有限责任公司深圳分公司承担。这两个分公司是两个交易所的附设机构。每个交易日的资金划拨和证券交收均采用净额结算方式，于成交后的次日完成。

（四）证券投资咨询公司

证券投资咨询公司是证券投资者的职业性指导者，它们根据客户的要求，向客户提供参考性的证券市场统计分析资料，对证券买卖提出建议，代拟某种形式的证券投资计划等。

第二节　股票交易

一、股票价格

（一）股票的市场价格

股票价格有广义和狭义之分。广义的股票价格是对股票的票面价格、发行价格、账面价格、清算价格、内在价格和市场价格的统称，狭义的股票价格主要是指股票的市场价格。

股票的市场价格是股票在市场上买卖的价格。股票的市场价格与票面价格不同，票面价格是固定的，而市场价格是经常波动的。投资者在这种股价的不断变化中会获利或受损。

在证券市场上，股票是一种特殊的商品。当市场供不应求时，就会引起股票价格上涨；当市场供过于求时，则会引起股票价格下跌。但股票价格随市场变化而波动，是各种必然的、偶然的、主观的、客观的以及政治、社会、经济、技术等各方面因素共同作用的结果，其影响和形成过程也十分复杂。

金融视野

股票的各种价格

1. 股票的票面价格

股票的票面价格又称股票面值或股票面额，是公司在发行股票时所标明的每股股票的票面金额，即股票的票面价值。它表明每股股票占公司总资本的比重，以及该股票持有者在股利分配时所占有的份额。但实际上，由于公司的资产价值会在经营过程中不断变化，因此股票面值并不表示实际资产价值。同时，由于股票的收益取决于公司盈利状况，并不是按面额确定的，因此股票面值不代表股票的实际价值。由此可见，在实际运行中，股票面值的意义并不大，更多的是具有簿记方面的作用。

2. 股票的发行价格

股票的发行价格是指公司在发行股票时的出售价格，主要有面额发行、折价发行和溢价发行。不同的公司，发行市场情况不同，股票的发行价格也各不相同。

股票虽然有多种发行价格，但在一般情况下，同一种股票只能有一种发行价格。股票发行过程中究竟采用哪一种价格，主要取决于股票的票面形式、法律有关规定、公司状况、市场情况和其他有关因素。

3. 股票的账面价格

股票的账面价格又称股票的净值，通常是证券分析师和其他专业人员使用的概念，是指股票所代表的净资产总额。股票的账面价格与市场价格并不一致，账面价格往往等于或低于市场价格。股票账面价格的变动主要取决于资产总额的数量、负债总额的数量以及股票股数等因素。其计算公式为：

$$每股账面价格 = \frac{资产总额 - 负债总额}{总股数}$$

$$普通股每股账面价格 = \frac{净资产总额 - 优先股总面额}{普通股股数}$$

（二）股票价格指数

1. 股票价格指数的概念

股票价格指数也叫股价指数，是以选定的某一时点为基期，以计算期股价与基期股价相比，用来表示股票价格水平及变动的一种相对数。股票价格指数经常被用来测定某一市场或整个市场价格的变动。

股票价格指数是股市动态的、综合的反映，代表股票的价格走势。通过股票价格指数，人们可以了解和判断计算期的股价比基期的股价上升或下降的百分比。

2. 股票价格指数的编制

股票价格指数的编制，通常以某一年份作为基期，基期值定为100（或者10、1 000），选择各时期全部股票或若干种代表性股票的价格和基期价格相比较，计算出升降的百分比，就是该时期的股票价格指数。股票价格指数的单位是"点"，用以判断股市的上升或下降。股票价格指数的编制方法有三种：

（1）平均法。平均法又称相对法，是先计算各采样股票的个别指数，再加总计算股本平均数。

（2）综合法。综合法是先将采样股票的基期价格与计算期价格分别加总，用报告期股价与基期股价相比，并以指数表示。

（3）加权法。加权法是在综合法的基础上再考虑权数的因素进行计算。权数通常选择流通量或发行量，采用的权数既可以是基期的数据，也可以是计算期的数据。

金融视野

几种重要的股票价格指数

1. 道·琼斯股票价格平均指数

道·琼斯股票价格平均指数简称道·琼斯指数，是世界上历史最悠久、最有影响力、最为公众熟悉的股票价格指数之一。1844年7月3日，道·琼斯公司根据美国11种有代表性的股票编制了股票价格平均数，后来人们习惯于用指数代替平均数。

目前，道·琼斯指数共分四组：第一组，30家工业公司股票价格平均指数，通常称道·琼斯工业指数，这是最具影响和代表性的股票价格指数之一，是媒体经常采用的指数；第二组，20家运输业公司股票价格指数；第三组，15家公用事业公司股票价格指数；第四组，上述合计的65家公司的股票价格指数。

2. 标准普尔股票价格指数

标准普尔股票价格指数简称标准普尔指数，是美国标准普尔公司编制发布的，用以反映美国股票市场行情变化的股票价格指数。标准普尔指数于1923年开始编制。

3. 伦敦金融时报股票价格指数

伦敦金融时报股票价格指数简称金融时报指数，是由英国经济界著名的报纸《金融时报》编制和公布的，用以反映伦敦证券交易所行情变动的股票价格指数。该指数以1935年7月1日为基期，基期值为100，采用加权法编制。

4. 日经股票价格指数

日经股票价格指数简称日经指数或日经平均股价，是由日本经济新闻社编制并公布的反映日本股票市场价格变动的股票价格平均数。其计算方法采用的是美国道·琼斯指数所用的修正法，基期为1950年9月7日。该指数是日本最具代表性的股票价格指数。

5. 恒生股票价格指数

恒生股票价格指数也叫恒生指数，是由中国香港恒生银行编制的反映香港股票市场价格变动的指数，也是中国历史最久、影响最大的股票价格指数。它从1969年11月24日开始发布，基期为1964年7月31日，基期值为100。

6. 上证指数体系与多层次蓝筹股市场

自1991年发布上证综合指数以来，上证指数体系不断发展完善，至今已覆盖股票、债券、基金等资产类别。其中，上证综合指数是中国资本市场最具影响力的指数之一，上证50、上证180、上证380指数构建起反映沪市龙头企业、大盘蓝筹企业、新兴蓝筹企业的规模指数体系，上证ESG系列指数、上证红利指数、上证中央企业50指数等提供多样化的市场观测维度和投资标的。同时，上交所已建立起以科创50指数为核心，以新一代信息技术、生物医药、芯片、高端装备、新材料和科创成长指数为代表的科创板指数体系，具备一定的市场影响力和吸引力，精准有力服务创新驱动发展战略和促进实体经济高质量发展。

二、股票发行市场

（一）股票发行市场的主体

股票发行市场的主体主要包括股票发行公司、股票承销商和股票认购者。

股票发行公司是指在股票市场上以发行股票的方式筹措资金的股份有限公司。股票承销商是指专门经营股票承销业务的中介机构，是股票发行公司和股票认购者之间的媒介，主要包括证券公司等，其主要职能是通过代销或包销的方式，将新股票发售给广大投资者。股票认购者即新股票的购买者。

(二) 股票发行的方式

1. 筹资发行和增资发行

根据发行目的来划分，股票发行可分为筹资发行和增资发行。

筹资发行是为新设立的股份公司发行股票。由于筹资发行是新设立公司首次发行股票，因此必须由发起人拟定公司章程，经律师和会计师审查，在报纸上公布，同时报经主管机关审查合格准予注册登记，在法律上取得独立的法人资格后，才准予向社会发行。

增资发行是已设立的股份公司为增资扩股而发行股票，它是企业为追加投资而进行的募股行为。由于各国往往规定公司发行股票必须有一定的存续期，因此大多数股票发行都是增资发行。根据目的和具体方式来划分，增资发行可分为有偿增资、无偿增资和并行增资几种方式。

2. 直接发行和间接发行

根据发行方式来划分，股票发行可分为直接发行和间接发行。

直接发行是由发行公司自己发行和销售股票，虽然发行费用低，但是发行时间长、难度大、成功率较低。

间接发行是发行公司委托承销机构代销或包销。代销是承销机构按照双方事先签订的代销协议，代为发售股票。若在规定期限内承销机构不能将全部新股发售出去，则剩余部分退还给发行公司，因而其承担风险较小。包销则是包销机构和发行公司签订包销协议，并规定包销数量、发行价格、包销费用、发行时间。若在规定时间内不能将股票全部发售，剩余部分则由包销机构自行解决，因而其承担风险较大，费用也较高。

此外，股票发行方式还有公开发行（即公募）/内部发行（即私募）、平价发行/溢价发行/折价发行等多种方式。

三、股票流通市场

相对于其他金融资产的流通市场，股票流通市场更有意义。这是因为股票是一种所有权凭证而不是债权凭证，是一种永久性投资，不能退股，只能以转让流通的方式保证其权益。同时，股票投资是一种集高盈利和高风险于一身的投资方式，若没有很好的变现退出机制，投资者将无法转移风险。另外，股票的流通性还是企业的股票以不断转让的方式实现资源配置的有效途径。

(一) 股票流通市场的结构

股票流通市场的结构主要包括股票交易所市场和场外市场。

股票交易所市场交易即场内交易。目前，许多国家大部分股票都在证券交易所内进行交易。由于证券交易所市场的容量有限，并且其上市的条件也很严格，因此相当多的股票不能在场内交易。场外市场为这部分不能在场内上市的股票流通创造了条件，而且场外交易并不是仅作为场内交易的补充而存在，其自身也有特点，如组织较为松散、对象十分广泛、交易方式非常灵活。场外市场具体划分为柜台市场、第三市场和第四市场。柜台市场又称店头市场，是场外市场的主要形式。

（二）股票场内交易程序

投资者要买卖股票，不能在场内直接进行，只能通过券商进行。股票场内交易程序通常包括开立股票账户、委托买卖股票和交割成交股票三大程序，经过开户、委托、成交、清算、交割、过户六大环节。

1. 开户

投资者从事股票交易前，必须先开立股票交易账户，填写委托买卖契约，并签字或盖章，经批准后发给开户凭证。从事现货交易的股票投资者必须办理现金账户。当投资者通过经纪人买进股票时，必须从现金账户中支付相应的股款。

我国投资者必须开立两种账户，即股东账户和资金账户。股东账户可在当地的证券登记部门办理，资金账户一般在投资者选定的证券经营机构开立。无论在何地开户，全国均有效。

2. 委托

证券交易所规定有资格的券商才能进入交易所内从事股票买卖，投资者只能在证券营业机构委托经纪商代为执行交易。委托是指投资者对券商的业务指示，券商必须按照投资者的指示操作，不得违反。

委托的形式有五种：当面委托、电话委托、电报委托、传真委托、网上委托。其中，当面委托包括柜台委托和自助委托。目前，自助委托、电话委托和网上委托已成为三种最主要的委托形式。

3. 成交

券商接受委托后，应立即通知其驻场交易员，驻场交易员根据委托人的委托指令进行申报竞价，促成交易。由于交易所内的买卖集中，买卖某种股票的客户不止一家，因此一般是通过双边拍卖（即竞价）的方式决定成交。

双边拍卖是指相互竞价，既可以发生在买者之间，也可以发生在卖者之间。双边拍卖的方式有两种：口头交易和报牌交易。竞价实际上类似于自由市场的讨价还价，买方交易员尽量压低价格，以最低价格为客户买入；卖方交易员尽量抬高价格，以最高价格为客户卖出。但双方都遵循"时间优先、价格优先"的原则，即在相同价格下，先出价者优于后出价者；而在价格上，是卖方价格低的优于价格高的，买方价格高的优于价格低的。

4. 清算

清算是指将买卖同一种股票的数量和金额相互抵销，然后通过证券交易所交割净差额的股票或价款的过程。在股票交易中，实际的交割过程并不是逐笔结算，而是经过一定的结算制度以减少实际交割的股票和款项，从而节省人力、财力和物力。清算一般由专门的清算公司进行。

5. 交割

交割是指卖方向买方交付股票，买方向卖方交付价款的行为。交割过程包括经纪商交割和经纪商为客户送达确认书两个主要程序。确认书一般包括成交时间、数量、股票名称、成交金额、成交价格、完成委托的证券交易所名称和交割日期。买卖双方必须在规定的期限内交割，否则将追究经纪商的责任。

6. 过户

过户是指股票所有权从原所有者转移到新所有者所作记录的过程，是股票交易完成后，变更股票所有者名户的行为。

第三节　债券交易和基金交易

一、债券的定义和基本要素

债券是发行人依照法定程序发行，并约定在一定期限内还本付息的有价证券。

债券的定义包括四个方面的基本内容。其一，债券由债务人出具（或发行），债务人就是债券的发行人，是借入资金的经济主体。一般通过发债筹资的有政府、金融机构、企业。其二，债券由债权人购入，债权人也就是债券投资人，是出借资金的经济主体。政府、金融机构、企业、各类基金、居民等是主要的债券投资人。其三，债务人利用他人资金有一定的条件，即需要承诺在一定时期内还本付息。其四，债券不仅反映了债券发行人和债券投资人之间的债权债务关系，而且是这一关系的法律凭证。若双方由此发生纠纷，债券就是一种法律依据。

债券作为证明债权债务关系的凭证，一般用具有一定格式的票面形式来表现。通常，债券由如下基本要素组成：

（一）债券的票面价值

在债券的票面价值中，首先要规定票面价值的币种，即债券以何种货币作为其价值的计量标准。确定币种时，主要应考虑债券的发行对象和实际需要。一般而言，在国内发行的债券以本国本位币作为面值的计量单位；若在国际金融市场融资，则以债券发行地所在国家的货币或国际通用货币作为计量标准。除此之外，还应该考虑债券发行人本身对币种的需要。

币种确定后，还要确定债券的票面金额。不同的票面金额，可以适应不同的投资对象，同时会产生不同的发行成本。票面金额定得较小，有利于小额投资者购买，持有者分布面广，但债券本身的印刷及发行工作量大，费用可能较高；票面金额定得较大，有利于少数大额投资者购买，且印刷费用等会相应减少，但小额投资者难以参与。因此，债券票面金额的确定也要根据债券的发行对象、市场资金供给情况及债券发行费用等因素综合考虑。

（二）债券的偿还期限

债券的偿还期限是指债券从发行之日起至清偿本息之日止的时间。不同的债券有着不同的偿还期限，短则几个月，长则几十年，习惯上有短期、中期和长期之分。发行人在确定债券期限时，要考虑以下多种因素的影响：

1. 资金使用方向

债务人借入资金可能是为了弥补自己临时性的资金周转短缺，也可能是为了长期资金需要。在前一种情况下可以发行一些短期债券，而在后一种情况下可相应发行中长期债券。这样做的好处是既能保证发行人的资金需要，又不会因占用资金时间过长而多承担利息。

行业洞察

2023年绿色债券市场回顾

2023年中国境内"贴标"绿债发行数量481只，发行规模8 548.54亿元，较2022年发行数量同比下降6.60%，发行规模同比降低3.39%。绿色资产证券化产品增长迅速，银行间市场发行规模占比超7成。发行主体央国企发行人占比超7成，AAA级别的发债主体依旧保持稳步增长的态势。

募投项目类别方面，清洁能源领域独占鳌头。在已披露具体资金投向的243只非金融机构发行的绿色债券中，清洁能源领域的资金规模合计占比超过40%。

整体来看，绿色中期票据具有一定的融资成本优势。绿色金融债、绿色公司债、绿色企业债和绿色中期票据的平均发行利率分别为2.88%、3.80%、4.54%和3.39%，较2022年分别上升9bp、33bp、18bp和34bp，呈现上升趋势。在上述四种债券中，绿色中期票据与绿色企业债具有融资成本优势。

资料来源：2023年我国绿色债券市场发展回顾与展望［EB/OL］.东方金诚微信公众号，2024-02-05.

2. 市场利率变化

随市场利率情况而相应选择债券偿还期限，有助于减少发行者的筹资成本。一般而言，当未来市场利率趋于下降时，应发行期限较短的债券，这样可以避免市场利率下跌后仍然负担较重的利息；当未来市场利率趋于上升时，应发行期限较长的债券，这样在市场利率趋高的情况下可以保持较低的利息负担。

3. 债券的变现能力

这一因素与债券流通市场的发育程度有关。流通市场发达，债券容易变现，购买长期债券无资金转换之忧，长期债券的销路也好一些；反之，其销路就不如短期债券。

（三）债券利率

债券利率是债券利息与债券票面价值的比率，通常用年利表示。债券利息对债务人来说是筹资成本，利率高则负担重，反之则轻；债券利息对于债权人来说是投资收益，利率高则收益大，反之则收益小。因此，利率成为债券票面要素中不可缺少的内容。

在实际生活中，债券利率有多种形式，如单利、复利、贴现利率等。付息方式分为一次性付息和分次付息两种。一次性付息是指无论债券期限多长，从发行到偿还时间内只支付一次利息。这次付息若在债券到期时与还本一起进行，则称利随本清；若在债券发行时就已从面额中扣除，则称贴现付息。分次付息是指在债券的有效期内按约定的时间分若干次支付利息，分次付息又分为按年、半年、季付息。

金融视野

债券利率的影响因素

债券利率的高低受多种因素的影响，概括起来主要有：

1. 借贷资金市场的利率水平

借贷资金市场的利率水平通常是指银行利率水平。银行利率较高时，债券利率也应相应提高，否则投资者会选择其他金融资产投资而舍弃债券；反之，银行利率较低时，债券利率也应相应降低。

2. 筹资者的资信

如果债券发行人（筹资者）的资信状况好，债券信用等级高，投资者的风险就小，债券利率可以定得低一些；如果债券发行人资信差，债券信用等级低，投资者的风险就大，债券利率应定得高一些。利率差异反映了风险的大小，高利率是对高风险的补偿。

3. 债券期限长短

期限较长的债券，流动性差，风险相对较大，利率则相对高一些；期限较短的债券，流动性强，风险相对较小，利率也相应低一些。不过，债券利率与期限之间的关系较复杂，还受其他因素的影响。

（四）债券发行人名称

这一要素指明了该债券的债务主体，一方面明确了债券发行人应履行对债权人偿本付息的义务，另一方面也为债权人到期追索本金和利息提供了依据。

二、债券发行

（一）债券发行条件

债券发行条件是指债券发行人在以债券形式筹集资金时所必须考虑的有关因素。债券发行条件包括许多内容，如发行金额、期限、偿还方式、票面利率、付息方式、发行价格、收益率、税收效应、发行费用以及有无担保等。如果发行人对这些因素考虑不全，会影响债券的发行，降低发行收入，增加发行成本与筹资成本。

1. 发行金额

债券的发行金额是根据发行人所需资金的数量、资金市场供求情况、发行人的偿债能力和信誉、债券的种类以及该种债券对市场的吸引力来确定的。如果发行额定得过高，会影响其他发行条件，造成销售困难，发行后对债券的转让价格也会产生不良的影响。一般而言，发行金额主要由承销机构根据自己的专业知识向发行人提出建议。

2. 期限

通常来讲，如果企业发行债券是用于长期投资建设，未来市场利率有上升趋势，流通市场较发达，物价波动平稳，则可发行长期债券。

3. 偿还方式

债券的偿还方式会直接影响债券的收益高低和风险大小。在偿还方式中，要规定偿还金额、偿还日期和偿还形式等。债券的偿还方式大致有三种：期满时偿还、期满前偿还和延期偿还。

期满时偿还就是到期偿还，是指发行人于债券到期时偿还全部债券本金的方式。

期满前偿还又称期中偿还，分为定期偿还、任意偿还、买入注销、提前回售几种方式。定期偿还就是债券发行后，待规定的宽限期过后，发行人每半年或一年偿还部分债务，债务期满时，全部偿清。任意偿还是指债券发行后，待规定的宽限期过后，发行人可以自由决定偿还时间，任意偿还部分或全部债务。买入注销是指发行人将其发行的债券从二级市场或持有人处购回予以注销。提前回售是指投资者有权选择在到期日之前某一指定日期或几个不同的日期，按约定的价格，将债券回售给发行人。

延期偿还是指投资者有权延长债券的到期日，在债券到期后继续按原定利率一直持续到某一指定日期。

4. 票面利率

票面利率的高低直接影响债券发行人的筹资成本。

5. 付息方式

发行者在选择债券付息方式时，应把降低筹资成本与增加债券对投资者的吸引力结合起来。

6. 发行价格

债券的发行价格是指债券投资人认购新发行的债券时实际支付的价格。在面值确定的情况下，调整债券发行价格的目的在于使投资者得到的实际收益率与市场收益率相同。

7. 收益率

债券的收益率是指投资者获得的收益与投资总额的比率。决定债券收益率的因素有利率、期限和购买价格。一般而言，收益率是投资者购买债券时考虑的首要因素。

8. 税收效应

债券的税收效应主要是指对债券的收益是否征税。通常政府债券免征收入所得税，其他债券则不一定。

9. 发行费用

发行费用是指债券发行人支付给有关债券发行中介机构、服务机构的各种费用，包括期初费用和期中费用。债券发行人应尽量减少发行费用，以降低发行成本。

10. 有无担保

发行的债券有无担保是债券发行的重要条件之一。由信誉卓著的第三者担保或用发行者的财产做抵押担保，有助于增强债券的安全性，减少投资风险。一般而言，政府、大金融机构、大企业发行的债券多是无担保债券，而那些信誉等级稍低的中小企业多发行有担保的债券。

行业洞察

我国绿色债券发行势头良好

2022年7月4日，气候债券倡议组织（CBI）和中央国债登记结算有限责任公司中债研发中心联合发布了《中国绿色债券市场年度报告2021》（以下简称《报告》）。《报告》显示，2021年，全球绿色债券年度发行量超过5 000亿美元（5 130亿美元）。美国、中国和德国处于领先地位，2021年绿色债券发行量分别为835亿美元、682亿美元和633亿美元。同时，中国从2020年的第四位跃升至2021年的第二位。截至2021年底，中国累计绿债发行量为1 992亿美元，仅次于美国（3 055亿美元）。具体数据分析如图4-1所示。

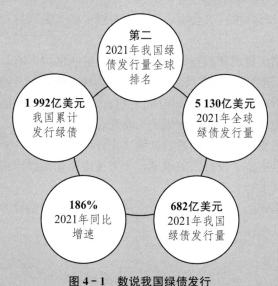

图 4-1 数说我国绿债发行

资料来源：气候债券倡议组织（CBI）和中央国债登记结算有限责任公司中债研发中心. 中国绿色债券市场年度报告 2021.

（二）债券的信用评级

1. 信用评级的概念

债券的信用评级是指根据一定的指标体系对债券还本付息的可靠程度进行综合评定，并通过债券的等级指标将其表示出来。债券的信用等级对债券发行人、投资者和管理机构都具有重要意义。信用评级起始于美国，最著名的信用评级机构有穆迪公司、标准普尔公司和惠誉公司。

但需要指出的是，债券信用等级是专业评级机构根据债券发行人提供的资料做出的客观评价，评级机构对评估结果并不承担法律责任。债券信用等级只对投资者起投资参考作用，没有向投资者推荐债券的含义。

2. 信用评级的目的和原则

信用评级的目的是将发行人的资信和偿债的可靠程度公布于众，以保护投资者的利益，供投资者决策参考。

债券评级并不是评价债券的市场价格、市场销路和投资收益，而是评价债券的发行质量、发行人的资信和投资者可能承受的风险。因此，信用评级应遵循的原则是：债券发行人的偿债能力、发行人的资信和投资风险。

3. 信用评级的程序

信用评级的主要程序如下：

（1）债券发行人或其代理机构向信用评级机构提出申请，并根据评级机构的要求提供详细的书面材料。

（2）评级机构与发行单位代表会面，就书面材料中的有关问题提出询问，必要时到发行单位现场考证。

（3）评级机构就书面材料和调查情况进行分析。分析的内容有：发行人在该行业中的地位；发行人的经营管理情况、审计制度、资本结构和运用状况及偿付能力；对发行人所属国家进行评价，分析政治风险和经济风险；发行人在国家政治经济中的地位。

（4）在调查分析的基础上，信用评级委员会通过投票决定发行人的级别，并与发行人联系，征求其对评级的意见，经其同意后最终决定评级结果。

（5）评级机构一旦决定了发行人的级别，一方面应通知评级申请人，另一方面应将评级结果汇编成册，公开发行。

（6）评级机构根据评级申请人的财务经营活动情况定期调整债券级别。

金融视野

信用评级的划分及等级定义

信用评级起始于美国，其中最著名的是穆迪公司、标准普尔公司和惠誉公司提供的信用评级。

标准普尔的长期评级主要分为投资级和投机级两大类，投资级的评级具有信誉高和投资价值高的特点，投机级的评级则信用程度较低，违约风险逐级加大。投资级分为AAA、AA、A、BBB，投机级则分为BB、B、CCC、CC、C、D。信用级别由高到低排列，AAA级具有最高信用等级；D级最低，视为对条款的违约。

从AA至CCC级，每个级别都可通过添加"＋"或"－"来显示信用高低程度。例如：在AA序列中，信用级别由高到低依次为AA⁺、AA、AA⁻。

此外，标准普尔还对信用评级给予展望，显示该机构对于未来（通常是6个月至2年）信用评级走势的评价。决定评级展望的主要因素包括经济基本面的变化。展望包括"正面"（评级可能被上调）、"负面"（评级可能被下调）、"稳定"（评级不变）、"观望"（评级可能被下调或上调）和"无意义"共5个级别。

三、债券投资

（一）债券的投资收益

债券的投资收益来自两个方面：一是债券的利息收益，这是债券发行时就确定的，除保值贴补债券和浮动利率债券外，债券的利息收入不会改变，投资者在购买债券前就可得知；二是资本损益。

1. 债券利息

债券的利息收益取决于债券的票面利率和付息方式。票面利率的高低直接影响债券发行人的筹资成本和投资者的投资收益，一般由债券发行人根据债券本身的性质和对市场条件的分析来决定。一旦债券的票面利率得以确定，在债券的有效期内，无论市场发生什么变化，发行人都必须按确定的票面利率向债券持有人支付利息。债券的付息方式不仅影响债券发行人的筹资成本，而且影响投资者的投资收益。一般而言，利息的支付分为一次性付息和分期付息两大类。

2. 资本损益

债券投资的资本损益是指债券买入价与卖出价或买入价与到期偿还额之间的差额，当卖出价或到期偿还额大于买入价时，是资本收益；当卖出价或到期偿还额小于买入价时，是资本损失。投资者可以在债券到期时将持有的债券兑现或利用债券市场价格的变动低买高卖，从中取得资本收益，当然也有可能遭受资本损失。

（二）债券的投资收益率

债券的投资收益是债券投资人从事投资活动的报酬，也是投资的动力和最终目的。在进行债券投资时，投资者通常要对各种债券的收益进行全面比较，最后选择最佳收益的债券为投资对象。衡量债券收益的经济指标称作债券收益率，包括票面收益率、直接收益率、持有期收益率和到期收益率，这些收益率分别反映了投资者在不同买卖价格和持有年限下的不同收益水平。

1. 票面收益率

票面收益率又称名义收益率或息票率，是指债券票面上的固定利率，即年利息收入与债券面额之比。投资者如果将按面额发行的债券持有至期满，则所获得的投资收益率与票面收益率是一致的。票面收益率的计算公式是：

$$票面收益率 = \frac{债券年利息}{债券面值} \times 100\%$$

票面收益率只适用于投资者按票面金额买入债券直至期满，并按票面金额偿还本金这种情况，它没有反映债券发行价格与票面金额不一致的可能，也没有考虑投资者中途卖出债券的可能。

因此，票面收益率只是一种名义收益率，并不反映投资者的真正盈利率，因为只有在按票面价值出售债券时，债息才等于投资者的盈利。但这种情况极少，债券总是受市场行情影响，以高于或低于票面价值出售，因而票面收益率并不是衡量债券投资收益的有决定意义的尺度，在实际投资决策时需要对这一指标进行修正。

2. 直接收益率

直接收益率又称当前收益率或本期收益率，是指债券的年利息收入与买入债券的实际价格之比。债券的买入价格可以是发行价格，也可以是流通市场的交易价格，它可能等于债券面额，也可能高于或低于债券面额。直接收益率的计算公式是：

$$直接收益率 = \frac{债券年利息}{债券实际买入价格} \times 100\%$$

直接收益率用实际的投资成本修正了票面收益率中的"债券面值"，反映了投资者的投资成本带来的收益。直接收益率对于那些从债券投资中获得一定利息收入的投资者来说很有意义。

但直接收益率也有不足之处。它和票面收益率一样，仍不能全面、准确地反映投资者的实际收益水平，因为它忽略了资本损益，既没有计算投资者买入价格与持有债券到期按面额偿还本金之间的差额，也没有反映买入价格与到期前出售或赎回价格之间的差额。

3. 持有期收益率

持有期收益率是指投资者买入债券后持有一段时间，又在债券到期前将其出售得到的收益率。它包括持有债券期间的利息收入和资本损益。计算方法有两种：

（1）息票债券的持有期收益率。计算公式为：

$$持有期收益率 = \frac{债券年利息 + (债券卖出价 - 债券买入价)}{持有年限债券买入价} \times 100\%$$

（2）一次还本付息的持有期收益率。计算公式为：

$$持有期收益率 = \frac{债券卖出价 - 债券买入价}{持有年限债券买入价} \times 100\%$$

持有期收益率可以衡量投资者在持有债券期间的真实收益率，所以又称实际收益率。

4. 到期收益率

到期收益率又称最终收益率。一般的债券到期都会按面值偿还本金，所以随着到期日的临近，债券的市场价格会越来越接近面值。到期收益率同样包括利息收入和资本损益。

（1）息票债券的到期收益率。计算公式为：

$$\frac{到期}{收益率} = \frac{债券年利息 + （债券面额 - 债券买入价）}{到期年限债券买入价} \times 100\%$$

（2）一次还本付息的到期收益率。计算公式为：

$$\frac{到期}{收益率} = \frac{债券面额 \times （1 + 债券票面利率 \times 债券的有效年限） - 债券买入价}{持有年限债券买入价} \times 100\%$$

四、基金交易

（一）基金的类型

基金组织是指筹集、管理、运用某种专门基金的金融机构。基金组织起源于 19 世纪的英国，盛行于 20 世纪，特别是第二次世界大战后的美国。目前，世界各国，尤其是主要西方国家，基金组织是其现代金融机构体系的重要组成部分。

根据不同的标准，基金可以分为多种类型。

1. 开放型基金与封闭型基金

开放型基金是指在基金设立时，其规模不固定，投资者既可随时认购基金单位，也可随时向基金管理公司或银行等中介机构提出赎回基金单位的一种基金。封闭型基金是指在基金设立时，规定基金的封闭期限及固定基金发行规模，在封闭期限内投资者不能向基金管理公司提出赎回申请，基金单位只能在证券交易所或其他交易场所转让。

开放型基金与封闭型基金的主要区别如下：

（1）期限不同。封闭型基金通常有固定的封闭期，通常封闭期在 5 年以上，一般为 10～15 年。开放型基金则没有固定期限，投资者可以随时向基金管理公司或银行等中介机构提出赎回申请。

（2）发行规模要求不同。封闭型基金的发行规模固定，并在封闭期限内不能再增加发行新的基金单位。开放型基金则没有发行规模限制，投资者认购新的基金单位时，其规模就增大；赎回基金单位时，其规模就减小。

（3）转让方式不同。对于封闭型基金，在封闭期限内，投资者一旦认购了基金受益单位，就不能向基金管理公司提出赎回申请，而只能寻求在证券交易所或其他交易场所挂牌，交易方式类似于股票及债券的买卖，交易价格受市场供求情况影响较大。开放型基金的投资者则可随时向基金管理公司或银行等中介机构提出认购或赎回申请，买卖方式灵活。

（4）交易价格的主要决定因素不同。封闭型基金的交易价格是随行就市，不完全取决于基金资产净值，受市场供求关系等因素影响较大；开放型基金的交易价格则完全取决于每单位资产净值的大小。

从海外尤其是发达国家或地区的基金业发展来看，通常先从封闭型基金起步，经过一段时间的探索，逐步转向发展开放型基金。鉴于我国国情，我国的投资基金业也是先选择封闭型基金试点，逐步发展到开放型基金，开放型基金是我国今后发展的主流。

2. 货币基金、债券基金与股票基金

（1）货币基金是指以全球的货币市场为投资对象的一种基金，通常投资于银行短期存款、大额可转让存单、政府公债、公司债券、商业票据等。由于货币市场一般供大额投资者参与，因此货币基金的出现为小额投资者进入货币市场提供了机会。货币基金具有投资成本低、流动性强、风险小等特点。

（2）债券基金是指将基金资产投资于债券，通过对债券进行组合投资，寻求较为稳定的收益。由于债券收益稳定，风险也较小，因此债券基金的风险性较低，适合不愿过多冒险的稳健型投资者。但债券基金的价格也受到市场利率、汇率、债券本身等因素影响，其波动程度比股票基金低。

（3）股票基金是指以股票为投资对象的投资基金，这是所有基金品种中最流行的一种。与投资者直接投资于股票市场相比，股票基金具有流动性强、风险分散等特点。虽然股票价格会在短时间内上下波动，但其提供的长线回报会比现金存款或债券投资高。因此，从长期来看，股票基金收益可观，但风险也比货币基金、债券基金要高。

（二）我国的基金业

证券投资基金在我国属于新生事物，但在管理部门的大力扶植下，依托高速成长的新兴市场环境，在几十年时间里获得了突飞猛进的发展。1997年11月，国务院颁布《证券投资基金管理暂行办法》（已失效）。1998年3月，基金金泰、基金开元设立。证券投资基金业从此进入崭新的发展阶段，其数量和规模迅速增长，市场地位日趋重要。1998年，我国仅有5只基金，净值约100亿元。截至2023年11月，我国公募基金资产规模约27.45万亿元。

在基金规模快速增长的同时，基金品种创新呈加速趋势。一方面，开放型基金后来居上，逐渐成为基金设立的主流形式；另一方面，基金产品差异化日益明显，基金的投资风格也趋于多样化，除传统的成长型、混合型外，债券基金、收益型基金、价值型基金、指数基金、行业基金、保本基金、货币市场基金等纷纷问世。而中外合资基金的从无到有、数量逐渐增加更引人注目，中国基金业对外开放的步伐越来越快。

行业洞察

公募基金市场数据

截至2024年1月底，我国境内共有基金管理公司145家，其中，外商投资基金管理公司49家（包括中外合资和外商独资），内资基金管理公司96家；取得公募基金管理资格的证券公司或证券公司资产管理子公司12家、保险资产管理公司1家。以上机构管理的公募基金资产净值合计27.36万亿元。

资料来源：中国证券投资基金业协会网站.

第四节 资本市场

市场经济国家资金融通的主要渠道有短期金融市场（货币市场）和中长期金融市场（资本市场）。资本市场的核心是有价证券市场，而股票和债券又是资本市场上最主要、最重要、最活跃的融资工具和金融资产。

一、资本市场的含义和特点

（一）资本市场的含义

资本市场是融资期限在1年以上的中长期金融资产供求关系的总和，包括银行的中长期信贷市场和有价证券市场。资本市场是与货币市场相对应的一个概念，是进行中长期资金融通的场所，又称中长期金融市场。资本市场交易的金融工具期限短则几年，长则10年以上，其产生和发展与社会化大生产联系密切，可以较高程度地满足政府和企业对长期资本的需求，是企业直接融资的重要形式。

资本市场的主要工具有股票、债券和投资基金。

从整体来看，资本市场应该包括两个部分：一是银行中长期存贷款市场，二是证券市场。但目前一般认为资本市场仅指有价证券市场，究其原因主要有两点：第一是在世界各资本市场中，证券市场占有极其重要的地位，构成了资本市场的主体部分；第二是从世界金融市场发展的趋势来看，融资证券化特别是长期融资证券化已成为一种潮流，构成当今融资活动的主要特征。

（二）资本市场的特点

资本市场的功能主要是实现并优化中长期资金的配置。与货币市场相比，资本市场具有不同的特点。

1. 融资期限不同

资本市场上交易的金融工具的期限较长，至少在1年以上，最长的可达数十年，甚至有的是无期限的，如股票。货币市场上交易的金融工具期限均在1年以内，有的甚至不到1天。

2. 融资作用不同

企业在资本市场上融资主要用于企业的创建、改建和扩建；政府在资本市场上融资主要用于长期建设性项目的投资、基础设施的建设和平衡财政收支；金融机构在资本市场上融资则是为了补充自有资本，完善资产负债比例及结构。货币市场所融通的资金大多用于满足企业短期资金周转的需要、银行流动性头寸管理的需要或宏观调控的需要。

3. 融资风险程度不同

资本市场的金融工具由于偿还期长，因此流动性较差，价格波动幅度较大，风险较高。货币市场的金融工具正好相反，因而风险较低。

4. 融资规模不同

资本市场的融资规模远远大于货币市场的融资规模。资本市场的核心和基础是证券市场。证券市场通过证券的信用方式融通资金，通过证券的买卖活动引导资金的流向，有效合理地进行资源配置，支持经济的发展。从国际金融市场的发展趋势来看，融资证券化，特别是中长期融资证券化已成为一种潮流和方向。而证券市场的融资工具主要有股票、债券、证券投资基金与可转换债券四种类型。

二、资本市场的功能

在发达的金融市场中，资本的转移主要是通过资本市场中的金融工具来实现的。长期资本的筹集主要通过股票、债券和投资基金等的发行和流通来实现。

（一）筹集资本，实现借贷资本的转换

在市场经济条件下，资本分属于不同的市场主体，而且闲置资本的数量结构和期限结构都不相同，这些闲置资本都必须通过证券投资的场所转化为长期资本。采用证券投资的形式，可以广泛筹集资本，把社会上分散的、短期的零星货币转化为资本，最大限度地满足社会扩大再生产对资本的需求。由于二级市场的发展，短期资本也可以转化为长期资本，并随时可以在二级市场上转化为货币资金。这样，资本供给者不仅保持了资产的流动性，而且能获得一定的盈利；同时，资本需求者的需求不受影响，实现了借贷资本长短期的转换。

（二）优化配置，提高资本使用效益

有价证券的买卖和流通意味着所有权和债权的转移。投资者买卖有价证券的直接目的是获得更大的收益，如果这种投资欲望得不到满足，市场的发行就会有很大困难。在金融市场上，资本的供求双方审时度势，谋求最佳的经济效益。由于市场规律的作用，资本将投向最有利的投资项目，从而优化资本的配置，进而推动资源的优化配置，由此提高资本的使用效益。

（三）分散风险，促进资本的社会化

长期资本的社会化为投资者提供了一条防范风险的有效路径，把资本分散投资于不同地区、不同类型、不同期限的有价证券，能够有效规避投资风险。证券市场的发展也为中小投资者提供了投资的场所和机会，既有利于扩大资本来源，提供稳定的资本资源，也改变了资本的股权结构，呈现更为分散的趋势，促进了资本社会化的形成，适应了社会化大生产的客观要求，能够从全社会的范围内筹集并使用资本。

（四）加强调控，保证货币政策执行的有效性

证券市场的发展不仅为企业融资提供了一条便捷的通道，也为中央银行执行货币政策提供了一个有力的工具。中央银行可以利用公开市场业务，通过买卖有价证券，对货币供应总量进行控制和调节，促进国民经济相对平稳健康地发展，防止由于市场竞争的盲目性而带来的证券市场的大幅波动，从而避免由此造成的资源浪费。

金融视野

金融供给侧结构性改革与资本市场建设

2019年2月22日，习近平在中共中央政治局第十三次集体学习时强调，深化金融供给侧结构性改革，增强金融服务实体经济能力。

深化金融供给侧结构性改革必须贯彻落实新发展理念，强化金融服务功能，找准金融服务重点，以服务实体经济、服务人民生活为本。要以金融体系结构调整优化为重点，优化融资结构和金融机构体系、市场体系、产品体系，为实体经济发展提供更高质量、更有效率的金融服务。要建设一个规范、透明、开放、有活力、有韧性的资本市场，完善资本市场基础性制度，把好市场入口和市场出口两道关，加强对交易的全程监管。要围绕建设现代化经济的产业体系、市场体系、区域发展体系、绿色发展体系等提供精准金融服务，构建风险投资、银行信贷、债券市场、股票市场等全方位、多层次金融支持服务体系。要适应发展更多依靠创新、创造、创意的大趋势，推动金融服务结构和质量来一个转变。

学思之窗

请结合金融供给侧结构性改革的要点，谈一谈你对资本市场建设的认识。

本章小结

1. 证券公司是专门从事对工商业股票与债券承销和投资、代销包销，并为企业提供长期资金业务的金融机构，其功能主要是为需要资金的单位（包括企业和政府部门）筹集资金，同时，它充当了投资者买卖证券的经纪人和交易商的角色。

2. 股票市场是指股票的发行和流通交易的场所，是企业进行融资的主要渠道之一。股票价格及价格指数、股票交易的场所、股票市场的参与者、股票流通市场的结构等构成了一个整体性的股票市场。

3. 债券市场是指债券的发行和流通交易的场所，也是企业进行融资的主要渠道之一。债券主要由票面价值、偿还期限、债券利率、债券发行人等基本要素组成。

4. 债券的信用评级是指根据一定的指标体系对债券的还本付息的可靠程度进行综合评定，并通过债券的等级指标将其表示出来。债券的信用等级对债券发行人、投资者和管理机构都具有重要意义。

5. 资本市场是与货币市场相对应的一个概念。资本市场是指融资期限在 1 年以上的中长期金融资产供求关系的总和，包括银行的中长期信贷市场和有价证券市场。

想一想

1. 股票发行的基本形式有哪些？
2. 简述债券利率与期限之间的关系。
3. 简述证券交易所的基本特征。
4. 债券发行的基本条件有哪些？
5. 谈谈你对中国资本市场发展的看法。

练一练

向你的一位同学、亲戚或者朋友说明股票交易的基本程序及操作要点。

查一查

1. 试比较股票票面价格、发行价格、账面价格、市场价格之间的区别。
2. 查一查你听说过的或比较感兴趣的几只股票最近几年的价格走势，并谈谈你的看法。

第五章

巧 用 保 险

知识目标
- 了解保险公司的概念和发展
- 掌握商业保险的基本业务
- 掌握社会保险的基本业务
- 掌握保险市场运行原理

能力目标
- 分析、比较和选择各类商业保险
- 分析、比较各类社会保险
- 分析保险市场的发展前景和挑战

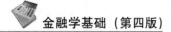
　　小金的同学小张约小金周末去郊游，他们准备自驾游，小张的表哥大李负责开车。可不幸的是，就在星期五，大李出了车祸，车子进了修理厂大修，大李也住进了医院，幸好身体没什么大碍。

　　小金和小张去医院看望大李。"好在买了保险，不然真亏大了。"大李说，"不过，开车还是要小心啊！出了事故，保险公司只管赔钱，可赔不了命啊！"大李不停地感慨。

　　"保险公司只管赔钱，可赔不了命啊！"这句话让小金记忆深刻。

　　不过，小金忽然想起有一位远房亲戚买了一份保险，说是退休后每年都会领到一笔钱。那么，保险究竟是怎么回事？

　　思考： 保险到底能"保"什么？又能"赔"什么？如果你是小金，你会考虑买保险吗？你碰到过保险推销员或者接到过保险推销员的电话吗？

第一节　保险公司

一、保险公司概述

　　保险是以社会互助的形式，对因各种自然灾害和意外事故造成的损失进行补偿的一种方式。保险公司是指依法成立的、专门经营各种保险业务的金融机构。

　　保险公司根据风险分散原理，将社会经济生活中的个别风险，通过保险机制分散于多个经济主体，以保证社会经济生活的稳定。保险具有分散风险、组织经济补偿两个基本功能，在现代社会中，保险还具有融通资金的功能，因此，保险公司是一种最重要的非银行金融机构。

　　保险业的发源地在英国，1668年英国就有了海上保险业务。1871年，劳埃德保险社（以下简称劳合社）成立，保险公司才开始登上历史舞台。美国是世界上保险业最发达的国家之一，它拥有世界上最大的人寿保险公司。

金融视野

劳合社的诞生与业务

　　劳合社原由英国人爱德华·劳埃德（Edward Lloyd）在伦敦泰晤士河畔开设的咖啡馆起家，因其地处伦敦市中心，吸引了海陆贸易商人、船主、航运经纪人、保险商等光顾，逐渐成为交换海运信息、接洽航运和保险业务的活动场所，进而成为伦敦海上保险业集中活动的总会。因为其主要顾客是近海贸易商人，所以逐渐成为航运业务和海上保险的交易市场。1688年，劳埃德以自己的姓氏命名，创立了劳合社。1771年，劳埃德委员会成立。1871 年，劳合社向政府注册，取得法人资格，并选举产生管理委员会。该公司仅是一个管理机构，保险业务由加入该公司并符合该公司所规定的资金条件的保险商直接经营。

劳合社的主要业务包括财产保险与再保险，在财产保险中首创了汽车保险、航空保险等。目前它是国际航空和海上保险业务的龙头，除经营海上保险外，还兼营空运、陆运保险。目前，从房地产、汽车、航空、大灾难保险到独具特色的绑架保险、勒索保险、艺术品保险等，劳合社可以说是无所不保。有趣的例子包括，劳合社曾经为默片时代著名美国喜剧演员本·特平（Ben Turpin）承保过斗鸡眼，为好莱坞多名女星如贝蒂·格拉布尔（Betty Grable）、波姬·小丝（Brooke Shields）、蒂娜·特纳（Tina Turner）等承保过美腿，还保过吉米·杜兰特（Jimmy Durante）的鼻子、阿梅里卡·费雷拉（America Ferrera）的微笑等。有些你根本无法想到的保险项目也可以在劳合社找到。

保险公司的组织形式因各国的社会制度、经济制度、经济状况不同而有所区别，一般有以下几种：

（1）国有（营）保险公司。这类保险公司是由国家投资经营的保险公司，它既是保险业的经营机构，又是国家保险事业的管理机构。它往往负责办理国家强制保险或某种特殊保险，以达到社会经济保障的目的。

（2）股份制保险公司。这是多数国家保险经营机构的主要组织形式。它具体可分为两种情况：一是私人股份制保险公司，这是主要形式，美国90％以上的人寿保险公司都是以股份制公司形式组织起来的；二是公私合股保险公司，即由国家和私人共同投资经营。

（3）合作保险公司。合作保险公司也称互济公司，是指保险需要者采取互助合作形式来满足全体成员对保险保障需求的保险公司。这类保险公司按其经营方式，可分为摊收保费制和永久保险制等类型。在美国，最大的保险公司是以互济形式组织而成的。

（4）自保险公司。自保险公司是指某些大企业集团为节省保费、减少或免除税负而设立的，旨在为本系统内部提供保险服务的保险公司。

（5）个人保险公司。个人保险公司是指以个人名义承保业务的保险公司，目前只在英国盛行。

二、保险机构

（一）保险公司

西方国家的保险业已十分发达，几乎是人人保险、物物保险、事事保险，按照保险种类分别设有形式多样的保险公司，如人寿保险公司、财产保险公司、灾害和事故保险公司、老年和伤残保险公司、信贷保险公司、存款保险公司、再保险公司等。按照保险标的划分，保险公司可分为两大类：人寿保险公司、财产和灾难保险公司。

1. 人寿保险公司

人寿保险公司是为投保人因意外事故或伤亡造成的经济损失提供经济保险的金融机构。人寿保险单的种类包括终身险保单、定期险保单、万能险保单、可转换险保单和单一保险费保单等。其中，定期险是最便宜的一种纯保险，其保单只是对风险防护的支付，保费中不含储蓄的成分；其他保单的保费中均含有储蓄的成分。所以说，人寿保险公司兼有储蓄银行的性质，是一种特殊形式的储蓄机构。由于人寿保险的保险金支付具有可预期性，一般只有当规定的事件发生或到了约定的日期才支付保险金，因此，人寿保险公司的可运用资金比较稳定，可用于长期投资，如公司债券、抵押贷款和政府长期债券等流动性较低而盈利性较高的资产。

2. 财产和灾难保险公司

财产和灾难保险公司是对法人单位和家庭住户提供财产意外损失保险的金融机构。世界上最著名的财产和灾难保险公司是英国的劳合社。

财产和灾难保险公司的主要资金来源是保费收入。由于财产意外险的发生有较大的偶然性，其费率也难以计算，因此理赔支付难以预期。财产和灾难保险公司的一部分资金投资于有较高流动性和安全性，且又有相对较高收益的国库券、商业票据和银行大额存单等。

（二）保险中介机构

专业保险中介机构包括保险代理公司、保险经纪公司和保险公估公司。

1. 保险代理公司

保险代理公司是受保险公司的委托代其开展保险业务的机构。保险代理公司要根据保险公司委托的业务范围和授予的权限进行业务代理，因此所产生的权利、义务、责任等均由保险公司承担。

2. 保险经纪公司

保险经纪公司是投保人的代理人，是指基于投保人的利益，为投保人提供选择险种、与保险公司订立保险合同、缴纳保费、索取赔付等中介服务的保险中介机构。

3. 保险公估公司

保险公估公司是指接受保险当事人委托，专门从事保险标的评估、勘验、鉴定、估损、赔偿额的核算等业务的机构。

三、我国的保险机构

1988 年以前，我国的保险业由中国人民保险公司独家经营。1996 年，中国人民保险公司改组为中国人民保险（集团）公司，简称中保集团。1998 年，中保集团宣布撤销，旗下原有的三家全资子公司独立为中国人民保险公司、中国人寿保险公司、中国再保险公司。随着我国保险业的发展，保险市场的主体逐渐增加，中国太平洋保险公司、中国平安保险公司、华泰财产保险有限公司、新华人寿保险有限公司、泰康人寿保险有限公司及一些外资保险公司不断加入。

1995 年颁布实施的《中华人民共和国保险法》(以下简称《保险法》)是新中国成立后的第一部保险法。该法对保险公司的组织形式、设立及变更的条件和程序、机构的扩展与变更等做了具体的规定。1996 年,中国人民银行又先后颁布实施了《保险代理人管理暂行规定》和《保险管理暂行规定》等多项规章制度。1998 年 11 月,中国保险监督管理委员会成立。2002 年 10 月,第九届全国人民代表大会常务委员会第三十次会议通过了修订《保险法》的决定。修订后的《保险法》于 2009 年 10 月 1 日起正式实施。这次《保险法》的修订贯穿了以下几个指导思想:一是履行加入世贸组织承诺,二是加强对被保险人利益的保护,三是强化保险监管,四是支持保险业的改革和发展,五是促进保险业与国际接轨。2015 年,国务院法制办公室发布了《关于修改〈中华人民共和国保险法〉的决定(征求意见稿)》,对保险法进行了修改。新的《保险法》全文共八章一百八十五条,包括保险业法、保险合同法和保险特别法。此次的修改更好地规范了保险活动,保护了保险活动当事人的合法权益,释放了市场发展动力,促进了保险事业的健康发展,为保险业创新发展提供了法律支持。

为了加快发展,我国国有保险公司明确了进行股份制改革的方向。2003 年 7 月 19 日,经国务院批准,中国人民保险公司率先完成重组改制,更名为中国人保控股公司,并同时发起设立了中国人民财产保险股份有限公司和中国人保资产管理有限公司。

第二节　商业保险

一、商业保险概述

(一) 商业保险的内涵

商业保险是指通过订立保险合同运营,以营利为目的的保险形式,由专门的保险企业经营。商业保险关系是由当事人自愿缔结的合同关系,投保人根据合同约定,向保险公司支付保险费,保险公司根据合同约定的可能发生的事故因其发生所造成的财产损失承担赔偿保险金责任,或者当被保险人死亡、伤残、疾病或达到约定的年龄、期限时承担给付保险金责任。

我们一般所说的保险是指商业保险。商业保险按照保险的保障范围分为人身保险、财产保险、责任保险、信用保证保险。

(二) 商业保险的特征

(1) 商业保险的经营主体是商业保险公司。

(2) 商业保险所反映的保险关系是通过保险合同体现的。

(3) 商业保险的对象可以是人和物(包括有形的和无形的),具体标的包括人的生命

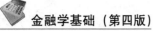

和身体、财产以及与财产有关的利益、责任、信用等。

（4）商业保险的经营要以营利为目的，而且要获取最大限度的利润，以保障被保险人享受最大限度的经济保障。

二、商业保险的类型

（一）人身保险

1. 人身保险的内涵

人身保险是以人的生命和身体为保险标的的保险。当人们遭受不幸事故或因疾病、年老以致丧失工作能力、伤残、死亡或年老退休后，根据保险合同的规定，保险人对被保险人或受益人给付保险金或年金，以解决病、残、老、死所造成的经济困难。

人身保险的基本内容是：投保人（即买保险的）与保险人（即卖保险的）签订合同，互相订立权利义务，投保人向保险人缴纳保险费，当被保险人发生死亡、残废、疾病等保险事故，或活到合同约定的年龄时，保险人向被保险人或其受益人给付保险金。

2. 人身保险的种类

（1）定期死亡保险。定期死亡保险是指以被保险人保险期间死亡为给付条件的保险。

（2）终身死亡保险。终身死亡保险是指以被保险人终身死亡为给付条件的保险。

（3）两全保险。两全保险是指以被保险人保险期限内死亡或者保险期间届满仍旧以生存为给付条件的保险，有储蓄的性质。

（4）年金保险。年金保险是指以被保险人的生存为给付条件，保证被保险人在固定的期限内，按照一定的时间间隔领取款项的保险。

3. 人身保险的功能

人身保险的主要功能体现在两个方面：一是保障被保险人死亡所致家庭损失的经济补偿，减轻家庭或子女的经济负担，使其遗属能够获得一定收入，以维持生活及偿付债务；二是储蓄资金，以备将来养老所需。前者属于保障型，后者属于储备型。另外，根据《中华人民共和国个人所得税法》，保险赔款可免纳个人所得税。

（二）财产保险

1. 财产保险的内涵

从广义上讲，财产保险是除人身保险外的其他一切险种，包括财产损失保险、责任保险、信用保险、保证保险、农业保险等。它是以有形或无形财产及其相关利益为保险标的的一类实偿性保险。

2. 财产保险的种类

（1）火灾保险。火灾保险承保陆地上存放在一定地域范围内，基本上处于静止状态下的财产，如机器、建筑物、各种原材料或产品、家庭生活用具等因火灾引起的损失。

（2）海上保险。海上保险实质上是一种运输保险，它是各类保险业务中发展最早的一种保险，保险人对海上危险引起的保险标的的损失负赔偿责任。

（3）货物运输保险。这是指除了海上运输以外的货物运输保险，主要承保内陆、江河、沿海以及航空运输过程中的货物所发生的损失。

（4）各种运输工具保险。这类保险主要承保各种运输工具在行驶和停放过程中所发生的损失，主要包括汽车保险、航空保险、船舶保险、铁路机车车辆保险。

（5）工程保险。工程保险承保各种工程期间一切意外损失和第三者人身伤害与财产损失。

（6）灾后利益损失保险。这是指保险人对财产遭受保险事故后可能引起的各种无形利益损失承担保险责任的保险。

（7）盗窃保险。盗窃保险承保财物因强盗抢劫或者窃贼偷窃等行为造成的损失。

（8）农业保险。农业保险主要承保各种农作物或经济作物和各类牲畜、家禽等因自然灾害或意外事故造成的损失。

（三）责任保险

1. 责任保险的内涵

责任保险是以被保险人的民事损害赔偿责任作为保险标的的保险。不论是企业、团体、家庭还是个人，在进行各项生产业务活动时或在日常生活中，由于疏忽、过失等行为造成对他人的损害，根据法律或契约对受害人承担的经济赔偿责任，都可以在投保有关责任保险之后，由保险公司负责赔偿。

2. 责任保险的种类

（1）公众责任保险。公众责任保险承保被保险人对其他人造成的人身伤亡或财产损失应负的法律赔偿责任。

（2）雇主责任保险。雇主责任保险承保雇主根据法律或者雇佣合同对雇员的人身伤亡应该承担的经济赔偿责任。

（3）产品责任保险。产品责任保险承保被保险人因制造或销售产品的缺陷导致消费者或使用人等遭受人身伤亡或者其他损失引起的赔偿责任。

（4）职业责任保险。职业责任保险承保医生、律师、会计师、设计师等自由职业者因工作中的过失而造成他人的人身伤亡和财产损失的赔偿责任。

（四）信用保证保险

1. 信用保证保险的内涵

信用保证保险的标的是合同双方权利人和义务人约定的经济信用。信用保证保险是一种担保性质的保险。在业务习惯上，根据投保人在信用关系中的身份不同，信用保证保险又可分为信用保险和保证保险两种类型：信用保险是以订立合同的一方要求保险人承担合同的对方的信用风险为内容的保险；保证保险是以义务人为被保证人，按照合同规定要求保险人担保对权利人应履行义务的保险。

2. 信用保证保险的种类

（1）雇员忠诚保证保险。雇员忠诚保证保险承保雇主因其雇员的欺骗和不诚实行为所造成的损失，由保险人负责赔偿。

（2）履约保证保险。履约保证保险承保签约双方中的一方，由于不能履行合同中规定的义务而使另一方蒙受的经济损失，由保险人负责赔偿。

（3）信用保险。信用保险承保被保险人（债权人）在与他人订立合同后，由于对方不能履行合同义务而使被保险人遭受的经济损失，由保险人负责赔偿。常见的信用保险有出口信用保险和投资保险等。

我国的信用保证保险始于20世纪80年代初期。1983年初，中国人民保险公司上海分公司与中国银行上海分行达成协议，对一笔出口船舶的买方信贷提供中期和长期信用保险；1986年，中国人民保险公司开始试办短期出口信用保险；1988年，国务院正式决定由中国人民保险公司试办出口信用保险业务，并在该公司设立了信用保险部；1994年以后，中国进出口银行也开始经办各种出口信用保险业务。

2001年12月，在原中国人民保险公司信用保险部和中国进出口银行信用保险部的基础上，我国第一家专门经营信用保险的国有独资公司——中国出口信用保险公司组建产生。在我国，有多家保险公司开办保证保险业务，具体险种主要有国内工程履约保险、履约和供货保证保险、产品质量保证保险、住房贷款保证保险、汽车贷款保证保险、雇员忠诚保证保险等。

行业洞察

我国保险业的发展

2022年4月，中南财经政法大学金融学院发布了《2022中国保险发展报告》（以下简称《报告》）。根据《报告》，截至2021年底，我国保险行业总资产规模达24.89万亿元（见图5-1），具体的收入结构如图5-2所示。在互联网保险、保险科技等新兴业态

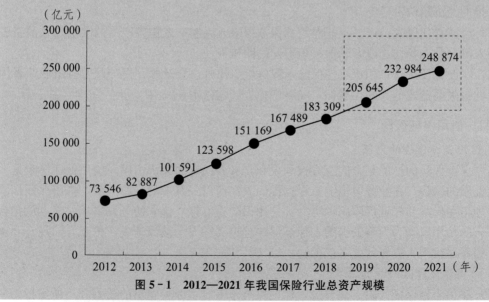

图5-1 2012—2021年我国保险行业总资产规模

112

的带领下，我国保险行业表现出较大纵深发展潜力。未来，随着保险业与国家经济社会发展的高度融合，我国保险业必将迎来新的高质量发展阶段。

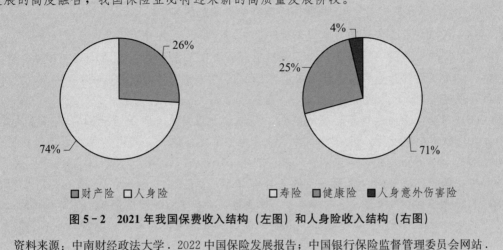

图 5-2　2021 年我国保费收入结构（左图）和人身险收入结构（右图）

资料来源：中南财经政法大学．2022 中国保险发展报告；中国银行保险监督管理委员会网站．

第三节　社会保险

一、社会保险概述

（一）社会保险的内涵

社会保险是指国家通过立法强制实行的，由劳动者、企业（雇主）或社区以及国家三方共同筹资，建立保险基金，在劳动者因年老、工伤、疾病、生育、残废、失业、死亡等原因丧失劳动能力或暂时失去工作时，给予劳动者本人或供养的直系亲属物质帮助的一种社会保障制度。

社会保险具有保障劳动者基本生活、维护社会安定和促进经济发展的作用。

（二）社会保险的特征

（1）保障性：保障劳动者的基本生活。

（2）普遍性：覆盖所有社会劳动者。

（3）互助性：利用参加保险者的合力，帮助某个遇到风险的人，互助互济，满足急需。

（4）强制性：由国家立法限定，强制用人单位和职工参加。

（5）福利性：是一种政府行为，不以营利为目的。

金融视野

商业保险与社会保险的区别

商业保险与社会保险的主要区别在于：

（1）商业保险是一种经营行为，保险业经营者以追求利润为目的，独立核算、自主经营、自负盈亏；社会保险是国家社会保障制度的一种，目的是为人民提供基本的生活保障，以国家财政支持为后盾。

（2）商业保险依照平等自愿的原则，是否建立保险关系，完全由投保人自主决定；而社会保险具有强制性，凡是符合法定条件的公民或劳动者，其缴纳保险费用，接受保障，都是由国家立法直接规定的。

（3）保障范围不同。商业保险的保障范围由投保人、被保险人与保险公司协商确定，不同的保险合同项下、不同的险种，被保险人所享受的保障范围和水平是不同的；而社会保险的保障范围一般由国家事先规定，风险保障范围比较窄，保障的水平也比较低，这是由它的社会保障性质决定的。社会保险是国家强制实行的社会保障制度，被保险人有永久获得保障的权利。政府对保险财务负最后的责任，发生亏损由国家财政拨款弥补。

（4）对象和作用不同。商业保险是以个人或全体人民为对象，并根据其缴纳保费金额和事故发生的种类给予一定的经济补偿；社会保险以劳动者及其供养的直系亲属为对象，在劳动者丧失劳动能力后给予物质帮助。

（5）权利与义务对等关系不同。商业保险主要表现为"多投多保、少投少保"的等价交换关系；社会保险则强调劳动者必须履行为社会贡献劳动的义务，并由此获得社会保险待遇的权利，实现权利义务基本对等。

（6）保障水平和立法范畴不同。商业保险以投保所缴保费为标准，社会保险是以保障劳动者的基本生活需要为标准；商业保险看重"偿还"，社会保险看重"保障"；商业保险属于经济立法范畴，社会保险属于劳动立法范畴。

（7）管理制度不同。商业保险是自主经营的相对独立的经济实体，属于金融体制；社会保险是由中央或地方政府集中领导、专业机构组织管理，属于行政领导体制。

二、常见的社会保险

（一）养老保险

1. 养老保险的内涵

养老保险（或养老保险制度）是国家和社会根据一定的法律和法规，为解决劳动者在达到国家规定的解除劳动义务的劳动年龄界限，或因年老丧失劳动能力退出劳动岗位后的基本生活而建立的一种社会保险制度。

养老保险是社会保障制度的重要组成部分，是社会保险五大险种中最重要的险种之一。

金融视野

什么是"五险一金"?

"五险"指的是五种保险，包括养老保险、医疗保险、失业保险、工伤保险和生育保险；"一金"指的是住房公积金。其中养老保险、医疗保险和失业保险，这三种保险是由企业和个人共同缴纳保费，工伤保险和生育保险完全是由企业承担，个人不需要缴纳。这里要注意的是"五险"是法定的，而"一金"不是法定的。

2. 养老保险制度

世界各国实行的养老保险制度有三种模式：

（1）传统型养老保险制度。传统型养老保险制度最早为德国俾斯麦政府于 1889 年颁布《残疾和老年养老保险法》所创设，后被美国、日本等国家采纳。个人领取养老金的权利与缴费义务相联系，即个人缴费是领取养老金的前提，养老金水平与个人收入挂钩，基本养老金按退休前雇员历年指数化月平均缴费工资和不同档次的替代率来计算，并定期自动调整。

（2）国家统筹型养老保险制度。国家统筹型养老保险制度被福利国家普遍采用，又称福利型养老保险制度，最早为英国创设。目前采用该模式的国家还包括瑞典、挪威、澳大利亚、加拿大等。

该制度的特点是实行完全的"现收现付"，并按"支付确定"的方式来确定养老金水平。养老保险费全部来源于政府税收，个人无须缴费。享受养老金的对象不仅仅是劳动者，还包括社会全体成员。但养老金保障水平相对较低，通常只能保障最低生活水平而不是基本生活水平，如澳大利亚养老金待遇水平只相当于平均工资的 25%。为了解决基本养老金水平较低的问题，政府一般大力提倡企业实行职业年金制度，以弥补基本养老金的不足。

该制度的优点在于运作简单易行，通过收入再分配的方式，为老年人提供基本生活保障，以抵消市场经济带来的负面影响。但该制度也有明显的缺点，其直接后果就是政府的负担过重。由于政府财政收入的相当一部分都用于社会保障支出，而且为了维持如此庞大的社会保障支出，政府必须采取高税收政策，这样就加重了企业和纳税人的负担。同时，社会成员普遍享受养老保险待遇，缺乏对个人的激励机制，只强调公平而忽视效率。

（3）强制储蓄型养老保险制度。强制储蓄型养老保险制度主要有新加坡模式和智利模式两种。

新加坡模式是一种公积金模式。该模式的主要特点是强调自我保障，建立个人公积金账户，由劳动者于在职期间与其雇主共同缴纳养老保险费，劳动者在退休后完全从个人账户领取养老金，国家不再以任何形式支付养老金。个人账户的养老金在劳动者退休后可以一次性连本带息领取，也可以分期分批领取。国家对个人账户的养老金通过中央公积金局统一进行管理和运营投资，是一种完全积累的筹资模式。除新加坡外，东南亚、非洲等地

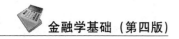

的一些发展中国家也采用该模式。

智利模式作为另一种强制储蓄类型，也强调自我保障，也采取个人账户的模式，但与新加坡模式不同的是，个人账户的管理完全实行私有化，即将个人账户交由自负盈亏的私营养老保险公司运作，规定了最大回报率，同时实行养老金最低保险制度。该模式于20世纪80年代在智利推出后，也被一些拉美国家效仿。

强制储蓄型养老保险制度最大的特点是强调效率，但忽视公平，难以体现社会保险的保障功能。

学思之窗

讨论、比较不同养老保险制度的优劣。

3. 我国养老保险制度的发展

20世纪90年代之前，我国企业职工实行的是单一的养老保险制度。1991年，《国务院关于企业职工养老保险制度改革的决定》中明确提出："随着经济的发展，逐步建立起基本养老保险与企业补充养老保险和职工个人储蓄性养老保险相结合的制度。"从此，我国逐步建立起多层次的养老保险体系。在这种多层次的养老保险体系中，基本养老保险可称为第一层次，也是最高层次。截至2022年底，全国参加城镇职工基本养老保险人数50 349万人，比上年末增加2 275万人；参加城乡居民基本养老保险人数54 952万人，增加155万人。

社会统筹与个人账户相结合的基本养老保险制度是我国首创的一种新型的基本养老保险制度。这一制度在基本养老保险基金的筹集上，采用传统型的基本养老保险费用的筹集模式，即由国家、单位和个人共同负担；在基本养老金的计发上采用结构式的计发办法，强调个人账户养老金的激励因素和劳动贡献差别。因此，该制度既吸收了传统型养老保险制度的优点，又借鉴了个人账户模式的长处；既体现了传统意义上的社会保险的社会互济、分散风险、保障性强的特点，又强调了职工的自我保障意识和激励机制。

（二）医疗保险

1. 医疗保险的内涵

医疗保险是为补偿疾病所带来的医疗费用的一种保险，是职工因疾病、负伤、生育，由社会或企业提供必要的医疗服务或物质帮助的社会保险。

医疗保险同其他类型的保险一样，也是以合同的方式预先向受疾病威胁的人收取医疗保险费，建立医疗保险基金；当被保险人患病并去医疗机构就诊而发生医疗费用后，由医疗保险机构给予一定的经济补偿。

因此，医疗保险也具备保险的两大职能——风险转移和补偿转移，即把个体身上的由疾病风险所致的经济损失分摊给所有受同样风险威胁的成员，用集中起来的医疗保险基金来补偿由疾病所带来的经济损失。

金融视野

医疗保险的起源

医疗保险起源于西欧，可追溯到中世纪。随着资产阶级革命的成功，家庭作坊被大工业取代，出现了近代产业队伍。由于工作环境恶劣，流行疾病、工伤事故的发生使工人要求相应的医疗照顾。可是他们的工资较低，个人难以支付医疗费用。于是，许多地方的工人便自发地组织起来，筹集一部分资金，用于生病时的开支。但这种形式并不稳定，且是小范围的，抵御风险的能力很弱。18世纪末19世纪初，民间保险在西欧发展起来，并成为国家筹集医疗经费的重要途径。

2. 医疗保险制度

世界各国实行的医疗保险制度有三种模式：

（1）间接医疗保险制度。政府的社会保险机构与私人医疗机构签订合同，病人先自付医疗费，然后向社会保险机构报销其医疗费的全部或一部分。这类制度多见于西方国家。

（2）直接医疗保险制度。政府直接拥有并管理医疗机构，劳动者的医疗费用全部或部分由国家承担。这类制度多见于社会主义国家。

（3）基本医疗照顾。基本医疗照顾即预防性、治疗性和综合性的卫生保险服务，包括营养改善、卫生用水供应、母婴照顾、对主要传染病的免疫、流行病的预防和控制，以及常见病的治疗等内容。这类制度多见于发展中国家。享受医疗保险的条件，根据就业期限或缴纳保险费的期限确定。通常情况下，医疗保险的资格条件与疾病保险的资格条件相匹配，享受疾病保险现金补助者就可享受医疗服务。

3. 我国医疗保险制度的发展

1988年，我国开始对机关事业单位的公费医疗制度和国有企业的劳保医疗制度进行改革。1998年，国务院颁布了《关于建立城镇职工基本医疗保险制度的决定》，开始在全国建立城镇职工基本医疗保险制度。

我国的基本医疗保险制度实行社会统筹与个人账户相结合的模式。基本医疗保险基金原则上实行地市级统筹。基本医疗保险覆盖城镇所有用人单位及其职工；所有企业、国家行政机关、事业单位和其他单位及其职工必须履行缴纳基本医疗保险费的义务。用人单位的缴费比例为工资总额的6%左右，个人缴费的比例为本人工资的2%。单位缴纳的基本医疗保险费一部用于建立统筹基金，一部分划入个人账户；个人缴纳的基本医疗保险费计入个人账户。统筹基金和个人账户分别承担不同的医疗费用支付责任。统筹基金主要用于支付住院和部分慢性病门诊治疗的费用，设有起付标准、最高支付限额；个人账户主要用于支付一般门诊费用。

在基本医疗保险之外，我国各地还普遍建立了大额医疗费用互助制度，以解决社会统筹基金最高支付限额之上的医疗费用。我国为公务员建立了医疗补助制度。有条件的企业可以为职工建立企业补充医疗保险。我国还将逐步建立社会医疗救助制度，为贫困人口提供基本医疗保障。

（三）失业保险

1. 失业保险的内涵

失业保险是指劳动者由于非本人原因暂时失去工作，致使工资收入中断而失去维持生计来源，并在重新寻找新的就业机会时，从国家或社会获得物质帮助以保障其基本生活的一种社会保险制度。

失业保险的主要特点包括：

（1）普遍性。失业保险主要是为了保障有工资收入的劳动者失业后的基本生活而建立的，其覆盖范围包括劳动力队伍中的大部分成员。因此，在确定适用范围时，参保单位应不分部门和行业所有制性质，职工应不分用工形式、户籍地，解除或终止劳动关系后，只要本人符合条件，都有享受失业保险待遇的权利。

（2）强制性。失业保险是通过国家制定法律、法规来强制实施的。按照规定，在失业保险制度覆盖范围内的单位及其职工必须参加失业保险并履行缴费义务。根据有关规定，不履行缴费义务的单位和个人都应当承担相应的法律责任。

（3）互济性。失业保险基金主要来源于社会筹集，由单位、个人和国家三方共同负担，缴费比例、缴费方式相对稳定。筹集的失业保险费不分来源渠道和缴费单位的性质，全部并入失业保险基金，在统筹地区内统一调度使用以发挥互济功能。

2. 失业保险制度

国际上一般采取 5 种方式筹集失业保险所需资金。

（1）由雇主和雇员双方负担。

（2）由雇主和国家双方负担。

（3）由雇员和国家双方负担。

（4）由国家、雇员和雇主三方负担。

（5）全部由雇主负担。

全部由雇主负担失业保险所需资金的国家，主要采取征收保险税的办法，目前只有个别国家采用。大多数国家主要采用征缴费用、建立基金的方式。

3. 我国失业保险制度的发展

我国失业保险制度的发展可以分为三个阶段：

（1）建立阶段。1986 年，为了配合国有企业改革，实行劳动合同制，促进劳动力的合理流动，国务院颁发了《国营企业职工待业保险暂行规定》，这标志着我国失业保险制度的建立。

（2）发展阶段。1993 年，国务院又颁发了《国有企业职工待业保险规定》以代替 1986 年的《国营企业职工待业保险暂行规定》，但是《国有企业职工待业保险规定》并没有对

《国营企业职工待业保险暂行规定》有大的突破和超越，导致失业保险滞后于经济的发展。

（3）巩固阶段。1999年，国务院颁发了《失业保险条例》，在完善失业保险制度、强化失业保险的保障功能、强调失业保险权利与义务的对应、体现失业保险的性质、保障职工合法权益方面无疑有很大的进步。这主要表现在：

1）确立了保障失业人员的基本生活和促进再就业的基本宗旨。

2）将失业保险的实施范围扩大到城镇各类企事业单位及其职工。

3）建立了国家、单位、职工三方负担的筹资机制。用人单位的缴费比例提高到了工资总额的2%，职工个人按本人工资的1%缴纳。

4）确定了失业保险待遇的享受条件、申领程序。

5）重新调整了支出项目和支付标准。

6）提高了统筹层次，实行了市级统筹。

7）加强了基金管理，规定失业保险基金必须存入银行的财政专户，实行收支两条线管理。

金融视野

如何计算"领取失业保险金期间"

"领取失业保险金期间"是指从办理申领手续当天起至对应月份的前一天。例如：2月8日申领3个月失业保险金，"领取失业保险金期间"就是2月8日至5月7日。

如果本人主动要求暂停领取失业保险金，或重新就业办理用工手续后，就会被自动暂停领取失业保险金，原来的领取期间按月份减少。例如：6月3日申领2个月失业保险金，领取期间是6月3日至8月2日，7月（不论哪一天操作）暂停后，领取期间即修改为6月3日至7月2日。从7月3日起暂停享受失业保险待遇。

失业人员未申领的失业保险金期限可予以保留，以后要求领取的，可再次申领。重新就业且缴纳失业保险金满一年后又再次失业的，应当将其剩余期限合并计算。

第四节 保险市场

一、保险市场的含义和要素

（一）保险市场的含义

保险市场是指保险商品交换关系的总和或者保险商品供给与需求关系的总和。它既可以指固定的交易场所，如保险交易所，也可以指所有实现保险商品让渡的交换关系的总和。保险市场的交易对象是保险人为消费者提供的保险保障，即各类保险商品。

（二）保险市场的要素

保险市场的构成要素如下：（1）为保险交易活动提供各类保险商品的卖方或供给方；（2）实现交易活动的各类保险商品的买方或需求方；（3）具体的交易对象——各类保险商品。后来，保险商品的中介方也渐渐成为构成保险市场不可或缺的要素之一。

1. 保险市场的主体

（1）保险商品的供给方。保险商品的供给方是指在保险市场上，提供各类保险商品，承担、分散和转移他人风险的各类保险机构。它们以各类保险组织形式出现在保险市场上，如国有形式、私营形式、合营形式、合作形式等。

（2）保险商品的需求方。保险商品的需求方是指在一定时间、一定地点等条件下，为寻求风险保障而对保险商品具有购买意愿和购买力的消费者的集合。保险商品的需求方就是保险营销学所界定的"保险市场"，即"需求市场"，它由有保险需求的消费者、为满足保险需求的缴费能力和投保意愿三个主要因素构成。

（3）保险市场的中介方。保险市场的中介方既包括活动于保险人与投保人之间，充当保险供需双方的媒介，把保险人和投保人联系起来并建立保险合同关系的人，也包括保险代理和保险经纪人，还包括独立于保险人与投保人之外，以第三者身份处理保险合同当事人委托办理的有关保险业务的公证、鉴定、理算、精算等事项的人，如保险公证人（行）或保险公估人（行）、保险律师、保险理算师、保险精算师等。

2. 保险市场的客体

保险市场的客体是指保险市场上供求双方具体交易的对象，这个交易对象就是保险商品。保险商品是一种特殊形态的商品。

二、保险市场的功能

（一）保障功能

保障功能是保险业的立业之基，最能体现保险业的特色和核心竞争力。保障功能具体表现为财产保险的补偿和人身保险的给付两个方面。

1. 财产保险的补偿

保险是在特定灾害事故发生时，在保险的有效期和保险合同约定的责任范围以及保险金额限度内，按其实际损失金额给予补偿。财产保险使得已经存在的社会财富因灾害事故所致的实际损失在价值上得到了补偿，在使用价值上得以恢复，从而使社会再生产过程得以连续进行。

2. 人身保险的给付

与财产保险不同，由于人的生命价值不能用货币来计价，因此，人身保险的保险金额是由投保人根据被保险人对人身保险的需要程度和投保人的缴费能力，在法律允许的范围与条件下，与保险人双方协商约定后确定的。因此，在保险合同约定的保险事故发生、约定的年龄到达或者约定的期限届满时，保险人按照约定进行保险金的给付。

（二）资金融通功能

资金融通功能是指保险公司将保险资金中的闲置部分重新投入社会再生产过程中所发挥的金融中介作用。保险人为了使保险经营稳定，必须保证保险资金的保值与增值，这也要求保险人对保险资金进行运用。

保险资金的融通应以保证保险的赔偿或给付为前提，同时要坚持合法性、流动性、安全性和效益性的原则。

（三）社会管理功能

保险的社会管理功能是通过保险内在的特性，促进经济社会的协调以及社会各领域的正常运转和有序发展，是在保险业逐步发展成熟并在社会发展中的地位不断提高和增强后衍生出来的一项功能，主要体现在以下几个方面：

1. 社会保障管理

社会保障被誉为"社会的减震器"，是保持社会稳定的重要条件。保险是社会保障体系的重要组成部分，在完善社会保障体系方面发挥着重要作用。

2. 社会风险管理

风险无处不在，防范、控制风险和减少风险损失是全社会的共同任务。保险公司从开发产品、制定费率到承保、理赔的各个环节，都直接与灾害事故打交道，因此，保险公司不仅具有识别、衡量和分析风险的专业知识，而且积累了大量的风险损失资料，为全社会风险管理提供了有力的数据支持。

3. 社会关系管理

通过保险应对灾害损失，不仅可以根据保险合同约定对损失进行合理补偿，而且可以提高事故处理的效率，减少当事人可能出现的各种纠纷，起到"社会润滑器"的作用，大大提高社会运行的效率。

4. 社会信用管理

保险公司经营的产品实际上是一种以信用为基础、以法律为保障的承诺，在培养和增强社会的诚信意识方面具有潜移默化的作用。同时，保险公司在经营过程中可以收集企业和个人的履约行为记录，为社会信用体系的建立和管理提供重要的信息资料来源，实现社会信用资源的共享。

保险的以上三项功能是一个有机联系、相互作用的整体。保障功能是保险最基本的功能，是保险区别于其他行业的最根本的特征。资金融通功能是在经济补偿功能的基础上发展起来的，是保险金融属性的具体体现，也是实现社会管理功能的重要手段。现代保险的社会管理功能是保险业发展到一定程度并深入社会生活的诸多层面之后产生的一项重要功能。社会管理功能的发挥，在许多方面都离不开保障和资金融通功能的实现。同时，随着保险社会管理功能逐步得到发挥，其保障功能和资金融通功能的发挥会有更加广阔的空间。因此，保险的三项功能之间既相互独立，又相互联系、相互作用，形成了一个统一、开放的现代保险功能体系。

本章小结

1. 保险是以社会互助的形式，对因各种自然灾害和意外事故造成的损失进行补偿的一种方式。保险公司是指依法成立的、专门经营各种保险业务的金融机构。按保险标的划分，保险公司可分为两大类：人寿保险公司、财产和灾难保险公司。

2. 商业保险是指通过订立保险合同运营，以营利为目的的保险形式，由专门的保险企业经营。商业保险按照保险保障范围分为人身保险、财产保险、责任保险、信用保证保险。

3. 社会保险是指国家通过立法强制实行的，由劳动者、企业（雇主）或社区以及国家三方共同筹资，建立保险基金，在劳动者因年老、工伤、疾病、生育、残废、失业、死亡等原因丧失劳动能力或暂时失去工作时，给予劳动者本人或供养的直系亲属物质帮助的一种社会保障制度。

4. 保险市场是指保险商品交换关系的总和或者保险商品供给与需求关系的总和。它既可以指固定的交易场所，如保险交易所，也可以指所有实现保险商品让渡的交换关系的总和。保险市场的交易对象是保险人为消费者提供的保险保障，即各类保险商品。

想一想

1. 人们购买保险的主要目的是什么？
2. 商业保险和社会保险的区别和联系是什么？
3. 简述保险市场的主要功能。

练一练

进行角色扮演。要求：先由一人扮演保险公司某种保险产品的推销员，另一人扮演顾客，再互换角色，相互交流一下彼此的感受。

查一查

上网浏览一家你知道的保险公司的网站，看看它能提供怎样的保险服务。

第六章

使用外汇

知识目标

- 了解外汇的概念及特点
- 了解主要外国货币的面值、汇率等
- 掌握汇率的概念、标价方法及种类
- 掌握汇率变动对经济的影响
- 掌握外汇市场的参与者、特点及功能

能力目标

- 能认识并辨别主要外国货币
- 能用不同标价方法表示汇率
- 能识别主要外国货币
- 能正确表示汇率、区别不同的汇率标价方法
- 能分析人民币升值对我国经济的影响

金融学基础（第四版）

情境导入

这两天小金很高兴，因为第二次出国旅游回来的大舅，给他带来一大堆礼物，还有花花绿绿的几张"外国钱"，以及各种有趣的见闻。小金心里痒痒的，真想等到假期也去国外看看，开阔一下视野。

小金还真的规划起来了。互联网上的旅游攻略有很多，不过在碰到有关"外国钱"的问题时，小金有点犯晕：汇率该怎么看？怎么算？现在买划算还是等到快出发时再买划算？买多少合适？要是花不完怎么办？

思考：什么时候会需要用到外汇？如果你也和小金一样正在计划出境游，在"钱"的方面你会关注哪些事项？

第一节　认识外汇

一、外汇的概念

外汇（Foreign Exchange）是国际汇兑的简称。我们熟悉的国内汇兑是国内异地划转资金，不会引起不同货币之间的兑换关系。外汇则不同，它一定会形成本币与外币之间的兑换关系或各种货币之间的兑换关系，否则就不能完成将资金转移到国外或从甲国转移到乙国的汇兑任务。

学思之窗

你认为外汇是否等同于外币现钞？除了外币现钞以外，还有哪些可以称之为外汇的资产？

外汇的概念有动态和静态两个方面。

（一）动态含义的外汇

动态含义的外汇是指把一国的货币兑换成另一国的货币，用以清偿国际债权债务关系的行为和过程。这种行为和过程并不表现为直接运送现金，而是采用委托支付或债权转让的方式，结算国际债权债务。例如：出口企业和进口企业收付货款，办理结汇就是一种外汇行为；银行与客户之间的外汇买卖和银行同业之间的外汇买卖就是一种外汇经营活动。

（二）静态含义的外汇

静态含义的外汇是指外币及以外币表示的可用于国际支付的手段和资产。我国 2008 年 8 月 1 日修订通过的《中华人民共和国外汇管理条例》第 3 条规定，外汇的具体形式包括以下 5 种：（1）外币现钞，包括纸币、铸币；（2）外币支付凭证或者支付工具，包括票据、银行存款凭证、银行卡等；（3）外币有价证券，包括债券、股票等；（4）特别提款权；（5）其他外汇资产。

二、外汇的功能

（一）用于国际支付和结算

国际经济交易涉及不同国家，通常要使用外汇进行非现金结算，以清偿国际债权债务。所有的国际债权债务关系都能够通过银行国际业务，利用外汇进行清算，完成国际支付和结算。这加速了资金周转速度，减少了风险，扩大了资金融通的范围，对国际贸易和经济金融的发展起到了极大的促进作用。

（二）调剂国际资金余缺

由于世界经济发展不平衡，各国所需的建设资金余缺程度不同，这在客观上需要在世界范围内进行资金调剂。但因为各国发行使用的货币不同，不能直接调剂，所以外汇作为国际支付手段，可以发挥调剂资金余缺的功能。

（三）充当国际储备

在布雷顿森林体系崩溃后签订的《牙买加协议》明确了黄金非货币化的地位，黄金不再作为国际支付和结算的主要手段，在国际储备中的占比也越来越少。外汇作为国际支付结算的手段和资产，可以作为国际储备资产，并且目前是国际储备资产中占比最大的资产。

三、主要外国货币概览

（一）世界主要货币名称及代码

表 6-1 列出了当今世界上主要货币的简况，包括货币发行国家或地区、货币名称和代码等。按照国际标准化组织 ISO 4217 标准的定义，每种货币都用三个字母的代码来表示。例如：美元的代码是 USD，欧元的代码是 EUR，瑞士法郎的代码是 CHF，日元的代码是 JPY，英镑的代码是 GBP。货币代码通常是由两个字母的国家代码（国际标准化组织 ISO 3166 标准）加第一个货币字母构成的，但也有例外，如欧元（Euro），被表示为 EUR。

表 6－1　世界主要货币名称及代码

国家或地区	货币名称	ISO 货币代码
中国	人民币元（Yuan Renminbi）	CNY
中国香港	港元（Hong Kong Dollar）	HKD
日本	日元（Yen）	JPY
韩国	韩元（Won）	KRW
新加坡	新加坡元（Singapore Dollar）	SGD
越南	越南盾（Dong）	VND
泰国	泰铢（Baht）	THB
马来西亚	马来西亚林吉特（Malaysian Ringgit）	MYR
印度尼西亚	印度尼西亚卢比（Rupiah）	IDR
菲律宾	菲律宾比索（Philippine Peso）	PHP
印度	印度卢比（Indian Rupee）	INR
欧元区	欧元（Euro）	EUR
英国	英镑（Pound Sterling）	GBP
瑞士	瑞士法郎（Swiss Franc）	CHF
瑞典	瑞典克朗（Swedish Krona）	SEK
挪威	挪威克朗（Norwegian Krone）	NOK
丹麦	丹麦克朗（Danish Krone）	DKK
美国	美元（United States Dollar）	USD
加拿大	加拿大元（Canadian Dollar）	CAD
墨西哥	墨西哥比索（Mexican Peso）	MXN
古巴	古巴比索（Cuban Peso）	CUP
埃及	埃及镑（Egyptian Pound）	EGP
南非	南非兰特（Rand）	ZAR
澳大利亚	澳大利亚元（Australian Dollar）	AUD
新西兰	新西兰元（New Zealand Dollar）	NZD

资料来源：ISO 4217：2008.

（二）主要外国货币介绍

1. 美元

美元是美利坚合众国的官方货币。当前，美元的发行由美国联邦储备系统控制。美元是外汇交换中的基础货币，也是国际支付和外汇交易中的主要货币，在国际外汇市场中占有非常重要的地位。

目前流通的纸币面额有 1 美元、2 美元、5 美元、10 美元、20 美元、50 美元、100 美元 7 种，硬币有 1 美分、5 美分、10 美分、25 美分、50 美分、1 美元 6 种，1 美元等于

100 美分。钞票尺寸不分面额均为 156 毫米×66 毫米。每张钞票正面印有券类名称、美国国名、美国国库印记、财政部官员的签名。美元正面是美国历史上的知名人物头像，背面主景图案为建筑。

如图 6-1 所示，10 美元的正面印有美国第一任财政部长亚历山大·汉密尔顿（Alexander Hamilton），背面印有美国财政部大楼。

图 6-1 10 美元的正面和背面

2. 欧元

1995 年 12 月，欧洲委员会决定将欧洲单一货币改名为欧元（Euro）。2002 年 1 月 1 日起，欧元纸币和硬币开始流通，所有收入、支出，包括工薪收入、税收等，都要以欧元计算。2002 年 7 月 1 日，欧元区成员原有货币完全退出流通，欧元成为唯一的法定流通货币。欧元纸币共分 7 种面值，即 5 欧元、10 欧元、20 欧元、50 欧元、100 欧元、200 欧元和 500 欧元，面值越大，纸币面积越大。每种纸币正面图案的主要组成部分是门和窗，象征着欧盟推崇合作和坦诚的精神。纸币的背面是各类桥梁图案，包括很早以前的小桥和现代先进的吊桥，象征着欧洲与其他国家之间的联系纽带。欧元纸币用绵纸制造，有特殊的手感，有一部分会凹凸不平，并有一条防伪线，且纸币上端的面值数字使用变色油墨印刷。所有的欧元硬币的正面都是相同的，标有硬币的面值，称为"共同面"，而硬币背面的图案则是由发行国自行设计的。

如图 6-2 所示，5 欧元的规格为 120 毫米×62 毫米，颜色为灰色，图案为古典时期建筑。

3. 日元

日元是日本的官方货币，于 1871 年制定，由日本银行发行。其纸币称为日本银行券，有 1 000、2 000、5 000、10 000 円（日元）4 种面额，硬币有 1、5、10、50、100、500円（日元）6 种面额。日本钞票正面文字全部使用汉字（由左至右顺序排列），中间上方均有"日本银行券"字样，各种钞票均无发行日期。发行单位负责人使用印章的形式，即

图 6－2　5 欧元的正面和背面

票面印有红色"总裁之印"和"发券局长"图章各一个。

如图 6－3 所示，1 000 円面值日元的正面为日本医学家野口英世，背面为富士山和樱花。

图 6－3　1 000 日元的正面和背面

4. 英镑

英镑为英国的本位货币单位，由英格兰银行发行。1971 年 2 月 15 日，英格兰银行实行新的货币进位制，辅币单位改为新便士（New Penny），1 英镑等于 100 新便士。目前，流通中的纸币有 5、10、20 和 50 英镑，另有 1、2、5、10、20、50 新便士及 1、2 英镑的硬币。

5. 澳大利亚元

澳大利亚元又称澳元，是澳大利亚的法定货币，由澳大利亚储备银行负责发行。目前澳大利亚流通的有 5 元、10 元、20 元、50 元、100 元面额的纸币，另有 5 分、10 分、20 分、50 分、1 元、2 元的硬币，1 元等于 100 分。新版澳大利亚元是塑料钞票，经过近 30 年的研制才投入使用，它是以聚酯材料代替纸张，耐磨，不易折损，不怕揉洗，使用周期长而手感强烈，具有良好的防伪特性。

6. 加拿大元

加拿大元由加拿大银行发行。加拿大纸币有 5 元、10 元、20 元、50 元、100 元 5 种面额，另有 5 分、10 分、25 分、50 分及 1 元、2 元的硬币，1 元等于 100 分。1935 年，加拿大发行了印有英国国王乔治五世像的第一批钞票；1937 年，发行了印有英国国王乔治六世像的 1937 年版钞票；1954 年，发行了印有英国女王伊丽莎白二世头像的 1954 年版钞票；1970 年以来，又陆续发行了新钞。新旧版本钞票均可流通。硬币正面均铸有伊丽莎白二世头像，背面铸有加拿大的英文"CANADA"字样。加拿大居民主要是英、法移民的后裔，加拿大分英语区和法语区，因此钞票上均使用英语和法语两种文字。

7. 新加坡元

新加坡元由新加坡货币局发行。目前新加坡流通的货币有 2 元、5 元、10 元、50 元、100 元、1 000 元、10 000 元面额的纸币，5 分、10 分、20 分、50 分及 1 元的硬币，1 元等于 100 分。新加坡纸币已发行 4 套，其中，第一套以胡姬花为票面主要图案，第二套以鸟类为票面主要图案，第三套以各种不同的轮船为票面主要图案，第四套以人像为票面主要图案。在各种面额钞票的正面、背面显著位置上均印有"SINGAPORE"字样，正面还印有新加坡国徽。新旧版钞票混合流通使用。

8. 瑞士法郎

瑞士法郎的发行机构是瑞士国家银行，辅币进位是 1 瑞士法郎等于 100 生丁，纸币面额有 10、20、50、100、200、1 000 瑞士法郎，铸币有 1、2、5 瑞士法郎及 1、5、10、20、50 生丁。由于瑞士奉行中立和不结盟政策，因此瑞士被认为是全球最安全的地方，瑞士法郎也被称为传统避险货币。加之瑞士政府对金融、外汇采取的保护政策，使大量的外汇涌入瑞士，瑞士法郎也成为稳健而颇受欢迎的国际结算和外汇交易货币。

第二节　理解汇率

一、汇率的表示

汇率也称为汇价、外汇行市、外汇牌价，是两国货币的兑换比率，即用一种货币表示另一种货币的价格。汇率的形成是国际经济交往发展的产物。随着商品交易逐步扩大到国际领域，一个国家的货币不能在另一个国家流通，出口商需要将出口所得的外汇兑换成本国货币，进口商需要将本国货币兑换成外币对外支付，就需要确定两种货币之间的汇率。

汇率的表示通常可用以下几种方式，以美元对人民币的汇率为例，可表示如下：

USD 100＝CNY 698.59

USD 1＝CNY 6.985 9

USD/CNY＝6.985 9

在这里，写在前面的货币 USD 称为单位货币或基准货币，写在后面的货币 CNY 称为报价货币，汇率的数值通常用 5 位有效数字来表示，如 6.985 9。

当美元对人民币的汇率由 USD 1＝CNY 6.985 9 变为 USD 1＝CNY 6.975 0 时，意味着 USD 贬值、CNY 升值。升值、贬值是一个相对的概念，甲货币对乙货币升值意味着乙货币对甲货币贬值。

二、汇率标价方法

汇率是两种货币的兑换比率，也就是两种货币可以相互表示，既可以表示为 A/B，也可以表示为 B/A。这就涉及两种不同的标价方法：一种是直接标价法，另一种是间接标价法。20 世纪 50 年代初以来，西方各国的跨国银行又普遍采用了美元标价法。

（一）直接标价法

在上述示例中，外币（USD）是单位货币或基准货币，本币（CNY）是报价货币。直接标价法是以一定单位（1、100、10 000 等）的外国货币为标准能够折合成若干本国货币的标价方法，或者说是以本币来表示外国货币的价格。根据习惯，大多数国家的汇率采用直接标价法，外国货币对人民币的汇率报价通常采用直接标价法。人民币对大多数外国货币的汇率采用的就是直接标价法。

新闻摘录

2024 年 3 月 11 日中国外汇交易中心受权公布人民币汇率中间价公告

中国人民银行授权中国外汇交易中心公布，2024 年 3 月 11 日银行间外汇市场人民币汇率中间价为 1 美元对人民币 7.096 9 元，1 欧元对人民币 7.787 8 元，100 日元对人民币 4.854 5 元，1 港元对人民币 0.907 51 元，1 英镑对人民币 9.147 2 元，1 澳大利亚元对人民币 4.717 6 元，1 新西兰元对人民币 4.406 9 元，1 新加坡元对人民币 5.342 1 元，1 瑞士法郎对人民币 8.110 9 元，1 加拿大元对人民币 5.280 5 元，人民币 1 元对 1.135 6 澳门元，人民币 1 元对 0.660 32 林吉特，人民币 1 元对 12.744 7 俄罗斯卢布，人民币 1 元对 2.644 4 南非兰特，人民币 1 元对 184.50 韩元，人民币 1 元对 0.516 47

阿联酋迪拉姆，人民币1元对0.527 41沙特里亚尔，人民币1元对50.731 6匈牙利福林，人民币1元对0.554 22波兰兹罗提，人民币1元对0.960 1丹麦克朗，人民币1元对1.434 8瑞典克朗，人民币1元对1.465 9挪威克朗，人民币1元对4.496 24土耳其里拉，人民币1元对2.368 0墨西哥比索，人民币1元对4.969 1泰铢。

资料来源：中国人民银行网站．

（二）间接标价法

我们来看一个间接标价法的例子。某日，伦敦外汇市场公布英镑对美元、对人民币的汇率为：

GBP 1＝USD 1.270 2

GBP 1＝CNY 9.200 9

在上例中，本币（GBP）是单位货币或基准货币，外币（USD、CNY）是报价货币。因此，间接标价法是以一定单位（1、100、10 000等）的本国货币为标准能够折合成若干外国货币的标价方法，或者说是以外币来表示本国货币的价格。

根据习惯，大多数国家的货币在汇率报价时采用直接标价法，少数几个国家的货币采用间接标价法。采用间接标价法的货币有：英镑、欧元、澳大利亚元、新西兰元、美元。英国是资本主义发展较早的国家，也是较早使用金本位制的国家，英国"日不落帝国"的地位使得英镑在第一次世界大战前成为国际贸易计价结算的中心货币。第二次世界大战后，美国经济实力迅速提高，布雷顿森林体系的建立确立了美元作为国际货币体系中心的地位。为了便于结算，1978年9月1日开始，纽约外汇市场也改用间接标价法，以美元为标准公布美元对其他货币之间的汇率，但美元对英镑、欧元、澳大利亚元、新西兰元仍沿用直接标价法。

（三）美元标价法

第二次世界大战后确立的国际货币体系是以美元为中心货币，因此从20世纪50年代初开始，各国外汇市场上公布的外汇牌价均以美元为标准，这种情况被称为美元标价法。在美元对除英镑、欧元等少数货币以外的其他货币汇率标价时，采用以美元为单位货币的标价法，即1美元等于多少该种货币；而美元对于英镑、欧元等货币，则采用以美元为报价货币的间接标价法，即1单位该种货币等于多少美元。例如：某日，国际外汇市场汇率如下：

USD 1＝JPY 156.23

USD 1＝HKD 7.778 5

GBP 1＝USD 1.270 2

三、汇率的种类

（一）买入汇率、卖出汇率、中间汇率、现钞汇率

根据银行买卖外汇的角度的不同，汇率可分为买入汇率、卖出汇率、中间汇率、现钞

汇率。

1. 买入汇率与卖出汇率

银行在外汇买卖报价时采用的是双向报价法，即同时报出买入汇率和卖出汇率。买入汇率也称为买入价，是银行买入该种外汇的价格；卖出汇率也称为卖出价，是银行卖出该种外汇的价格。例如：某日，中国银行买入 100 英镑，向客户支付 905.9 元人民币；中国银行卖出 100 英镑，向客户收取 913.98 元人民币。双向报价法的汇率表示为 GBP 100＝CNY 905.9～913.98。买入价总是小于卖出价，二者相差的幅度各国各不相同，一般在 1‰～5‰。根据我国规定，银行对客户美元现汇挂牌汇价实行最大买卖价差不得超过中国外汇交易中心公布交易中间价的 1% 的非对称性管理，只要现汇卖出价与买入价之差不超过当日交易中间价的 1%，且卖出价与买入价形成的区间包含当日交易中间价即可；银行对客户美元现钞卖出价与买入价之差不得超过交易中间价的 4%。银行可在规定价差幅度内自行调整当日美元挂牌价格。

在双向报价法下，判断买入价和卖出价遵循的原则是：要从银行利润最大化的角度出发，遵循银行低买高卖的原则。例如：美元对人民币的汇率为 USD 100＝CNY 694.46～697.12，如果客户到银行兑换美元，从银行角度则是卖出美元，要用的汇率是 697.12，697.12 是美元的卖出价；如果客户到银行将美元兑换为人民币，从银行的角度则是买入美元，要用的汇率是 694.46，694.46 是美元的买入价。

2. 中间汇率

财经新闻常常会谈到美元对人民币的汇率，这时的汇率只是一个数值，即中间汇率。中间汇率是买入价与卖出价的平均数，即二者相加除以 2。中间汇率常用来衡量或预测汇率变动的幅度和趋势。商业银行或企业在内部核算，各种新闻媒体在报道外汇行情时，多采用中间汇率。外汇牌价中的"基准价"就是中国外汇交易中心公布的中间价。目前，中国人民银行授权中国外汇交易中心每天对外公布 24 种货币对人民币汇率的中间价，其中部分汇率如表 6－2 所示。

表 6－2　中国外汇交易中心公布的主要货币对人民币汇率的中间价

日期	美元	欧元	日元	港元	英镑	林吉特	卢布	韩元
2023－12－29	708.27	785.92	5.0213	90.622	904.11	64.87	1 245.82	18 136.0
2023－12－28	709.74	789.01	5.020 1	90.861	908.86	65.115	1 289.59	18 187.0
2023－12－27	710.02	784.52	4.995 1	90.901	904.36	65.271	1 286.02	18 193.0
2023－12－26	709.65	783.35	5.001 9	90.859	903.24	65.063	1 294.99	18 240.0
2023－12－25	710.1	782.38	4.992 6	90.847	903.44	65.284	1 294.59	18 271.0
2023－12－22	709.53	781.6	4.998 8	90.862	900.70	65.479	1 293.40	18 259.0
2023－12－21	710.12	777.75	4.955 3	90.984	898.58	65.625	1 274.26	18 276.0
2023－12－20	709.66	779.75	4.938 3	90.999	904.14	65.788	1 271.12	18 306.0
2023－12－19	709.82	775.84	4.981 9	91.068	898.50	66.159	1 268.32	18 279.0
2023－12－18	709.33	774.14	4.993	90.92	900.34	65.731	1 269.19	18 257.0
2023－12－15	709.57	779.88	4.989 7	90.898	905.42	65.787	1 262.57	18 202.0

资料来源：国家外汇管理局网站．

3. 现钞汇率

外汇现汇就是从国外汇入的、没有取出就直接存入银行的外汇，它包括从境外银行直接汇入的外币、居民委托银行代其将外国政府公债、国库券、公司债券、金融债券、外国银行存款凭证、商业汇票、银行汇票、外币私人支票等托收和贴现后所收到的外汇。外汇现钞是指外国钞票、铸币，主要由境外携入。现汇账户是指由中国港澳台地区或者境外汇入外汇或携入外汇票据转存款账户。现钞账户是指境内个人持有的外币现钞存款账户。

现钞汇率是指银行买卖外汇现钞时使用的汇率。由于商业银行在买入外汇现钞后不能即刻产生收益，需要把外汇现钞运到发行国去，运输过程中还要产生一定的运费和保险费，因此，银行在买入外汇现钞时的汇率要低于买入外汇现汇时的汇率。银行卖出外汇现钞和外汇现汇使用的汇率相同。几种汇率的大小关系为：现钞买入价＜现汇买入价＜中间价＜卖出价。

（二）基本汇率和套算汇率

根据汇率制定方法的不同，汇率可分为基本汇率和套算汇率。

基本汇率是指本币与关键货币之间的汇率。对一个国家而言，与其有往来的国家有许多，涉及的汇率有很多种，确定本币与所有国家之间的汇率是难以做到的，因此，各国一般会确定本币与某关键货币之间的汇率。关键货币是指在国际经济、国际结算、国际投资、国际储备中居于主导地位的货币。从第二次世界大战后的布雷顿森林体系开始至今，美元的地位虽然有所削弱，但仍然居于国际货币体系的中心地位，因此大多数国家都将本币与美元之间的汇率确定为基本汇率。

套算汇率又称交叉汇率，是指利用两个基本汇率套算出的本币与非关键货币之间的汇率。一般而言，套算汇率是利用两个美元汇率套算出两种非美元货币汇率。

（三）即期汇率和远期汇率

根据外汇交易的交割期限的不同，汇率可分为即期汇率和远期汇率。

即期汇率又称现汇汇率，是即期外汇交易使用的汇率，即外汇买卖双方成交后在两个营业日内完成交割时使用的汇率。远期汇率又称期汇汇率，是远期外汇交易使用的汇率，即外汇买卖双方成交时约定在未来某个时间进行交割时使用的汇率。

即期汇率与远期汇率通常是不相等的。一般而言，远期汇率的买卖价差大于即期汇率的买卖价差，并且期限越长，买卖价差越大。这主要是因为随着期限的延长，银行面临的汇率风险增加，要求的收益也就越高，表现为远期汇率的买卖价差更大。

（四）电汇汇率、信汇汇率、票汇汇率

根据银行付汇方式的不同，汇率可分为电汇汇率、信汇汇率、票汇汇率。

电汇汇率（Telegraphic Transfer Exchange Rate，T/T Rate）也称电汇价，是买卖外汇时以电汇方式支付外汇所使用的汇率。电汇是银行在支付外汇时，采用电报、电传等方式通知国外分支机构或代理行解付汇款，其特点是外汇解付迅速，银行占用利息较少，能减少汇率

波动风险，因此国际支付大多采用电汇的方式。但一般情况下，电汇汇率价格较高。

信汇汇率（Mail Transfer Exchange Rate，M/T Rate）也称信汇价，是买卖外汇时以信汇方式支付外汇所使用的汇率。信汇一般采用信函方式通知解付行支付外汇，因此所用时间比电汇长，银行可以在一定时期内占用客户资金，故信汇的价格通常比电汇低一些。

票汇汇率（Demand Draft Exchange Rate，D/D Rate）也称票汇价，是买卖外汇时以票汇方式支付外汇所使用的汇率。通常情况下，银行在卖出外汇时，开立由其国外分支机构或代理行解付汇款的汇票，交由汇款人自带或寄往国外进行解付。票汇汇率较低，其汇率水平不仅取决于期限长短，而且取决于外汇汇率的预期变化。

第三节　汇率变动的影响

汇率是连接国内外商品市场和金融市场的一条重要纽带。一方面，汇率的变动受一系列经济因素的影响；另一方面，汇率的变动会对其他经济因素产生广泛的影响。了解汇率变动对经济的影响，无论对于一国制定汇率政策，还是对于一个企业进行汇率风险管理，都具有重要意义。

一、汇率变动对国际收支的影响

（一）汇率变动对贸易收支的影响

一国货币汇率变动，会使该国进出口商品价格相应涨跌，抑制或刺激国内外居民对进出口商品的需求，从而影响进出口规模和贸易收支。例如：一国货币贬值（即汇率下浮），以外币表示的本国出口商品价格下降，从而有利于扩大本国出口；与此同时，以本币所表示的进口商品的价格上涨，从而抑制本国居民对进口商品的需求。在进出口需求弹性满足马歇尔-勒纳条件的情况下，出口的扩大、进口的减少，有利于货币贬值国家改善贸易收支。反之，一国货币升值（即汇率上浮），其结果则与上述情况相反。

金融视野

马歇尔-勒纳条件

马歇尔-勒纳条件是由英国经济学家阿尔弗雷德·马歇尔（Alfred Marshall）和美国经济学家阿巴·勒纳（Abba Lerner）揭示的关于一国货币的贬值与该国贸易收支改善程度的关系。

一国货币相对于他国货币贬值，能否改善该国的贸易收支状况，主要取决于贸易商品的需求和供给弹性。在假定一国非充分就业，因而拥有足够的闲置生产资源使出口商品的供给具有完全弹性的前提下，贬值效果便取决于需求弹性。需求弹性是指价格变动所引起的进出口需求数量的变动程度。如果数量变动大于价格变动，需求弹性便大于1，反之，需求弹性便小于1，只有当贬值国进口需求弹性大于0（进口减少）与出口需求弹性大于1（出口增加）时，贬值才能改善贸易收支，即本币贬值会改善贸易逆差，但需要的具体条件是进出口需求弹性之和必须大于1，即（DX＋DM）＞1（DX、DM分别代表出口和进口的需求弹性）。此即马歇尔-勒纳条件。

（二）汇率变动对非贸易收支的影响

1. 汇率变动对无形贸易收支的影响

一国货币贬值，本币的购买力相对降低，而外币购买力相对提高，本国商品和劳务等费用与外国相比便宜，这将促进本国劳务输出和本国旅游收入增加，有利于改善旅游业与劳务状况。一国货币升值，其作用则与此相反。当然，汇率变动的这一影响应以货币贬值国家国内物价不变或上涨相对缓慢为前提。

2. 汇率变动对单方面转移收支的影响

当一国货币贬值时，如果国内物价不变或上涨相对缓慢，一般对该国的单方面转移收支会发生不利影响。以侨汇为例，侨汇大多是赡家汇款，货币贬值后，旅居国外的侨民只需汇回国内少于贬值前的外币，就可以维持国内亲属的生活费用需要，从而减少该国侨汇收入。一国货币如果对外升值，则其结果与此相反。

（三）汇率变动对资本流动的影响

资本从一国流向另一国，主要是追求利润和避免损失，因而汇率变动会影响资本流动。若一国货币贬值而未贬值到位，国内资本的持有者和外国投资者为避免货币进一步贬值而蒙受损失，就会将资本调离该国，进行资本逃避。若该国货币贬值且已贬值到位，在具备投资环境的条件下，投资者不再担心贬值受损，外逃的资本就会流回国内。当然，若货币贬值过头，投资者预期汇率将会反弹，就会将资本输入该国，以牟取汇率将来升值带来的好处。关于货币升值对于资本流动的影响，一般则相反。需要说明的是，汇率变动对资本流动的上述影响，是以通货膨胀、利率等因素不变或相对缓慢变动为前提的。

（四）汇率变动对外汇储备的影响

（1）本国货币汇率变动通过资本流动和进出口贸易额的增减，直接影响本国外汇储备的增加或减少。一般而言，一国货币汇率稳定，有利于该国引进外资，从而会增加该国的外汇储备；反之，则会引起资本外流，从而减少该国的外汇储备。当一国汇率变动，使其出口额大于进口额时，其外汇收入将会增加，储备状况也会改善；反之，储备状况则会恶化。

（2）储备货币贬值，使持有储备货币国家的外汇储备的实际价值遭受损失。而储备货币国家则因储备货币贬值减少了债务负担，又可从中受益。

二、汇率变动对国内经济的影响

（一）汇率变动对国内物价的影响

一国货币贬值，一方面有利于出口，国内商品供应相对减少，货币供给增加，促进物价上涨；另一方面进口原材料的本币成本上升，从而带动国内与进口原材料有关的商品价格上涨。一国货币升值，其结果一般与此相反。

（二）汇率变动对国民收入与就业的影响

由于一国货币贬值，有利于出口，而不利于进口，因此将会使闲置资源向出口商品生产部门转移，并促使进口替代品的生产部门发展。这将促进该国扩大生产，增加就业和国民收入。汇率变动的这一影响是以该国有闲置资源为前提的。如果一国货币升值，就会导致该国产出、国民收入和就业机会的减少。

三、汇率变动对世界经济的影响

（一）汇率变动对国际贸易的影响

汇率不稳定，会影响国际贸易的正常开展。一些国家利用货币贬值，扩大出口，争夺国际市场，引发其他国家采取报复性措施，或实行货币贬值，或采取保护性贸易措施，从而引发货币战和贸易战，破坏了国际贸易的正常发展，不利于国际经济的良性循环。

（二）汇率变动对国际储备的影响

汇率不稳定，会影响某些储备货币的地位和作用，促进国际储备货币的多元化。某些储备货币国家的国际收支恶化，货币不断贬值，汇率不断下跌，削弱了其储备货币的地位和作用；而有些国家由于国际收支持续顺差，黄金外汇储备充裕，货币汇率稳中趋升，因此其货币在国际结算领域中的地位和作用日益加强。把部分有潜力的货币列为储备币种，将进一步促进国际储备货币的多元化。

（三）汇率变动对国际金融市场动荡和国际金融业务创新的影响

汇率不稳定，虽然加剧了投机和国际金融市场的动荡，但是促进了国际金融业务的不断创新。汇率不稳定还会导致外汇投机的盛行，造成国际金融市场的动荡与混乱，如1992—1993年的欧洲汇率机制危机就是外汇投机造成的。与此同时，汇率不稳定与动荡不安，加剧了国际贸易与金融的汇率风险，又进一步促进了期货、期权、货币互换等金融衍生产品交易的出现，使国际金融业务形式与市场机制不断创新。

案例分析

广场协议与日本经济

20 世纪 80 年代初期，美国财政赤字剧增，对外贸易逆差大幅增长。美国希望通过美元贬值来增强产品的出口竞争力，以改善美国国际收支的不平衡状况。1985 年 9 月 22 日，美国、日本、联邦德国、法国以及英国的财政部长和中央银行行长（简称 G5）在纽约广场饭店举行会议，达成五国政府联合干预外汇市场，诱导美元对主要货币的汇率有秩序地贬值，以解决美国巨额贸易赤字问题的协议。因该协议在广场饭店签署，故又被称为"广场协议"。广场协议签订后，上述五国开始联合干预外汇市场，在国际外汇市场大量抛售美元，继而形成市场投资者的抛售狂潮，导致美元持续大幅度贬值。1985 年 9 月，美元兑日元在 1 美元兑 250 日元上下波动。在不到 3 年的时间里，美元对日元贬值了近 50%，也就是说，日元对美元升值了近 1 倍。

广场协议签订之后的 10 年内，日元持续升值，不仅对日本以出口为主导的产业产生很大的影响，也给国际资本投资日本的股市和房市一个稳赚不赔的保险。广场协议签订后近 5 年时间里，日本股价每年以 30%、地价每年以 15% 的幅度增长，而同期日本名义 GDP 的年增幅只有 5% 左右。泡沫经济离实体经济越来越远，虽然当时日本人均 GNP 超过美国，但国内高昂的房价使得拥有自己的住房变成普通日本民众遥不可及的事情。1989 年，日本政府开始施行紧缩的货币政策，戳破了经济泡沫，股价和地价短期内下跌 50% 左右，银行形成大量坏账，日本经济由此进入衰退期。

资料来源：张柘雨.日本签订"广场协议"前后的那段历史［EB/OL］.雪球网，2018-12-20.

思考：汇率变动对日本经济产生了哪些影响？

第四节 外汇市场

一、外汇市场的概念

外汇市场是指个人、企业、银行和经纪人从事外汇交易的组织系统、场所或网络。国际上因贸易、投资、旅游等经济往来，不可避免地会产生货币收支关系。但各国货币制度不同，要想在国外支付，必须先以本国货币购买外币；而从国外收到的外币支付凭证也必须兑换成本国货币才能在国内流通。这样就发生了本国货币与外国货币的兑换问题。这就是外汇市场出现的直接原因。

二、外汇市场的主要参与者

（一）做市商（外汇银行）

做市商制度是一种市场交易制度，由具备一定实力和信誉的法人充当做市商，不断地向投资者提供买卖价格，并按其提供的价格接受投资者的买卖要求，从而为市场提供流动性，增加市场活跃度，并通过买卖价差实现一定利润。简单说就是：报出价格，并能按这个价格买入或卖出。做市商制度在提高市场交易效率、转移和分担风险、促进市场发展等方面具有重要作用。

商业银行是外汇市场的做市商，是外汇市场的中心，充当外汇买卖、资金融通的媒介。它们一方面直接为外汇供求者提供外汇买卖和结算服务；另一方面通过外汇经纪人的中介作用，与其他外汇银行、中央银行等发生外汇买卖关系，以调整本身的外汇头寸或进行外汇投机。

我国于 2005 年在银行间外汇市场引入做市商制度，凡符合条件的外汇指定银行均可持规定的申请材料，向国家外汇管理局申请做市商资格。

（二）经纪人

经纪人具体包括外汇经纪人和外汇交易员。外汇经纪人是专门介绍外汇买卖业务、促使买卖双方成交的中间人。外汇经纪人分为两类：一类是一般经纪人，他们用自有资金参与外汇买卖活动，并承担损益；另一类是跑街经纪人，俗称掮客，他们不参与外汇买卖活动，仅凭提供信息收取佣金，代客户买卖外汇。外汇经纪人主要依靠提供最新、最可靠、对客户最有利的信息而生存，因此他们拥有庞大的信息网络和先进的通信网络，善于捕捉并利用信息，开发获利渠道。外汇经纪人在外汇市场上是一支非常活跃的队伍，即使许多大银行能够独立进行外汇买卖，它们也愿意通过经纪人进行交易，原因有二：一是经纪人能报出最有利的价格，二是大银行可以免于暴露自己的经营活动，保护自己，顺利实施市场战略。外汇交易员是外汇银行中专门从事外汇交易的人员，交易员向客户报价，代银行进行外汇买卖。根据承担工作的责任不同，外汇交易员可分为首席交易员、高级交易员、交易员、初级交易员和实习交易员。

（三）中央银行

中央银行是外汇市场的特殊参与者，它进行外汇买卖不是为了谋取利润，而是为了监督和管理外汇市场，引导汇率变动方向，使之有利于本国宏观经济政策的贯彻或符合国际协定的要求。

（四）一般客户

一般客户是指外汇市场上除外汇银行之外的企业、机关、团体。它们是外汇的最初供应者和最终需求者，如从事进出口贸易的企业、进行跨国投资的企业和偿还外币负债的企业，以及需要汇款的个人等。一般客户的外汇买卖活动反映了外汇市场的实质性供求，尽管这部分交易在外汇市场交易中所占比重不大，但对一国国民经济会产生实际影响。

三、外汇市场的分类

（一）按照外汇交易主体分类

按照外汇交易主体，外汇市场可分为银行间外汇市场和客户市场。

银行间外汇市场是指由外汇银行之间相互买卖外汇而形成的市场。银行间外汇市场是现今外汇市场的主体，其交易量占整个外汇市场交易量的 90％ 以上，又称作外汇批发市场。

客户市场是指外汇银行与一般客户进行交易的市场。客户市场的交易量占整个外汇市场交易总量的比重不足 10％，又称作外汇零售市场。

金融视野

我国银行间外汇市场的发展历程

1994 年以前，我国先后经历了固定汇率制度和双轨汇率制度。1994 年 1 月 1 日起，我国外汇管理体制进行了重大改革：汇率并轨，实行以市场供求为基础的、单一的、有管理的浮动汇率制度；取消外汇留成和上缴，实行银行结售汇制度。企业和个人按规定向银行结汇、售汇，银行则进入银行间外汇市场进行交易。

1994 年 4 月 4 日，中国外汇交易系统启动运营，全国统一、规范的银行间外汇市场正式建立。银行间外汇市场主要为外汇指定银行平补结售汇头寸余缺及其清算提供服务，外汇指定银行为交易主体，外汇管理部门对银行结售汇周转头寸实行上下限额管理，对于超过或不足限额的部分，银行可通过银行间外汇市场售出或补充。

我国银行间外汇市场自建立以来发展迅速，交易主体不断增加，交易品种不断丰富，业务范围不断扩大，服务时间不断延长。1994 年 4 月 5 日，增设港币交易。1995 年 3 月 1 日，增设日元交易。2002 年 4 月 1 日，增设欧元交易。2003 年 10 月 1 日起，允许交易主体当日进行买卖双向交易。2005 年 5 月 18 日，增设 8 种外币对交易。2005 年 8 月 15 日，推出远期外汇交易。2006 年 1 月 4 日，开始即期交易，增加询价方式，并正式引入做市商制度。2006 年 4 月 24 日，推出人民币与外币掉期业务。2006 年 8 月 1 日，增设英镑交易。在增设交易品种的同时，交易时间进一步延长。2003 年 2 月 8 日起，即期竞价交易时间从 9:20—11:00 延长到 9:30—15:30；2006 年 10 月 9 日起，即期竞价交易收市时间进一步延长到 17:30，与即期询价交易的收市时间保持一致。

（二）按照外汇市场的外部形态分类

按照外汇市场的外部形态，外汇市场可分为有形外汇市场和无形外汇市场。

有形外汇市场是指有固定、具体场所的外汇市场。这种市场最初流行于欧洲大陆，故其组织形式被称为大陆方式。有形外汇市场的主要特点如下：第一，固定场所一般指外汇交易所，通常位于各国金融中心；第二，从事外汇业务经营的双方都在每个交易日的规定时间内进行外汇交易。在自由竞争时期，西方各国的外汇买卖主要集中在外汇交易所。但进入垄断阶段后，银行垄断了外汇交易，致使外汇交易所日渐衰落。

无形外汇市场是指没有固定、具体场所的外汇市场。这种市场最初流行于英国和美国，故其组织形式被称为英美方式。现在，这种组织形式不仅扩展到加拿大、日本等其他国家，而且渗入欧洲大陆。无形外汇市场的主要特点如下：第一，没有确定的开盘与收盘时间；第二，外汇买卖双方无须进行面对面的交易，外汇供给者和需求者凭借电传、电报和电话等通信设备与外汇机构联系；第三，各主体之间有较好的信任关系，否则，这种交易难以完成。目前，除了欧洲大陆个别国家的一部分银行与顾客之间的外汇交易还在外汇交易所进行外，世界各国的外汇交易均通过现代通信网络进行。无形外汇市场已成为当今外汇市场的主导形式。

（三）按照空间范围分类

按照空间范围，外汇市场可分为区域性外汇市场和国际性外汇市场。

区域性外汇市场是指由某一个国家或地区的外汇指定银行、外汇经纪人和客户组成，仅限于居民参加交易的外汇市场。

国际性外汇市场是指居民和非居民都可以参加交易的外汇市场，如伦敦、新加坡、东京外汇市场。国际性外汇市场的币种比较集中，大多数交易所用的货币主要集中在美元、欧元、日元、英镑和瑞士法郎。

（四）按照外汇所受管制程度分类

按照外汇所受管制程度，外汇市场可分为自由外汇市场、外汇黑市和外汇官方市场。

自由外汇市场是指政府、机构和个人可以买卖任何币种、任何数量外汇的市场。自由外汇市场的主要特点是：第一，买卖的外汇不受管制；第二，交易过程公开。例如：美国、英国、法国、瑞士的外汇市场皆属于自由外汇市场。

外汇黑市是指非法进行外汇买卖的市场。外汇黑市的主要特点是：第一，外汇黑市是在政府限制或法律禁止外汇交易的条件下产生的；第二，交易过程具有非公开性。由于发展中国家大多执行外汇管制政策，不允许自由外汇市场存在，因此这些国家的外汇黑市比较普遍。

外汇官方市场是指按照政府的外汇管制法令来买卖外汇的市场。这种外汇市场对参与主体、汇价和交易过程都有具体的规定。在发展中国家，外汇官方市场较为普遍。

四、外汇市场的特点

（一）24 小时全天候交易

外汇市场是一个全球性的市场，由于全球各金融中心的地理位置不同，亚洲市场、欧洲市场、美洲市场因时差的关系，刚好连接成了一个全天 24 小时连续作业的全球外汇市场。

如此 24 小时不间断运行，外汇市场成为一个不分昼夜的市场，只有星期六、星期日以及各国的重大节日，外汇市场才会关闭。这种连续作业形式为投资者提供了没有时间和空间障碍的理想投资场所，投资者可以寻找最适合的时机进行交易。这是其他金融投资方式所不具备的优势，因此外汇市场吸引了越来越多的人加入。

（二）有市无场

其他金融市场是"有市有场"：西方发达国家的金融业基本上有两套系统，即集中买卖的中央操作和没有统一固定场所的行商网络。股票是通过交易所买卖的，如美国的纽约证券交易所、我国的上海证券交易所。集中买卖的金融商品，其报价、交易时间和交收程序都有统一的规定，并成立了同业协会，制定了同业守则。投资者要通过经纪公司买卖所需的商品，这就是"有市有场"。

外汇市场则是"有市无场"：外汇买卖是通过没有统一操作市场的行商网络进行的，不像股票交易有集中统一的地点。但是，外汇交易的网络是全球性的，市场由大家认同的方式和先进的信息系统连接，经纪人也不具有任何组织的会员资格，但必须获得同行业的信任和认可，部分国家已逐步开始对经纪人进行监管。这种没有统一场地的外汇交易市场被称为"有市无场"。

全球外汇市场每天平均交易额达数万亿美元，只有这种"有市无场"的外汇市场才能在如此大交易量的情况下，保证交易的即时性和成交的可靠性。市场资金就是在这种既无集中的场所又无中央清算系统的管制，以及没有政府的监督下完成安全清算和转移的。

（三）零和博弈

在股票市场上，如果某只股票的价格或者整个股票市场的股票价格出现上升或者下降，那么某只股票的价值或者整个股票市场的股票价值也会上升或下降。例如：在中国股市，某只股票的价格从 10 元下跌到 5 元，那么这只股票的价值也随之减少一半，股东资产也会相应地缩水。股票市场是能通过上市公司的发展而产生价值的。

然而，在外汇市场上，汇价的波动所表示的价值量的变化和股票价值量的变化完全不一样，这是由于汇率是两国货币的交换比率，汇率的变化也就是一种货币价值的减少与另一种货币价值的增加。

例如，欧元对美元的汇率从 1.366 6 变动为 1.279 0，这说明欧元币值在下降、美元币值在上升，但从总的价值上来讲，既没有增加价值，也没有减少价值。因此，我们说外汇交易是零和博弈，更确切地说是财富的转移，每天都在进行的"财富重新分配"。

案 例 分 析

外汇市场交易最火

全球金融市场哪个领域最火？是股票、债券还是大宗商品？都不对，是外汇市场。

债券研究公司 LearnBonds 的数据显示，过去十年里，外汇交易额每日增长 40%，目前全球外汇市场的每日成交额达 6.6 万亿美元。LearnBonds 称，这是自 2010 年每日外汇交易额达 4 万亿美元以来达到的最高值。此次 25% 的增长也是 2001 年以来出现的首次大幅增长。

资料来源：新浪财经. 发展势头良好，2020 年全球外汇市场日交易量达 6.6 万亿美元 [EB/OL]. 新浪网，2020 - 01 - 26.

思考：为什么全球外汇市场的交易量最大，超过股票、债券等其他交易市场？

五、外汇市场的功能

外汇市场的功能主要表现在三个方面：一是实现购买力的国际转移，二是提供资金融通，三是提供外汇保值和投机的市场机制。

（一）实现购买力的国际转移

国际贸易和国际资金融通至少涉及两种货币，而不同的货币对不同的国家形成购买力，这就要求将本国货币兑换成外币来清理债权债务关系，使购买行为得以实现。这种兑换就是在外汇市场上进行的。外汇市场所提供的就是这种购买力转移交易得以顺利进行的经济机制，它的存在使各种潜在的外汇售出者和外汇购买者的意愿能联系起来。当外汇市场汇率变动使外汇供应量正好等于外汇需求量时，所有潜在的售出和购买愿望都得到了满足，外汇市场处于平衡状态。这样，外汇市场就提供了一种购买力国际转移机制。同时，发达的通信工具已将外汇市场在世界范围内连成一个整体，使得货币兑换和资金汇付能够在极短时间内完成，购买力的这种转移变得迅速和方便。

（二）提供资金融通

外汇市场向国际交易者提供了资金融通的便利。外汇的存贷款业务集中了各国的社会闲置资金，从而能够调剂余缺，加快资本周转。外汇市场为国际贸易的顺利开展提供了保证，当进口商没有足够的现款提货时，出口商可以向进口商开出汇票，允许延期付款，同时以贴现票据的方式将汇票出售，拿回货款。外汇市场便利的资金融通功能也促进了国际借贷和国际投资活动的顺利进行。美国发行的国库券和政府债券中很大部分是由外国官方机构和企业购买并持有的，这种证券投资在脱离外汇市场的情况下是不可想象的。

（三）提供外汇保值和投机的市场机制

在以外汇计价成交的国际经济交易中，交易双方都面临着外汇风险。由于对外汇风险的判断和偏好的不同，有的参与者宁可花费一定的成本来转移风险，而有的参与者则愿意承担风险以实现预期利润，因此产生了外汇保值和外汇投机两种不同的行为。在金本位和固定汇率制下，汇率基本上是平稳的，因而就不会形成外汇保值和外汇投机的需要及可能。而在浮动汇率制下，外汇市场的功能得到了进一步的发展，外汇市场的存在既为套期保值者提供了规避外汇风险的场所，又为投机者提供了承担风险、获取利润的机会。

本章小结

1. 外汇的概念包括动态和静态两个方面。动态含义的外汇是指把一国的货币兑换成另一国的货币，用以清偿国际债权债务关系的行为和过程。静态含义的外汇是指外币及以外币表示的可用于国际支付的手段和资产。外汇的功能包括用于国际支付和结算、调剂国际资金余缺和充当国际储备。

2. 汇率也称为汇价、外汇行市、外汇牌价，是两国货币的兑换比率，即用一种货币表示另一种货币的价格。汇率的标价方法有直接标价法、间接标价法和美元标价法三类。按照不同的分类方法，汇率可分为买入汇率、卖出汇率、中间汇率和现钞汇率，基本汇率和套算汇率，即期汇率和远期汇率，电汇汇率、信汇汇率和票汇汇率等。

3. 汇率变动的影响包括对国际收支的影响、对国内经济的影响和对世界经济的影响等多个方面。

4. 外汇市场是指个人、企业、银行和经纪人从事外汇交易的组织系统、场所或网络。其主要参与者包括做市商（外汇银行）、经纪人、中央银行、一般客户四类。外汇市场具有 24 小时全天候交易、有市无场、零和博弈等特点。

想一想

1. 外汇有哪几种形式？请举例说明。
2. 请结合汇率变动的影响来分析人民币升值产生的影响。
3. 外汇市场的主要参与者有哪些？其参与外汇交易的目的是什么？

练一练

1. 请用货币符号表示主要外币对人民币的汇率，并举例说明什么是升值、贬值。

2. 汇率有几种标价方法？请分别举例说明。

3. 某日，GBP/USD＝1.280 6～1.281 0，其中 GBP 的买入价是_____、卖出价是_____；在这个汇率表示中，基准货币是_____，报价货币是_____。

算一算

请你为自己或亲戚、朋友制订一份出境旅游的资金（外汇）准备计划，并根据时间长短、目的地（国家或地区）以及目的地的国际金融服务情况估算一下需要兑换的外汇金额。

查一查

---

1. 查一查自 2005 年以来人民币对美元的汇率走势，谈谈你的看法。

2. 查一查最近一个月人民币对美元是升值还是贬值，思考人民币对美元的升值或贬值受到哪些因素的影响。

第七章

理 解 运 行

知识目标
- 了解中央银行的各种业务
- 掌握中央银行的性质和职能
- 了解货币需求理论
- 掌握基础货币和货币乘数
- 了解金融风险的含义和种类

能力目标
- 分析决定货币需求的各种因素
- 解释银行信用创造的过程
- 分析金融风险产生的原因
- 区分不同类型的金融风险
- 针对不同金融风险制定风险管理方案

小金报名参加了一个培训班，要交一笔报名费。于是，小金到银行ATM（自动取款机）取钱，根据提示操作后，ATM"吐"出了一沓钞票。

看着这叠崭新的百元钞票，小金忽然产生了一个奇怪的想法：钱从哪里来？

钱是从ATM里提取出来的，是从银行取出的。那么银行的钱又从哪里来？从印钞厂来？谁在指挥印钞厂印钞票？该印多少？

思考：你认为钱从哪里来？你产生过和小金一样的疑问吗？印钞厂印多少钞票有规定吗？印多少才是合理的？

第一节　中央银行的性质和职能

中央银行的产生是经济、社会发展的特定产物，到现在为止已有300多年的历史。最早的中央银行产生于17世纪中后期，当时资本主义经济已经发生深刻变化，商品经济迅猛发展，信用制度和银行普遍发展。在这一过程中，出现了信用、银行券流通、票据交换以及金融监管等一系列问题，这些问题的出现为中央银行的产生提供了客观经济基础。

一、中央银行的性质

中央银行是一国金融体系的核心，在一国金融业中处于领导地位，其性质是由业务活动特点和所发挥的作用决定的。

第一，从中央银行的业务活动特点来看，它是特殊的金融机构，不以营利为目的。其业务服务对象是商业银行等金融机构，不与一般的工商客户和居民个人打交道。中央银行负责货币发行、管理货币流通、集中存款准备金、维护支付清算系统的正常运行、代理国库、管理国家黄金外汇储备等工作。

第二，从中央银行发挥的作用来看，它是宏观经济运行的调控中心，是保障金融稳健运行、调控宏观经济的国家行政机构。中央银行处于整个社会资金运动的中心环节，是国民经济运行的枢纽，是货币供给的提供者和信用活动的调节者，对金融业的监督管理，对货币、信用的调控及对宏观经济运行发挥着重要的影响。

第三，中央银行是管理国家金融事业的机关，承担政府金融管理的职能。从隶属关系来看，中央银行大都隶属于政府或国家权力机关。1984年1月1日，中国人民银行正式开始专门行使中央银行职能。

英格兰银行的建立

英格兰银行是于 1694 年创立的，创立的目的是集资 120 万英镑按年息 8％贷款给英国国王威廉三世，以支持其在欧洲大陆的军事行动。当时，正值英法战争时期，庞大的战争开支使得英国政府入不敷出，加上英国当时贪污盛行、税收短绌，英国财政陷入困境。为了弥补财政支出，英国王室同意英格兰人威廉·帕特森（William Paterson）等人的提议，由本来已是政府债权人的金匠们募集 120 万英镑作为股本，建立银行，对政府放款。这一倡议于 1694 年由英国国会制定法案同意实行。

尽管英格兰银行是世界上最古老的中央银行，但是其在成立时，并没有充当中央银行的意图。英格兰银行在成立时是一个较大的股份制银行，其实力和声誉高于其他银行，并且同政府有着特殊的关系，但它所经营的仍是一般银行业务，如对一般客户提供贷款、存款以及贴现等。

二、中央银行的职能

（一）发行的银行

中央银行作为发行的银行，是指其垄断了货币发行权，是该国唯一的货币发行机关。这是中央银行首要和基本的职能。中央银行发行货币的信用基础，在金本位制下，是其集中的黄金储备；在信用货币制度下，是其所代表的国家信用。中央银行根据货币政策目标要求，根据经济运行对货币的客观要求，在其与商业银行等金融机构的业务往来过程中，具体行使货币发行职能。中央银行发行货币的目的是执行货币政策，使得"保持货币币值稳定"的货币政策基本目标得以实现。在发行货币的过程中必须遵循一些基本原则：垄断发行原则、信用保证原则和弹性发行原则。

中国人民银行 2020 年贵金属纪念币项目发行计划

中国人民银行 2020 年贵金属纪念币项目发行计划共包括 10 个项目，涉及 61 个品种。

这 10 个项目是：2020 版熊猫金银纪念币、2020 年贺岁银质纪念币、2020 吉祥文化金银纪念币、紫禁城建成 600 年金银纪念币、中国书法艺术（楷书）金银纪念币、世界遗产（良渚古城遗址）金银纪念币、中国能工巧匠金银纪念币（第 2 组）、第 24 届冬季奥林匹克运动会金银纪念币（第 1 组）、2020 北京国际钱币博览会银质纪念币、2021 中国辛丑（牛）年金银纪念币。

资料来源：中国人民银行网站.

（二）银行的银行

中央银行作为银行的银行，是指其与商业银行和其他金融机构的特殊业务关系。这种特殊业务关系主要体现在以下三个方面：

1. 集中存款准备金

现代的中央银行通常规定，商业银行和其他金融机构必须依法向中央银行缴存一部分存款准备金，这就是法定存款准备金制度。其主要目的是：一方面，保证存款机构的清偿能力，以备客户提现，从而保证存款人的资金安全以及银行等金融机构的安全；另一方面，有利于中央银行调节信用规模和控制货币供应量。由于存款准备金制度是现代中央银行-商业银行二级银行体制下信用货币创造的基础之一，中央银行通常掌握确定法定存款准备金率和相关事项的权力，这就使存款准备金制度成为现代中央银行制度下货币政策的一项重要操作工具。

2. 最终贷款人

最终贷款人是指中央银行负有维护金融稳定的责任，可以根据情况向出现流动性问题的商业银行和金融机构提供资金援助，避免由银行支付链条中断而引起的金融危机。中央银行向商业银行提供资金的主要方式是将其持有的票据向中央银行办理再贴现、再抵押，或直接取得贷款。当然，这种融资制度的作用也仅仅局限于中央银行向商业银行提供资金。因为再贴现、再抵押或直接贷款的条件都是由中央银行制定的，所以，中央银行可以通过主动地改变有关融资条件、提高或降低再贴现率、规定再贴现票据的种类等，来调节商业银行的信贷能力，以协助实现货币政策目标。从这一角度来看，最初为发挥最终贷款人作用而设计的融资制度就发展成为中央银行的货币政策工具之一，即再贴现政策。

3. 组织全国清算

商业银行每天都要受理大量的票据，面对各银行间复杂的债权债务关系，中央银行采取各银行每日清算差额的办法，大大提高了资金清算的效率。

（三）国家的银行

中央银行作为国家的银行，是指其代表国家贯彻执行财政政策，代理国库收支，以及为国家提供各种金融服务。中央银行作为国家银行的职能，主要体现在以下几个方面：

1. 代理国库

代理国库是指政府收入与支出均通过财政部在中央银行开立的各种账户进行，具体包括按国家预算要求协助财政、税务部门收缴国库库款，根据财政支付命令向经费单位划拨资金，随时反映经办预算收支上缴下拨过程中掌握的预算执行情况。

2. 代理国家债券发行

中央银行通常代理国家发行债券及债券到期时的还本付息事宜。

3. 对国家给予信贷支持

中央银行作为国家的银行，在国家财政出现收不抵支的情况下，一般有提供信贷支持的义务。这种信贷支持采取多种方式：一是直接给国家财政贷款，这主要用于解决财政先支后收等暂时性的问题，各国中央银行一般不能向财政提供长期贷款；二是购买国家公债，中央银行在一级市场上购买国家公债，资金直接形成财政收入，流入国库，如果在二级市场上购买国家公债，资金就间接地流向财政，无论是直接还是间接，中央银行只要持有国债，就表明对国家进行了融资。

4. 保管和管理黄金、外汇储备

中央银行通过为国家管理黄金外汇储备，以及根据国内、国际情况适时适量地购进、卖出外汇和黄金储备，可以起到稳定币值和汇率、调节国际收支、保证国际收支平衡的作用。

5. 充当政府的金融顾问

中央银行代表政府参加国际金融组织，出席各种国际金融会议，在国内外经济金融活动中，充当政府的金融顾问，提供经济、金融情报和决策建议。

金融视野

中国人民银行的主要职责

中国人民银行的主要职责为：

（一）拟订金融业改革和发展战略规划，承担综合研究并协调解决金融运行中的重大问题、促进金融业协调健康发展的责任，参与评估重大金融并购活动对国家金融安全的影响并提出政策建议，促进金融业有序开放。

（二）起草有关法律和行政法规草案，完善有关金融机构运行规则，发布与履行职责有关的命令和规章。

（三）依法制定和执行货币政策；制定和实施宏观信贷指导政策。

（四）完善金融宏观调控体系，负责防范、化解系统性金融风险，维护国家金融稳定与安全。

（五）负责制定和实施人民币汇率政策，不断完善汇率形成机制，维护国际收支平衡，实施外汇管理，负责对国际金融市场的跟踪监测和风险预警，监测和管理跨境资本流动，持有、管理和经营国家外汇储备和黄金储备。

（六）监督管理银行间同业拆借市场、银行间债券市场、银行间票据市场、银行间外汇市场和黄金市场及上述市场的有关衍生产品交易。

（七）负责会同金融监管部门制定金融控股公司的监管规则和交叉性金融业务的标准、规范，负责金融控股公司和交叉性金融工具的监测。

（八）承担最后贷款人的责任，负责对因化解金融风险而使用中央银行资金机构的行为进行检查监督。

（九）制定和组织实施金融业综合统计制度，负责数据汇总和宏观经济分析与预测，统一编制全国金融统计数据、报表，并按国家有关规定予以公布。

（十）组织制定金融业信息化发展规划，负责金融标准化的组织管理协调工作，指导金融业信息安全工作。

（十一）发行人民币，管理人民币流通。

（十二）制定全国支付体系发展规划，统筹协调全国支付体系建设，会同有关部门制定支付结算规则，负责全国支付、清算系统的正常运行。

（十三）经理国库。

（十四）承担全国反洗钱工作的组织协调和监督管理的责任，负责涉嫌洗钱及恐怖活动的资金监测。

（十五）管理征信业，推动建立社会信用体系。

（十六）从事与中国人民银行业务有关的国际金融活动。

（十七）按照有关规定从事金融业务活动。

（十八）承办国务院交办的其他事项。

资料来源：中国人民银行网站.

案例分析

美国中央银行的建立和功能

20世纪以前，美国政治的一个主要特征是对中央集权的恐惧。这不仅体现在宪法的制约与平衡上，也体现在对各州权利的保护上。对中央集权的恐惧，是造成美国人对建立中央银行抱有敌意的原因之一。除此以外，传统的美国人对于金融业一向持怀疑态度，而中央银行又正好是金融业的最突出代表，公众对中央银行的公开敌视，使得美国旨在建立一个中央银行以管辖银行体系的尝试先后两次归于失败。1811年，美国第一银行被解散；1832年，美国第二银行延长经营许可证期限的要求遭到否决，随后，因其许可证期满在1836年停业。

1836年，美国第二银行停业后，由于不存在能够向银行体系提供准备金以避免银行业恐慌的最后贷款人，因此给美国金融市场带来了麻烦。19世纪和20世纪早期，全国性的银行恐慌已成为有规律的事情，1837年、1857年、1873年、1884年、1893年和1907年，美国都曾爆发过银行恐慌。1907年银行恐慌造成的广泛的银行倒闭和存款者的大量损失，终于使美国公众相信需要有一个中央银行来防止再度发生恐慌。

不过，美国公众基于对银行和中央银行的敌视态度，对建立类似英格兰银行的单一制中央银行还是大力反对的。一方面，他们担心华尔街的金融业（包括最大的公司和银行）可能操纵这样一个机构，从而对整个经济加以控制；另一方面，他们担心联邦政府利用中央银行过多干预私人银行的事务。所以，在中央银行应该是一家私人银行还是一个政府机构的问题上，美国公众存在严重的分歧。最终，依据美国传统，国会便把一整套精心设计的带有制约和平衡特点的制度，写入了 1913 年的《联邦储备法》，从而创立了拥有 12 家地区联邦储备银行的联邦储备系统。

美国当初建立联邦储备系统，首先是为了防止银行恐慌并促进商业繁荣，其次才是充当政府的银行。但是第一次世界大战结束后，美国取代英国成为世界金融中心，联邦储备系统便成为能够影响世界货币结构的独立的巨大力量。20 世纪 20 年代是联邦储备系统取得重大成功的时代。当经济出现摇摆的迹象时，就提高货币的增长率；当经济开始以较快的速度扩张时，就降低货币的增长率。虽然联邦储备系统并没有使经济免于波动，但它的确缓和了波动。

思考： 美国的中央银行的名称是什么？美国的中央银行发挥了怎样的作用？

第二节　中央银行的主要业务

中央银行的主要业务反映在它的资产负债表上，包括负债业务、资产业务和清算业务三项。

一、中央银行的负债业务

中央银行的负债业务是指中央银行以负债形式所形成的资金来源，是中央银行资产业务的基础，主要包括货币发行业务、资本业务、存款业务等。

（一）货币发行业务

货币发行是中央银行最主要的负债业务，是区别中央银行与一般商业银行的重要标志。流通中的纸币都是由中央银行发行的。中央银行的纸币通过再贴现、贷款、购买证券、收购金银外汇等渠道投入市场，形成流通中的纸币，以满足经济发展对货币的需要。

1. 货币发行原则

（1）垄断发行原则。垄断发行原则是指货币发行权应高度集中于中央银行，只有这样，才能避免多头发行造成的货币流通混乱，保证一国国内流通统一的通货形式；也只有这样，才能使中央银行高效率地调节流通中的货币量，使货币政策的制定与执行得以落实。

（2）信用保证原则。信用保证原则是指货币发行要有一定的外汇、黄金或有价证券等作为保证，使得货币发行保持在适度的范围内，既保证国民经济发展的需要，又避免通货膨胀的威胁，确保国民对本国货币的信任。因此，中央银行不得在政治等压力下随意发行货币，要以可靠的准备金制度为基础，坚持经济发行，防止财政发行。经济发行是指中央银行根据国民经济发展的需要适度地增加货币发行量，货币的投放必须适应流通中货币需求量增长的需要，既要避免过多发行，又必须确保经济发展对货币的需要。财政发行是指为弥补国家财政赤字而引起的货币发行，这种发行不是以经济增长为基础，会形成超经济需要的过多货币量，从而导致市场供求紧张、物价上涨。

（3）弹性发行原则。弹性发行原则是指货币发行要具有一定的灵活性，使货币发行动态地适应经济发展的需要。这是货币容纳量弹性引起的，即货币资产、金融资产、实物资产之间具有高度的相互替代性和货币流通速度的自动调节作用，使货币供应量可以在一定程度上偏离货币需求量，而不至于引起货币贬值、物价上涨。

2. 人民币的发行

人民币的发行业务是通过发行库与业务库之间的调拨来实现的。中国人民银行保管发行基金的金库叫发行库。发行基金就是中国人民银行代国家保管的人民币票券，它不是流通中的货币，而是调节货币流通的准备金。业务库是商业银行基层行（处、所）为了办理日常现金收付业务而建立的金库，它保留的现金是基层行（处、所）现金收付的周转资金、营运资金的组成部分，经常处于有收有付的状态。发行库将发行基金调拨给业务库称为出库，是货币投放；业务库将现金交入发行库称为入库，是货币回笼。

具体的操作程序是：当商业银行基层行（处、所）的现金不足以支付时，可到当地中国人民银行在其存款余额内提取现金，于是，人民币从中国人民银行的发行库转移到商业银行的业务库，经存款人提现后，业务库的部分人民币就进入流通领域。同时，市场上流通的人民币会存入商业银行，即进入商业银行的业务库，当商业银行基层行（处、所）的现金超过限额时，超过的部分应自动送交中国人民银行，该部分人民币返回发行库，意味着退出流通领域。

业务库与发行库的区别在于：

（1）机构的设置不同。发行库是各级中国人民银行的重要组成部分，实行垂直领导，它是由中国人民银行根据自身机构情况和各地区经济发展的需要设立的；业务库是各家商业银行根据基层行（处、所）对外营业的需要设立的。

（2）保管的货币性质不同。发行库保管的是发行基金，是待发行的货币；业务库保管的是现金，是已发行的货币。

（3）业务对象不同。发行库的业务对象是各商业银行和其他金融机构；业务库的业务对象是全社会，是与银行有业务关系的普通客户。

（4）收付款项的起点不同。发行库收付款项的起点是以千元为单位，必须整捆出入库；而业务库收付款项不受金额起点的限制。

（二）资本业务

中央银行的资本业务实际上就是筹集、维持和补充自有资本的业务。中央银行与其他银行一样，为了保证正常的业务活动，就必须拥有一定数量的资本。目前世界上绝大多数国家的中央银行都由中央政府出资，也有一些国家的中央银行由地方政府、国有机构、私人银行和部门出资，但是它们都无权参与中央银行管理，也不能转让所持股份。

（三）存款业务

1. 商业银行存款准备金

商业银行存款准备金是中央银行作为"银行的银行"，集中商业银行的存款准备金形成的一项负债，由于一般不支付利息，因此形成了中央银行低成本、稳定的资金来源。

中央银行集中商业银行的存款准备金，目的有两个：一是保证存款机构的清偿能力，以备客户提现，从而保障存款人资金的安全以及银行等金融机构本身的安全；二是有利于中央银行调节信用规模和控制货币供应量。中央银行集中的存款准备金由两部分组成：一部分是法定存款准备金，它等于商业银行吸收存款余额乘以中央银行规定的法定存款准备金率；另一部分是商业银行的超额准备金，亦称为一般性存款，是指商业银行为保持资金清算和同业资金往来而存入中央银行的资金。

2. 政府存款

中央银行作为政府的银行，一般都由政府赋予代理国库的职责，财政的收入和支出都由中央银行代理。国库是国家金库的简称，是专门负责办理国家预算资金收纳和支出的机关。国家的全部预算收入都由国库收纳入库，一切预算支出都由国库拨付。

国家财政预算收支的保管一般有两种形式。一种是国库制，又分为独立国库制和委托国库制。独立国库制是指国家专门设立相应的机构办理国家财政预算收支的保管、出纳工作；委托国库制是指国家不单独设立机构，而是委托银行代理国库业务。另一种是银行制，是指国家不专门设立金库机构，而是由财政部门在银行开户，将国家预算收入作为存款存入银行的管理体制。世界上经济发达的国家多采用委托国库制。

政府部门存款是指由于中央银行代理国库，在各级财政预算执行过程中因先收后支或收大于支，而使财政资金暂时停留在中央银行账面上所形成的一种存款。一般而言，政府部门存款属于暂息形态的款项，形成中央银行的短期资金来源，但当财政收支出现结余时，则可作为中央银行的长期性资金来源。

当今，由于世界各国的财政收支流量十分巨大，因此政府财政部门常年在中央银行存有一笔存款，其数额仅次于商业银行在中央银行的准备金存款。

3. 特种存款

特种存款是中央银行的直接控制方式之一。它是指中央银行按商业银行、专业银行和其他金融机构信贷资金的营运情况，根据银根松紧和资金调度的需要，以特定方式向这些金融机构集中一定数量的资金。

中央银行吸收特种存款具有以下几个方面的特点：一是中央银行为特殊资金需要而吸收的存款，中央银行的特种存款都是在特定的经济形势下，为调整信用规模和结构、支持国家重点建设或其他特殊资金需要，从金融机构存款中集中的一部分资金；二是特种存款来源对象具有特定性，一般而言，特种存款很少面向所有的金融机构，不像存款准备金是面向所有吸收存款的金融机构而吸收的；三是特殊存款期限较短，一般为一年；四是特种存款利率完全由中央银行确定，具有特殊的规定性，金融机构只能按规定利率及时足额地完成存款任务。

4. 其他存款

中央银行吸收的存款除了商业银行存款准备金、政府存款和特种存款外，还有邮政储蓄存款、非银行金融机构存款、外国政府或外国金融机构存款。邮政储蓄存款是指邮政机构在办理函、电、汇、发等邮政业务的同时办理的以个人为主要对象的储蓄存款业务。这项业务将伴随着邮政储蓄银行的出现而逐步减少。非银行金融机构在中央银行的存款，同商业银行在中央银行存款的性质和范围基本相同，也包括法定存款准备金和支付准备金两部分，只是在具体的操作和缴存比例上略有不同。外国政府或外国金融机构的存款是属于外国政府的，它们持有这些债权构成本国的外汇，随时可以用于贸易结算和债务清偿。

二、中央银行的资产业务

中央银行的资产业务是指中央银行运用其负债资金来源的业务活动，主要包括贷款业务、再贴现业务、证券买卖和黄金、外汇储备。

（一）贷款业务

贷款业务是中央银行的主要资产业务之一。在中央银行的资产负债表中，贷款是一个大项目，它充分体现了中央银行作为"最后贷款人"的职能作用。贷款业务是指中央银行对商业银行和其他金融机构发放贷款，主要解决其临时性资金不足问题，弥补头寸的临时性短缺，当然也包括在紧急情况下保证商业银行的最后清偿能力，防止出现金融恐慌，维护金融体系的安全。中央银行的贷款利率比较优惠，贷款期限较短。

中央银行的贷款是商业银行基础货币的重要来源，它对于维护金融体系安全、抑制通货膨胀、调节经济具有非常重要的意义。该业务的对象主要是商业银行和国家财政系统，在特殊情况下，中央银行也对一些非银行金融机构发放小额贷款。

按照期限结构，中央银行的贷款种类主要有以下几类：

（1）年度性贷款。年度性贷款是指用于解决国有商业银行或其他金融机构因经济合理增长引起的资金不足而发放的贷款。这类贷款期限最长不得超过一年。年度性贷款的资金来源渠道主要是货币发行、财政存款和法定存款准备金。

（2）季节性贷款。季节性贷款是指主要用于解决一般金融机构因信贷资金先支后收或存贷款季节性升降等因素引起的暂时资金不足而发放的贷款。这类贷款的期限为2~4个月。

（3）日拆性贷款。日拆性贷款是指主要用于解决一般金融机构因汇划款项未达等因素发生临时性头寸不足而发放的贷款。这类贷款的期限为1~10天。

季节性贷款、日拆性贷款这两种短期贷款的资金来源，主要是各商业银行及其他金融机构在中央银行的一般性存款，这部分资金来源具有流动性高、期限较短、波动性大等特点，因而对季节性、日拆性贷款，应保持同其资金来源的期限特点相适应。

（二）再贴现业务

再贴现是指商业银行和其他金融机构持有已贴现的商业汇票，向中央银行进行票据再转让的一种行为。再贴现是一种特殊的放款形式，也是中央银行传统的总量货币政策工具。

再贴现主要用于解决一般金融机构由于办理贴现业务引起的暂时资金困难。再贴现的实付金额等于再贴现承兑汇票面额扣除再贴现利息。

（三）证券买卖

中央银行经营证券业务，即在金融市场买卖各种有价证券，主要是政府债券的活动，其目的不在于营利。中央银行负有调节和管理宏观金融的职责，需要根据市场银根松紧调节资金供应，通过买进或卖出证券达到调剂市场资金供求的目的。可见，证券买卖是中央银行的调控手段之一，也是一项经常性的资产业务。

中央银行买卖证券一般有两种方式：一种是直接买卖或一次性买卖，另一种是附有回购协议的买卖。当中央银行认为需要增加或压缩商业银行的超额准备金时，就会一次性直接购买或出售某种政府债券；当中央银行认为需要临时调节商业银行的准备金或流动性时，就会采取附有回购协议的形式进行买卖。中央银行在购买时就定下协议，卖者必须在指定的日期按固定价格，再购回所卖出的证券；而当出售时，中央银行将在指定的日期，按商定价格购回那些已出售的证券。直接买卖政府债券是中央银行一种进取性的资产业务，而回购协议买卖是防御性的资产业务，前者将直接改变原来的准备金数额和货币存量；后者则试图抵消市场的临时变化因素，以保持商业银行准备金的相对稳定。中央银行要根据实际情况交替采用两种形式。

（四）黄金、外汇储备

黄金、外汇储备是各国进行国际支付和稳定国内货币币值的重要保证。中央银行为保证国际收支平衡、汇率稳定及本国货币币值的稳定，要统一掌握和负责管理国家的黄金、外汇储备。需要黄金、外汇者可向中央银行申请购买，中央银行也通过买卖黄金、外汇来集中储备，调节资金结构，保持汇率稳定。因此，中央银行将其一部分资产运用于黄金、外汇的储备，形成了这项特殊的资产业务。

储备资产一般包括黄金、外汇、特别提款权和在国际货币基金组织的储备头寸。中央银行通过持有和买卖储备资产达到促进国际收支平衡、稳定汇率及国内货币流通的目的。

三、中央银行的清算业务

中央银行的清算业务是指中央银行集中票据交换及办理全国资金清算的业务活动。中央银行的清算业务实现了银行之间债权债务的非现金结算，免除了现款支付的麻烦，便利了异地间的资金转移。中央银行的清算业务包括集中办理票据交换、集中清算票据交换差额和办理异地资金转移。

（一）集中办理票据交换

票据交换是指同一城市中各银行间收付的票据所进行的当日交换，通常在票据交换所进行。票据交换所是同城各银行之间清算其各自应收应付款项的集中场所。各银行持有本行应收应付票据在每日规定的时间内，在交换所将当日收进的其他银行的票据与其他银行收进的该行的票据进行交换，形成的差额最终通过中央银行来轧差转账。

（二）集中清算票据交换差额

通过各银行在中央银行开立的往来存款账户（独立与法定存款准备金账户，且存有一定的备付金），各银行之间票据交换后的债权债务差额得以划转。

（三）办理异地资金转移

同城或以该城为中心的一个地区的债权债务可通过票据交换清算。但各城市、各地区之间的资金往来最终形成了异地之间的资金转移问题，这就需要中央银行建立全国的清算网络，统一办理异地资金转移。办理异地资金转移的方式一般有两种：一是先由各金融机构内部联行系统转移，然后各金融机构的总行通过中央银行总行办理转账结算；二是将异地票据统一集中传递到中央银行总行办理轧差转账。目前，中央银行清算的手段包括自动化清算系统、手工操作的计算机处理等。

近年来，由于科学技术的重大进步和电子设备、现代通信设施在金融业的充分运用，资金清算的业务效率不断提高，中央银行作为一国资金汇划和清算中心的地位与作用也日益突出。

在我国，中国人民银行和各家商业银行是支付服务的主要提供者。截至2021年末，我国银行业共有机构4 602家，具体包括：开发性金融机构1家；政策性银行2家；国有大型商业银行5家；国有控股大型商业银行1家；股份制商业银行12家；城市商业银行128家；民营银行19家；外资法人银行41家；住房储蓄银行1家；农村商业银行1 596家；农村合作银行23家；农村信用社577家；村镇银行1 651家；农村资金互助社39家；贷款公司13家；信托公司68家；金融资产管理公司5家；金融租赁公司71家；企业集团财务公司255家；汽车金融公司25家；消费金融公司30家；货币经纪公司6家；其他金融机构33家。5家大型国有商业银行已经建立起各自系统内的全国电子资金汇兑系统。中国人民银行为各银行提供支付处理服务、大额和零售支付交易。中国人民银行运行的多家同城清算所对所有的同城跨行支付和大部分行内支付业务进行清算和结算处理。

金融视野

美国联邦储备系统

美国联邦储备系统的结构属于二元复合式的单一中央银行制。它是由3个主要组成部分构成的，即联邦级的联邦储备委员会（FRB）、联邦公开市场委员会（FOMC）和地方级的12家联邦储备银行及其分支结构。

联邦储备委员会是联邦储备系统的最高机构，它由7名委员（大多是职业经济学家）组成，由总统征得参议院同意后任命。每一届委员任期14年，届满后不再连任，并且任期互相错开。因此，在正常情况下，每两年有一位委员任期届满，但是有不少委员因年龄或其他方面的原因提前离任。委员会主席由总统在委员会成员中遴选任命，任期只有4年，但是可以连任。联邦储备委员会是美国货币政策的制定者，它控制贴现率，并可以在规定范围内改变银行的法定存款准备金率。它和联邦公开市场委员会的其他成员一道，控制着重要的货币政策工具——公开市场业务。

鉴于公开市场业务在联邦储备系统实施其货币政策过程中的重要性，联邦公开市场委员会也就成为联邦储备系统内一个重要的决策中心。该委员会由12名委员组成，其中包括7名联邦储备委员会委员、5名联邦储备银行行长（其中纽约联邦储备银行行长为委员会的必然成员，其余11家联邦储备银行的行长则轮流占据其余的4个席位）。联邦储备委员会主席同时兼任联邦公开市场委员会主席。联邦公开市场委员会每年约召开8次会议，讨论决定联邦储备系统的公开市场业务，即在公开市场上买卖证券的活动。那些不是该委员会现任委员的联邦储备银行行长通常也出席会议并参加讨论，但是没有表决权。在联邦储备系统内部还有一些机构，如联邦顾问委员会等，但是它们远不如联邦公开市场委员会重要。

按12个联邦储备区设立的12家联邦储备银行分别位于波士顿、纽约、费城、克利夫兰、里士满、亚特兰大、芝加哥、圣路易斯、明尼阿波利斯、堪萨斯城、达拉斯和旧金山。这些银行的股份分别为它们各自的会员银行所拥有。这12家联邦储备银行又在其他25个大城市中设立了分支机构。纽约、芝加哥和旧金山3家联邦储备银行的规模最大，它们持有一半以上的联邦储备资产。而纽约联邦储备银行又是"冠中之冠"，持有联邦储备资产的30%。每家联邦储备银行都由9名兼职董事组成的董事会来管理。这些董事被分为A、B、C三类，每类各3名。A类董事由会员银行推选产生，他们本人也是银行家。B类董事可以不是银行的官员或职员，他们也可以由会员银行推选产生，但通常是由联邦储备银行行长向会员银行推荐的。C类董事不由会员银行推选，而是由联邦储备委员会任命，其中的两名将分别担任董事会的主席和副主席。

董事会的重要职责之一是选举产生各联邦储备银行的行长，但行长的正式任命必须经过联邦储备委员会的同意。除了负责检查会员银行、审批某些银行合并的申请、支票清算、收回被损坏的旧钞、发行新钞等日常的职能外，联邦储备银行还具有一定的政府职能。例如：它可以管理自己的贴现窗口，决定是否向辖区内的某一商业银行或其他存款机构提供贷款；它还可以在征得联邦储备委员会批准的情况下设定自己的贴现利率。更重要的是，联邦储备银行占据着联邦公开市场委员会12个席位中的5个。

第三节　货币需求与货币供给

货币需求是社会各经济主体对货币的客观需求。影响货币需求的因素有很多，既有宏观的因素，也有微观的因素。关于如何测定货币需求，马克思、凯恩斯、弗里德曼等分别给出了指导性模型。货币供给是指货币供给主体向社会公众供给货币的经济行为，基础货币由中央银行提供，而商业银行等金融机构通过存贷款业务创造了信用货币。货币需求与货币供给保持动态的平衡即为货币均衡，货币均衡是社会总供求平衡的重要前提，也是各国货币当局的政策目标，如果出现货币失衡，则需要通过一系列政策手段进行调节。

一、货币需求

（一）货币需求的概念

货币需求是指在一定时间内社会各经济主体为满足正常的生产、经营和各种经济活动需要而保留或占有一定货币的动机或行为。为满足各种经济活动需要而应该保存的货币量，就是货币需求量。

对货币需求概念的理解必须把握以下四点：

（1）货币需求是社会各经济主体（包括个人、企事业单位、团体、政府等）对货币的需求，是为了执行正常的流通手段、支付手段和价值贮藏手段而对货币的需求。

（2）货币需求是客观需求。人们对货币有主观的需求，即在主观上想要占有多少货币。主观上的货币需求是无限的，也是无法都能得到满足的。经济学上所讲的货币需求是一种客观需求，是一种由各种客观经济变量所决定的对货币的持有动机或要求，是人们在其所拥有的全部资产中根据客观需要认为应该以货币形式持有的数量或份额。

（3）微观货币需求与宏观货币需求。微观货币需求与宏观货币需求是依据研究货币需求问题的不同视角进行划分的。微观货币需求与宏观货币需求并不是孤立的，两者本身是一体的，只是为了便于分析、管理，将货币需求做了这样的划分。微观货币需求主要是指个人、企事业单位、团体等在一定时间内因生活或经营活动的需要而保有一定数量货币的动机或行为。宏观货币需求主要是指一个国家或地区在一定时间内因经济发展或商品流通需要而产生的对货币供应的要求。

（4）名义货币需求与真实货币需求。名义货币需求是指在不考虑价格变动情况下的货币需求。真实货币需求是指扣除价格变动以后的货币需求，它是以某一不变价格为基础，计算出社会商品和劳务的正常生产、流通、消费对货币的需求。名义货币需求与真实货币需求可以通过社会价格指数来连接。例如：社会商品与劳务的生产、流通、消费没有发生变动，而社会商品与劳务的价格上升了1倍，即价格指数为2，在货币流通速度不变的情况下，名义货币需求是真实货币需求的2倍。在实际工作中，同时掌握名义货币需求和真实货币需求十分重要。在安排货币供给时，既要掌握真实货币需求，又要兼顾价格变动，掌握名义货币需求。如果只掌握名义货币需求，不掌握真实货币需求，在社会商品和劳务价格发生变化时，就难以把握合理的货币供应量；如果只掌握真实货币需求，不掌握名义货币需求，货币供应就会难以满足因价格上涨而形成的那部分货币需求，经常会造成货币供应不足。

（二）传统货币需求理论

1. 马克思的货币需求理论

马克思在《资本论》中对货币流通规律进行考察后认为，"就一定时间的流通过程来说是：$\dfrac{商品价格总额}{同名货币的流通次数}$＝执行流通手段职能的货币量"[①]。即货币流通是为商品流通服务的，符合商品流通客观需要的货币量就是货币必要量，即客观的货币需求量。用公式表示为：

$$M=\frac{PQ}{V}$$

式中：P 表示商品的价格水平；Q 表示流通中的商品数量；V 表示货币流通速度；M 表示货币必要量。

这就是马克思的货币必要量公式。它说明：流通中的货币量不仅取决于待实现的商品价格总额，也取决于货币流通的速度。该公式可以简单地理解为：一定时期流通中所必要的货币量与该时期待实现的商品价格总额成正比，与货币流通速度成反比。

2. 现金交易说

该学说是美国经济学家欧文·费雪（Irving Fisher）于 1911 年在其《货币购买力》一书中提出的。现金交易说的方程式是：

$$MV=PY$$

$$P=\frac{MV}{Y}$$

式中：M 表示货币供应量，为自变量；V 表示货币平均流通速度；Y 表示充分就业下总产出；P 表示价格指数，为因变量。

费雪认为：短期内 V、Y 是不变的，因为 V 是由社会制度和习惯等因素决定的，所以比较稳定；而在充分就业条件下，Y 也是一个相当稳定的因素。这样，交易方程式就转化为货币数量论：价格水平与货币数量相关。价格水平变动仅源于货币数量的变动，当 M 变动时，P 同比例变动。

3. 现金余额说

现金余额说又叫"剑桥方程式"，是由英国剑桥学派经济学家阿尔弗雷德·马歇尔（Alfred Marshall）和阿瑟·塞西尔·庇古（Arthur Cecil Pigou）提出的一种货币需求函数。现金余额说首先认为人们持有货币基于两个动机：

（1）作为交易媒介，其货币需求与名义收入成比例；

（2）作为财富贮藏手段，其货币需求也与名义收入成比例。

因此，经济主体愿意持有的平均货币数量或现金余额与名义收入之间存在一个稳定的

---

① 马克思.资本论：第1卷［M］.北京：人民出版社，2004：142.

比例，用公式表示为：

$$M = KPY$$

式中：M 表示货币需求；K 表示总收入中以货币形式所持有的比例；P 表示平均价格水平；Y 表示总收入，即实际产量。

经济单位在通常情况下所持有的货币量或现金余额，与国民总收入保持一个固定或稳定的关系。K 值在短期分析中也可视为一个既定的量。产量 Y 达到最高水平时，货币需求取决于 P 的变动。

4. 凯恩斯的货币需求理论

凯恩斯的货币需求理论称为流动性偏好理论。流动性偏好是指在一般条件下，公众更愿意持有可灵活周转的高流动性资产，如现金、活期存款等。流动性偏好实质上就是公众对货币的需求。

凯恩斯将人们的货币需求动机归结为三个：交易动机、预防动机和投机动机。与此相对应，货币需求也可归结为以下三项：

（1）交易性货币需求。交易性货币需求是指企业或个人为了应付日常交易而产生的持有货币的需求。这种需求产生于人们收入和支出的非同步性，如果收入和支出是完全同步的，就不会需要闲置的货币放在身边。例如：人们的货币收入常是按月、按季，甚至按年获得的，但支出都是经常不断的，这就产生了对货币的交易需求。交易性货币需求取决于收入水平，并随收入的增减而增减。

（2）预防性货币需求。预防性货币需求是指企业或个人为了应付突然发生的意外支出而持有货币的动机或需求。例如：人们为应付疾病、工伤事故和其他不测事件等而需要留些货币在身边。一般而言，预防性货币需求同收入成正比，其需求函数与交易需求函数相似，可以将两者合在一起，用公式表示为：

$$L_1 = L_1(Y), \quad dL_1/dY > 0$$

式中：L_1 表示交易性货币需求加上预防性货币需求；Y 表示收入。

（3）投机性货币需求。投机性货币需求是指企业或个人为了计划在金融市场投机而愿意持有的货币。投机性货币需求与当前的利率高低及未来利率预期相关联。若当前利率高，人们预期未来利率将下降，则人们愿意用货币购买债券进行投机，投机性货币需求下降；若当前利率低，人们预期未来利率将上升，则人们会选择抛出债券而持有货币，投机性货币需求上升。因此，投机性货币需求与当前利率的高低成反函数关系，用公式表示为：

$$L_2 = L_2(i), \quad dL_2/di < 0$$

式中：L_2 表示投机性货币需求；i 表示利率。

金融视野

弗里德曼新货币数量学说

20 世纪 50 年代到 60 年代在美国出现了货币学派，创始人为美国芝加哥大学的米尔顿·弗里德曼（Milton Friedman）。该学派强调货币供应量的变动是引起经济活动和物价水平发生变动的根本和起支配作用的原因。

弗里德曼的货币需求函数为：

$$M_d/P = f(y, w; rm, rb, re, 1/p \cdot \mathrm{d}p/\mathrm{d}t; u)$$

式中：M_d 表示名义货币需求；P 表示物价水平；y 表示永久收入——预期长期平均收入；w 表示非人力财富占个人财富的比率；rm、rb、re、$1/p \cdot \mathrm{d}p/\mathrm{d}t$ 表示机会成本变量；u 表示综合变量——主观偏好、制度、技术等。

（1）y 与 w。在其他条件不变的情况下，收入越多，货币需求量越多。人力财富的一个特点是非常不易变现，尤其是在经济萧条、存在大量失业的时期，则更加困难，因此人力财富比率越大，为了预防失业，货币需求量也越大。

（2）rm、rb、re、$1/p \cdot \mathrm{d}p/\mathrm{d}t$ 实际上反映的是持有货币的机会成本，所以反方向决定 M_d/P 的变化。存款、债券、股票、实物等其他资产的收益率越高，人们就愿意把货币转化为这些资产，货币需求量就越少；相反，其他资产收益率越低，人们就会抛售证券，提取存款，持有货币。

（3）u 所含因素比较复杂，所以既可同方向，也可反方向影响 M_d/P 的变化。

尽管弗里德曼在货币需求函数中列举的因素相当多，但他十分强调永久收入的主导作用，同时 rm、rb、re 和 p 四者性质相同，综合起来就是现行的金融市场名义利率。这样，弗里德曼的多元函数式可简化为：$M_d/P = f(y, i)$。经简化的弗里德曼货币需求函数与凯恩斯的货币需求函数基本相同，尤其是自变量十分相似。但是，两者仍存在较大差别。凯恩斯的货币需求函数非常重视利率的主导作用，而弗里德曼则强调永久收入对货币需求的重要影响。在货币政策传导变量的选择上，凯恩斯主义认为应是利率，货币主义则认为应是货币供应量。

学思之窗

为什么人们对货币有需求？人们大部分的资产是否都是以货币的形式存在？

二、货币供给

（一）货币供给的概念

货币供给是指货币供给主体向社会公众供给货币的经济行为。在现代经济社会中，能够向社会公众提供信用货币（现金货币和存款货币）的主体有中央银行、商业银行以及特定的存款金融机构。全社会的货币供给量都是通过这些金融机构的信贷活动形成的。

（二）货币供给的层次

在现代经济社会中，货币的形式多种多样，除了现钞外，还包括活期存款、信用卡等可随时用于支付的货币，以及定期存款、储蓄存款等流动性略差，但可通过支取、货币形式转化等方式用于支付的货币。不同形式的货币，其流动性不同，在流通中转手的次数不同，形成的购买力也不同，从而对商品流通及其他经济活动的影响程度也就不同。因此，有必要对不同形式的货币进行层次划分。划分货币供给层次的主要标准是金融资产的流动性，具体划分方法及内容已在本书第一章第三节做了较详细的介绍，这里不再重复。

（三）银行信用创造与货币供给

在现代信用制度下，货币供给量的绝大部分是由现金和银行存款构成的。两者都是信用货币，都是由银行信用创造的。其中，现金是中央银行的负债，是由中央银行创造的；银行存款主要是商业银行的负债，是由商业银行创造的。

中央银行向社会供给现金的渠道包括：（1）通过办理再贷款、再贴现直接向社会供给现金；（2）通过公开市场上买进政府债券直接向社会供给现金；（3）通过收购金银或收兑外汇直接向社会供给现金。

商业银行通过吸收流通中现金或从中央银行取得贷款、贴现资金等形成原始存款，在保留了一定的存款准备金后向社会贷款。这一过程中，商业银行创造了数倍于原始存款的派生存款，从而形成货币的创造。其过程可举例如下：

假设，当世界上有 100 元现金时，货币供给的总量就是 100 元。可是，当有了银行后，中央银行供给 100 元的货币，那么，拿到货币的人还可以将它存入商业银行，商业银行再将其中一部分贷出去，这样的话，货币就被创造出来了。

假设 A 企业拿到中央银行的 100 元初始货币，存到金通商业银行，为了控制风险，金通商业银行要留下 10%，也就是 10 元，而把剩下的 90 元贷给了 B 企业。这时，我们发现，A 企业的存款依然是 100 元，也就是 A 企业有了 100 元货币没有变，可是，B 企业手头上却多出了 90 元现金，按照货币的狭义定义，现在有了 190 元货币，这就是由于金通商业银行多创造了 90 元。

可是，流通还没有结束。B 企业用这 90 元在 C 企业那儿购买商品，C 企业把得到的 90 元存到了金通商业银行，金通商业银行又留下 10%，也就是 9 元，而贷给另一家 D 企业 81 元。现在，货币就更多了，除了 A 企业的 100 元存款，还有 C 企业的 90 元存款与 D 企业的 81 元现金。金通商业银行又多创造了 81 元。我们可以想象，D 企业继续使用这 81 元购买物品，然后这 81 元还可以继续在银行里创造货币。

这样循环下去，可以用数学知识得到，一开始的 100 元到最后可以变成 1 000 元（100/0.1）的货币供给。商业银行就是以这种存款—贷款—再存款—再贷款的方式创造货币的。由此可见，商业银行每发放一次贷款，存款货币就扩大一次。在这里，基础的 100 元就被称为基础货币，而 1/0.1＝10 也就是货币乘数（准备金率 10% 的倒数）。货币乘数在经济上的意义就是银行体系用每一元准备金所引起的货币量。我们可以发现，银行预留的存款准备金率越小，倒数越大，所能创造出来的货币就越多。

可见，商业银行的存款创造机制可以归结为：银行体系新增一笔原始存款，经过银行体系一连串的存款—贷款—再存款—再贷款过程，导致新增加的存款总额是新增存款准备金的若干倍，从而增加了货币供给。

（四）货币供给模型

上述存款派生过程实际上已表达了货币供给的基本原理。若从货币供给角度来看，可将原始存款引申到整个"原始货币"，则创造出来的存款可引申到"派生货币"。"原始货币"与"派生货币"之和就是货币供给总量。因此，货币供给模型可表示为：

$$M=BK$$

式中：M 表示货币供给量；B 表示基础货币；K 表示货币乘数。

1. 基础货币

（1）基础货币的概念。基础货币又称强力货币、高能货币，是中央银行发行的现金货币，以及对各商业银行负债（存款准备金）的总和，即中央银行对社会大众的负债总额。货币中的准备金是多倍存款创造的基础，决定着货币供给放大效应。用公式表示为：

基础货币＝流通于商业银行体系外的现金＋商业银行的存款准备金

（2）基础货币的影响因素。

1）对商业银行的再贴现和再贷款。基础货币量的大小取决于中央银行的再贴现、再贷款政策以及商业银行的借款需求，而后者又受到社会对信贷资金需求程度的影响。在其他条件不变的情况下，中央银行降低再贴现率或扩大信贷规模，会引起基础货币投放的增加，使货币供给量扩大；反之，中央银行提高再贴现率或收缩信贷规模，则会引起基础货币回笼，使货币供给量收缩。

2）财政收支状况。财政收入过程是各经济主体将其商业银行账户的资金缴入相应国库账户，实际上是基础货币缩小过程，会引起货币供给量的倍数减少；财政支出过程则意味着货币从国库账户流入相应经济主体在商业银行的账户，实际上是基础货币扩张过程，会引起货币供给量的倍数增加。如果财政收支平衡，则货币供给量的收缩效应与其扩张效应互相抵消，对货币供给量没有影响；如果财政出现结余，则意味着货币供给量的收缩效应大于其扩张效应，会引起货币供给量减少；如果财政出现赤字，对货币供给量的影响则主要取决于赤字的弥补方式。若是向企业、个人或商业银行发行政府债券来弥补，通常不会影响货币供给量；若是由中央银行购买政府债券或直接向中央银行透支或借款，则扩大了基础货币投放，会引起货币供给量倍数增加。

3）黄金、外汇储备。若一国增加黄金储备，则该国为了购买这些黄金须付出资金，中央银行投放的基础货币增加，货币供给量增加；反之，若一国减少黄金储备，中央银行收回基础货币，货币供给量减少。外汇储备也是一样，外汇储备主要取决于一国的国际收支状况。一个国家在一定时期内，国际收支如果是顺差，则应增加外汇储备，即中央银行增加基础货币投放，货币供给量扩大；反之，国际收支如果是逆差，则应减少外汇储备，即中央银行收回基础货币，货币供给量缩减。

2. 货币乘数

货币乘数是指基础货币每增加或减少一个单位所引起的货币供给量增加或减少的倍数。基础货币与货币乘数的乘积就是货币供给量。

影响货币乘数的因素很多，既有中央银行的政策因素，也有社会公众的资金保存习惯（如持有现金、信用卡）。一般而言，影响货币乘数的关键因素有以下三个：

（1）法定存款准备金率。如果提高法定存款准备金率，那么商业银行在吸收相同的存款下，将更多的资金上缴中央银行作为存款准备金，可以用于发放贷款的货币将减少，从而收缩了货币供给。反之，如果降低法定存款准备金率，则货币供给量会增加。法定存款准备金率与货币乘数成反比关系。法定存款准备金率由中央银行决定，中央银行可以通过调节法定存款准备金率来控制货币乘数，从而控制货币供应量。

（2）超额存款准备金率。超额存款准备金是指商业银行为了应付日常支付，保留的超过法定存款准备金的那部分存款准备金。超额存款准备金占存款的比率为超额存款准备金率。超额存款准备金率与法定存款准备金率一样，与货币乘数成反比关系。超额存款准备金率越高，商业银行的可贷资金就越少，社会货币供给量也越少。超额存款准备金率的控制主动权在商业银行自身，商业银行可以根据市场利率的变化和客户的资金需求情况灵活调节超额存款准备金率，实际上调节了整个社会的货币供应量。

（3）现金漏损率。现金漏损是指现金从银行体系中流出，如存款人从银行提取现金，就是现金漏损。现金漏损率是指现金从银行体系中流出的比率。

从前面存款货币创造过程的分析中可以看出，当存款人从银行提取现金后，银行存款减少，意味着贷款的减少，整个银行体系中存款货币的创造也会减少。因此，现金漏损率越高，则货币乘数越小，货币供应量也将越少。影响现金漏损率的因素很多，有人们的消费习惯、持有现金的机会成本、通货膨胀率、银行的服务质量等。人们越是喜欢手持现金消费，越是对现金有偏好，现金漏损率就越高。若存款利率或其他金融资产的收益率提高，则持有现金的机会成本（即收益损失）会增加，人们会减少对现金的持有，从而使现金漏损率下降，相反则会上升。通货膨胀率上升，物价持续上涨，会导致人们对实物资产的持有，从而会减少人们对存款货币的需求，相对增加对现金的需求，以便尽快从事交易，减少损失，则现金漏损率提高。若一国的银行系统能为公众提供安全、可靠、快捷的高质量服务，公众将会通过银行系统进行资金的转账支付，从而使现金会较多地留在银行系统内部，减少现金的提取和使用，现金漏损率则下降。

行业洞察

货币政策的新趋势

稳健的货币政策要精准有力，更加注重做好跨周期和逆周期调节，充实货币政策工具箱，着力营造良好的货币金融环境。准确把握货币信贷供需规律和新特点，加强货币供应总量和结构双重调节。综合运用多种货币政策工具，保持流动性合理充裕，保持货币供应量和社会融资规模增速同名义经济增速基本匹配。进一步疏通货币政策传导机制，增强金融支持实体经济的稳定性，促进经济金融良性循环，保持物价水平合理稳定。持续深化利率市场化改革，释放贷款市场报价利率改革红利，有效发挥存款利率市场化调整机制作用，维护好存贷款市场秩序，进一步推动金融机构降低实际贷款利率。结构性货币政策工具"聚焦重点、合理适度、有进有退"，落实好调增的再贷款再贴现额度，实施好存续工具，优化资金供给结构，把更多金融资源用于促进科技创新、先进制造、绿色发展和中小微企业，做好科技金融、绿色金融、普惠金融、养老金融、数字金融五篇大文章，加快培育新动能新优势。

资料来源：中国人民银行.2023年第三季度中国货币政策执行报告.

第四节 金融风险与金融监管

一、金融风险的含义和种类

(一) 金融风险的含义

风险在经济学界有两类定义。一类认为风险是指未来结果的不确定性，金融资产的风险是指金融资产变量未来的各种可能值偏离期望值的可能性及其幅度。从这个概念上理解，可能值既有可能低于期望值，也有可能高于期望值。因此，风险可能带来损失，也可能带来收益。另一类认为风险与不确定性是有区别的，风险是指损失发生的可能性，是可能值与期望值发生的负偏离，而不包括正偏离。

在对金融风险进行研究时，人们通常使用的是前一个定义，认为风险与收益是相对应的，高风险对应高收益，低风险对应低收益。在现实生活中，人们通常更关注金融资产发生损失的可能性，因此人们经常说的风险特指未来收益损失的可能性。

学思之窗

风险和确定的损失是否含义相同？

(二) 金融风险的种类

金融风险常源自持有不同币种、不同种类的金融资产，如股票或固定收入证券。发行这些证券的公司、政府或其他经济组织面临的不确定性是金融风险的根源。

1. 市场风险

市场风险是指金融市场行情变动所引起金融资产价格变动的风险。金融市场行情的变动受多种因素的影响，包括经济周期因素、政治经济政策因素、自然灾害因素、战争因素、心理因素等。在证券市场中，市场行情变动可以通过股票价格指数来衡量。市场风险属于系统性风险，对于所有的金融资产都有影响，但影响的程度不同。利率风险、汇率风险和购买力风险都属于市场风险。

（1）利率风险是指由于未来利率变化引起金融资产价格变动的风险。利率的变动使得金融资产的价值发生变动。由于利率是判断证券价值时的折现率，因此股票价格和债券价格与利率的变动都有密切的关系。利率提高，债券和股票的价格都将下跌；利率下降，债券和股票的价格都将上涨。因此，利率变动会影响收益或融资成本，使金融资产价格发生变动，从而带来风险。

（2）汇率风险是指汇率波动的不确定性给金融资产的持有者带来的风险。例如：在国际贸易过程中，经济主体进行一笔出口交易，在账面上已经形成一笔确定金额的应收款。但是从交易发生日到实际交割日之间汇率很有可能发生变化，这时候拥有这笔外币资产的经济主体很有可能因为汇率的不利变动遭受损失。当然，汇率的变动不仅会导致外币收支的流量变化、外币资产负债账面价值的变化，也会间接导致企业经营活动的经济环境发生变化，如企业的原材料成本价格、出口商品价格等，这可能导致经济主体产生间接损失。

（3）购买力风险，也称为通货膨胀风险，是指因一般物价水平变动所产生的不确定性给人们带来的风险。首先，通货膨胀对债务人有利，但是会令金融资产持有人面临损失；其次，当通货膨胀发生时，固定收益产品的票面利率虽然不变，但是实际收益率降低，金融资产的持有者所获得的实际收益下降。

2. 信用风险

信用风险，又称违约风险，是指交易一方没有正常履约导致另一方所持有的金融工具受到损失的可能性。信用风险产生的原因可能是主观原因，如交易方由于品质、能力等原因不愿意履约而导致的损失；也可能是客观原因，如交易方的财务状况出现危机无法偿债，交易方的公司倒闭等原因使金融资产的持有者蒙受损失。例如：银行向企业发放的贷款面临企业不能按时还款付息的风险就是典型的信用风险。

需要注意的是，信用风险与利率风险和汇率风险有一个很大的不同之处，即利率风险与汇率风险不仅包括不利变动，也包括有利变动，这会使金融资产的持有者既可能蒙受损失，也可能获得意外的收益。但是信用风险只有不利变动，没有使资产持有者获利的可能。

3. 流动性风险

流动性风险来自金融资产的变现能力。如果金融资产可以迅速、低成本地变现，该资产的流动性风险就比较小；如果金融资产要迅速变现很困难而且变现成本比较高，该资产的流动性风险就比较大。金融资产的流动性主要取决于二级市场的发达程度和其自身期限的长短。如果一种金融资产有交易量大、信息流畅的二级市场，那么这种金融资产的流动性就较高，流动性风险就较低；如果二级市场不发达，金融资产难以交易或者交易需要付出较大的成本，则其流动性风险就比较高。

4. 操作风险

操作风险是指由于技术操作系统不完善、管理控制存在缺陷、欺诈或其他人为错误导致损失的可能性。在信息技术没有广泛应用之前，金融活动大多数都是人工操作完成的，因此，出现错误交易的可能性很大。随着电子技术的广泛应用，新的操作方式减少了人工操作带来的风险，但是也面临着信息系统自身出现问题导致的操作风险，而且由于电子信息系统导致的操作风险可能波及的范围更广，导致的损失更大。

案例分析

法国兴业银行的巨额损失

2008 年 1 月 18 日，法国兴业银行收到了一封来自另一家大银行的电子邮件，要求确认此前约定的一笔交易，但法国兴业银行和这家银行根本没有交易往来。因此，法国兴业银行进行了一次内部清查，结果发现，这是一笔虚假交易。伪造邮件的是法国兴业银行交易员杰洛姆·凯维埃尔（Jerome Kerviel）。更深入的调查显示，法国兴业银行因凯维埃尔的行为损失了 49 亿欧元，约合 71 亿美元。凯维埃尔从事的是什么业务？怎么会导致如此巨额的损失？

欧洲股指期货交易是一种衍生金融工具产品。早在 2005 年 6 月，凯维埃尔便利用自己高超的电脑技术，绕过法国兴业银行的五道安全限制，开始了违规的欧洲股指期货交易，"我在安联保险上建仓，赌股市会下跌"。不久伦敦地铁发生爆炸，股市真的大跌。"我就像中了头彩……获利 50 万欧元"。

2007 年，凯维埃尔再赌市场下跌，因此大量做空，他又赌赢了。到 2007 年 12 月 31 日，他的账面盈余达到了 14 亿欧元，而当年法国兴业银行的总盈利才 55 亿欧元。从 2008 年开始，凯维埃尔认为欧洲股指会上涨，于是开始买涨。然后，欧洲乃至全球股市都在暴跌，凯维埃尔的巨额盈利转眼变成了巨大损失。

资料来源：世界周刊. 法国兴业银行事件：一个人的疯狂还是整个体系的堕落 [EB/OL]. 新浪网，2008 - 02 - 13.

思考：为什么法国兴业银行损失了 71 亿美元？如何避免上述情况的出现？

金融视野

系统性风险与非系统性风险

系统性风险是指对于金融市场中各类金融资产都产生影响的全局性风险。由于整个金融系统中的金融资产都受这类风险因素的影响，因此称之为系统性风险。系统性风险的来源一般都是宏观性的因素或者对宏观变量产生影响的一些指标。例如：宏观经济形势的变化、经济政策的调整、政治因素、利率和汇率走势的变动等。只要发行证券的企业、政府或其他经济组织处于经济系统中，就不可避免地受这些因素的影响。由于金融资产系统性风险是不可能通过分散化来对冲或削弱的，因此又称为不可分散风险。利率风险、汇率风险、购买力风险都属于系统性风险。

非系统性风险是指某一企业或行业特有的风险。这种风险与宏观经济形势、政治等宏观因素没有关系，产生的根源是一些局部性的因素，包括经营风险、财务风险、违约风险（也就是信用风险）等。经营风险是指公司经营中决策失误或者管理不善等各种因素造成公司的经营业绩变差而给投资者带来的风险；财务风险是指公司财务状况的恶化给投资者带来的风险，如资金周转不灵、没有足够的现金支付债务等。有时候公司的经营处于良好的状况，但是财务结构不合理也可能导致财务风险，尤其是在公司处于扩张阶段时，就很可能出现资金匮乏的情况。非系统性风险可以通过分散性投资降低，如果投资是充分而有效的，那么非系统性风险可以完全消除。因此，非系统性风险也被称为可分散风险。

二、金融风险管理

（一）金融风险管理的定义

从前面对风险的描述我们可以看出，金融风险具有客观性，无法完全避免，而且风险是与收益相对应的，没有风险就没有收益。因此，我们应该主动地进行风险管理，防范金融风险。尽量避免风险的传统思想不能使金融活动中主体的利益达到最大化。

金融风险管理就是改变经济行为主体所面临的金融风险状况所采取的一系列管理行为，具体包括：辨识行为主体面临何种风险；评估这些风险对行为主体的影响程度；决定回避哪些风险、承担哪些风险，用什么样的手段回避或者承担风险；如何防范风险以及风险产生后如何控制风险产生的后果。

（二）金融风险管理的分类

（1）根据管理主体的不同，金融风险管理可以分为内部管理和外部管理。金融风险内部管理是指作为风险直接承担者的经济个体对其自身面临的各种风险进行管理。内部管理的主体是金融机构、一般企业、个体等金融活动的参与者，金融机构的风险管理最为典型。金融机构从事金融服务的特殊性，使其在经营过程中经常暴露在巨大的金融风险之下。为了在保证安全性和流动性的前提下达到盈利目标，金融机构必须对其在经营活动中面临的风险进行全面的控制和管理，并且营造风险管理文化。

金融风险外部管理主要包括行业自律管理和政府监管，其管理主体不参与金融市场的交易，不需要对自身的风险进行管理，而是对金融市场参与者的风险行为进行约束。金融风险的行业自律管理是指金融行为组织对其成员的风险进行管理。政府监管是指官方监管机构以国家权力为后盾，对金融机构乃至金融体系的风险进行监控和管理，具有全面性、强制性和权威性。

（2）根据管理对象的不同，金融风险管理可以分为微观金融风险管理和宏观金融风险管理。微观金融风险只是对个别金融机构、企业或部分个人产生不同程度的影响，对整个金融市场和经济体系的影响较小。微观金融风险管理的目标是采用合理的、经济的方法使微观金融活动主体因金融风险的影响而受到损失的可能性降至最低。

宏观金融风险则可能引发金融危机，对经济、政治和社会的稳定造成重大影响。因此，宏观金融风险管理的目标是保持整个金融体系的稳定性，避免出现金融危机，保护社会公众的利益。本书主要讨论的是微观金融风险管理。

（三）金融风险管理的过程

金融风险管理的过程是由风险识别、风险度量、风险管理的决策与实施、风险评价四个主要的系统化过程构成的。

1. 风险识别

金融风险的识别是金融风险管理的首要步骤，是指对经济行为主体面临的各种潜在的风险因素进行辨别、鉴定和分析。

首先，要辨别出风险管理对象所面临的风险有哪些。我们前面已经介绍了，金融风险包括市场风险、信用风险、流动性风险、操作风险等。其次，要进一步分析金融风险的成因和特征。金融风险具有多样性，有的是非系统因素，可以通过分散化消除；有的是系统因素，不能通过分散化消除，只能转移出去。因此，对金融风险特征的分析有助于制定风险管理策略。然后，要找出分析对象所面临的重要风险。最后，要初步判断风险暴露的程度。

2. 风险度量

金融风险的度量是对金融风险水平的测量，包括衡量各种风险导致损失的可能性的大小以及损失发生的范围和程度。风险度量是风险管理过程中非常重要的一个环节，它在很大程度上决定了金融市场风险管理的有效性。

由于金融风险涉及各方面的因素，而且源自未来的不确定性，因此，对金融风险度量的技术要求相当高。理论界和实务界都在开发金融风险度量工具方面下了很大功夫，而且取得了巨大的进展。目前能够进行数理计量的风险主要是市场风险和信用风险。度量风险的方法包括：概率、均值-方差模型、系数、信用评级、风险价值法（VaR）、情景分析法、压力测试法等。这些方法现在已经发展成为现代风险量化管理中应用最广泛、最重要的方法，也是综合性比较强的风险计量方法。

3. 风险管理的决策与实施

风险度量完成后，就进入第三个阶段——风险管理的决策与实施。风险管理的决策是指综合考虑经济行为主体面临的金融风险的性质和大小、风险承受能力和风险管理能力等，并选择合适的风险管理策略和工具对所面临的金融风险进行管理，包括风险回避、风险预防与控制、风险留存、风险转移等。然后，风险管理者需要制定具体的行动方案，例如：如何使用风险管理工具、如何调整资产负债结构等，并负责组织方案的实施，把任务具体到各个部门以便于执行。

（1）风险回避是指经济行为主体终止或暂停某种经济活动来避免某种特定风险的决策。当风险太大的时候，人们会选择不去从事这种经济活动以避免风险的发生。有些消除风险暴露头寸的方法也是风险回避，例如：尽量减少外汇头寸的持有来避免外汇风险，调整资产负债表中的利率敏感性负债和利率敏感性资产来避免利率风险。

（2）风险预防与控制是指为降低损失的可能性或严重性而在事前、事中或事后采取的行动。损失发生之前采取措施的目的是减小甚至消除损失发生的可能性。在损失发生时和损失发生之后采取措施的目的是减轻损失的严重程度。例如：在金融机构中，事前采取的措施包括培养良好的风险管理理念和文化，加强对风险管理的重要性的认识，建立全员、全过程、全范围的管理理念，这是预防风险造成损失的有效措施。

（3）风险留存是指那些无法或不能转移而且预防和控制的成本很高的风险，经济行为主体选择自己承担风险造成的损失。金融机构会选择提取一定数量的风险资本来承担损失，而确定风险资本金数额时，要既可以覆盖风险暴露，又不过多占用资金。因此，设置合理的风险资本比率是金融机构风险留存中一个很重要的问题。

（4）风险转移是指有意识地把风险转移给有能力或者愿意承担风险的投资者。风险转移的实质是将风险出让给其他人，这种出让通常都是有代价的，在把风险出让给别人时，风险对应的利益也必须转让给对方，或者支付一定的费用。具体来说，转移风险就是通过分散化、套期保值和保险等方式，把风险转嫁到其他金融机构或产品上。

4. 风险评价

风险管理不是固定不变的，随着时间的推移和环境的变化，风险管理策略需要根据风险的变动随时调整。我们不仅要对风险进行管理，还要对风险管理过程的各个环节进行评价，对风险管理策略或实施过程中存在的问题进行检查、反馈、调整与改进。风险管理者要定期对各业务部门进行全面或者专项检查，以便发现问题、及时改正，并且可以根据之前风险管理的经验来设计更有效的风险管理方案，从而提高风险管理的有效性。

案例分析

美国长期资本管理公司的惨败

美国长期资本管理公司（LTCM）成立于1994年2月，是一家主要从事定息债务工具套利活动的对冲基金公司，其旗下的基金曾经是当时世界上最出色的对冲基金之一。LTCM掌门人约翰·梅里韦瑟（John Meriwether），这位被誉为能"点石成金"的华尔街债券套利之父，聚集了一批华尔街上证券交易的精英，包括1997年诺贝尔经济学奖获得者罗伯特·C. 默顿（Robert C. Merton）和迈伦·斯科尔斯（Myron Scholes），前美国财政部副部长及美联储副主席大卫·莫里斯（David W. Mullins Jr.）、前所罗门兄弟债券交易部主管埃里克·罗森菲里德（Eric Rosenfeld），以至于有人称之为"梦幻组合"。

　　1994 年到 1998 年 4 月间，LTCM 为它的投资者赚取了巨额财富。从 1994 年到 1997 年，LTCM 每年的投资回报率分别为 28.5%、42.8%、40.8% 和 17%，资本金也从 12.5 亿美元增加到 48 亿美元。LTCM 的投资手法较为特别，在深信"不同市场证券间不合理价差会回归"的基础上，积极倡导投资数学化，运用电脑建立数量模型分析金融工具价格，利用不同证券的市场价格差异进行短线操作，不太注重交易品种的后市方向。LTCM 将金融市场历史交易资料、已有的市场理论、学术研究报告和市场信息有机结合在一起，形成了一套较完整的计算机数学自动投资模型。他们利用计算机处理大量历史数据，通过连续而精密的计算得到两个不同金融工具间的正常历史价格差，然后结合市场信息，分析它们之间的最新价格差。如果两者出现偏差，并且该偏差正在放大，计算机就会立即建立起庞大的债券和衍生工具组合，大举套利入市投资；市场经过一段时间调节后，放大的偏差会自动恢复到正常轨迹上，此时计算机指令平仓离场，以获取偏差的差值。一言以蔽之，LTCM 采取的是"通过计算机精密计算，发现不正常的市场价格差，放大资金杠杆，入市图利"的投资策略。此策略并不关心某一只股票或债券的价格是升还是降，而是关心相关股票或债券的价格是否向"常态"收敛。

　　1998 年，金融危机降临亚洲金融市场，LTCM 根据其模型认为新兴市场国家债券和美国政府债券之间利率相差过大，预测新兴市场国家债券利率将逐渐恢复稳定，二者之间差距会缩小，因此大量持有新兴市场国家的债券，同时抛空美国国债。然而，同年 8 月，小概率事件发生了，由于国际石油价格下跌，俄罗斯国内经济不断恶化，俄政府宣布卢布贬值，投资者纷纷从俄罗斯市场退出，转而持有美国国债、德国国债等风险小、质量高的债券品种。由于方向错判，LTCM 到了破产的边缘。从 1998 年 5 月俄罗斯金融风暴到同年 9 月间，短短的 150 多天，LTCM 资产净值下降了 90%，出现了 43 亿美元的巨额亏损，资本金仅剩余 5 亿美元。1998 年 9 月 23 日，美联储出面组织安排，以美林、J.P. 摩根为首的 15 家国际性金融机构注资 37.25 亿美元购买了 LTCM 90% 的股权，共同接管了 LTCM，从而避免了它倒闭的厄运。

　　思考： 导致 LTCM 惨败的金融风险属于哪种类型的金融风险？

（四）选择风险管理策略

　　因为经济行为主体在选择风险管理策略时，会受自身主观因素的影响和客观条件的限制，所以并不存在可以完全根据风险管理者的意愿分配风险的理想市场。现有的可以实现的各种风险管理策略的成本和效果也都是不一样的。因此，我们将在这一部分考察影响风险管理策略选择的各种因素。

1. 交易成本

交易成本包括保险公司或有价证券交换的建立和运行成本以及签订和实施合同的成本。

交易成本比较高，人们使用的风险管理策略就相对较少，因为信息处理和风险管理的一些工具的买卖本身的交易成本过高，使风险管理策略的使用成本过高，超过了所能带来的收益，人们宁愿选择自留金融资产所带来的风险。而随着通信、信息处理技术、风险承担全球多样化和专业化的发展，进行风险管理的交易成本大大降低，风险管理得到了迅速的发展。

2. 外部环境

承担风险的市场供给方也在风险管理策略的选择中起到了重要的作用。如果外部市场发展程度不够或不完善，有些风险管理的方法根本没有适宜的外部环境来予以支持和配合。例如：如果缺乏金融衍生产品市场，那么风险对冲以及使用期权进行风险管理的策略就根本没办法实施。

3. 经济主体自身的风险管理条件和能力

如果经济主体自身的风险暴露水平较高，风险数量较多，引起损失的可能性又很大，那么经济主体就会选择积极的风险管理策略；反之，经济主体可以通过放弃某些经营活动或资产负债项目以避开风险，即选择消极的风险管理策略。同时，要考虑管理风险主体所拥有的资源是否可以满足风险管理的要求。

学思之窗

是否对所有的金融风险都必须采用数理计量模型进行测度，并采用积极的风险管理策略？

新闻摘录

中央金融工作会议在北京举行

中央金融工作会议 2023 年 10 月 30 日至 31 日在北京举行。会议强调，金融是国民经济的血脉，是国家核心竞争力的重要组成部分，要加快建设金融强国，全面加强金融监管，完善金融体制，优化金融服务，防范化解风险，坚定不移走中国特色金融发展之路，推动我国金融高质量发展，为以中国式现代化全面推进强国建设、民族复兴伟业提供有力支撑。

会议强调，要全面加强金融监管，有效防范化解金融风险。切实提高金融监管有效性，依法将所有金融活动全部纳入监管，全面强化机构监管、行为监管、功能监管、穿透式监管、持续监管，消除监管空白和盲区，严格执法、敢于亮剑，严厉打击非法金融活动。及时处置中小金融机构风险。建立防范化解地方债务风险长效机制，建立同高质量发展相适应的政府债务管理机制，优化中央和地方政府债务结构。维护金融市场稳健运行，规范金融市场发行和交易行为，合理引导预期，防范风险跨区域、跨市场、跨境传递共振。防范化解金融风险，要把握好权和责的关系，健全权责一致、激励约束相容的风险处置责任机制；把握好快和稳的关系，在稳定大局的前提下把握时度效，扎实稳妥化解风险，坚决惩治违法犯罪和腐败行为，严防道德风险；对风险早识别、早预警、早暴露、早处置，健全具有硬约束的金融风险早期纠正机制。

资料来源：中央金融工作会议在北京举行［EB/OL］．新华网，2023-10-31.

三、金融监管的原则、方法和主要内容

随着现代信息技术在金融领域的广泛应用，以及金融混业经营趋势的增强，银行业的竞争愈发激烈，金融机构为了开展创新业务、谋取利润，纷纷想方设法绕过金融管制，拓展业务领域。许多国家的金融监管结构发生了或正在发生明显的变化——金融监管从分业监管向统一监管转变、从机构监管向功能监管转变。我国的银行监管业也随着国内经济、金融体制的改革，不断深化发展。金融监管问题不论是在理论研究层面，还是在实践操作层面，都发生着巨大变化。

（一）金融监管的原则

1. 依法监管原则

世界各国金融监管的体制和风格虽各有不同，但在依法监管这一点上是共同的。依法监管有两方面的含义：一是所有金融机构都必须接受国家金融监管当局的监管，不能有例外；二是金融监管必须依法进行，以确保金融监管的权威性、严肃性、强制性和贯彻性，从而确保金融监管的有效性。因此，金融法规的完善和依法监管是有效监管的基本前提。

2. 适度竞争原则

在市场经济体制下，竞争是必然规律，但竞争必须适度，才能提高效率，才能克服市场经济的负面效应。适度竞争原则要求中央银行金融监督管理的重心是：创造适度竞争的环境；形成和保持适度竞争的格局；避免造成金融高度垄断，失去竞争从而失去活力和生机；防止出现过度竞争、破坏性竞争，从而危及金融业的安全和稳定，做到既限制过度竞争，而又不消灭竞争。

3. 不干涉金融业内部管理原则

各国中央银行对金融业进行监督管理时，普遍奉行不干涉金融业内部管理的原则。按照这一原则要求，只要金融业的经营活动符合金融法律、法规规定的范围、种类和可承担的风险程度，并依法经营，中央银行就不应做过多的干涉。

4. 综合管理原则

综合管理原则着眼于管理的系统化、最优化，将行政的、经济的、法律的管理手段综合配套使用；将直接的、间接的，外部的、内部的，自愿的、强制的，正式的、非正式的，报表的、现场的，事先的、事后的，国内的、国外的，经常性的、集中突出性的，专业的、非专业的，资产的、负债的等各种不同管理方式和管理技术手段结合起来，综合配套使用。

（二）金融监管的方法

1. 事先检查筛选法

事先检查筛选法是指对金融机构建立前的严格审查和注册登记。在各类金融机构建立前，金融监管当局一般都要对拟建机构的地址、规模、股东人数、最低资产额、资本结构情况、经营管理机构的组成和管理水平、是否妨碍竞争、是否有利于公众及银行的未来收益等问题进行严格的审查。

2. 定期报告分析法

定期报告分析法是指规定金融机构定期报告制度，对其呈报的定期报告进行认真分析，从而决定是否深入检查或采取其他制裁措施，这是监督检查的关键方法。对报告的分析，通常采用趋势分析和对比分析两种方法。趋势分析是对同一家银行不同时期增长或下降的比率的分析比较，用以考察一个时期该项比率的变化趋势。如发现不利情况，则须加强监督检查。对比分析是对同类金融机构间的对比，亦称"同类组分析"，通常要进行资本充足程度、资产质量、收益及流动资金等方面的比较。质量差的银行应受到更为严格的监督检查。经验表明，在金融机构不多的国家里，一般适宜采用趋势分析法；对于银行众多、地域广阔的国家来说，采取对比分析法会更加适宜、有效。

3. 现场检查法

现场检查法是指由中央银行或其他金融监管当局派员到银行和金融机构进行实地检查，以了解银行和金融机构的资本充足状况、资产质量、管理质量、收入和盈利状况、清偿能力等，在此基础上做出全面的综合估价。使用现场检查法最早和最为充分的国家是美国。现场检查法是金融监督管理制度的核心，已被日本、西欧国家以及众多的发展中国家广泛采用。

4. 自我监督管理法

自我监督管理法是指中央银行要求银行和金融机构根据法律规范自我约束、自我管理，强调银行和金融机构在自觉自愿的基础上进行自我纪律约束。

5. 内部审计与外部检查结合法

内部审计是企业或银行自己进行的审查与核对，向股东大会负责，审查重点是银行的盈利，而不是金融监管当局关注的风险与安全。目前，各国一般采用内部审计和外部检查相结合，以及国家金融监管当局稽核部门对各类金融机构施行的强制性稽核和社会独立的稽核机构施行的非强制性稽核相结合的办法。

6. 发现问题及时处理法

当银行或其他金融机构的业务经营活动违反或不符合金融法规规定，经营或财务状况不良，或有危害公众利益的行为时，中央银行通过采取相应的措施，督促金融机构纠正偏差，改变现状。

（三）金融监管的主要内容

监管内容与措施是金融监管手段的主体，是中央银行或金融监管当局最经常开展、业务量最大的工作，是金融监管体制中的安全防线。

1. 对新设金融机构进行审批

设立一家金融机构，金融监管部门要对该机构的股东资格、资本金、法人代表和高级管理人员的任职资格等进行审查。在很多国家，这项工作以注册登记管理方式进行，即严把市场准入关，防止不合格成员进入金融体系，从而保证金融业的安全与稳定。

2. 对金融机构的业务范围及管理进行审定

许多国家在金融机构设立之初，都由监管部门审定并核准其业务范围。在金融机构正式运营之后，监管部门还要对其日常经营活动进行常规业务监管，主要包括以下几个方面：

（1）资本充足性的管制。资本充足性又称资本充足条件，即保持银行正常营运和健康发展所必需的资本比率条件。

（2）清偿能力管制。其主要是资产流动性管制，有的国家称之为资产流动性测定。管制的侧重点为资产与负债结构在时间上的配合。

（3）业务与经营的管制。金融机构业务经营活动的管制是各国金融制度结构中一个重要的业务分工模式选择问题，这受到各国经济和金融发展历史传统的影响，某种格局一旦形成，就有相对的稳定性。管制的内容包括：长期金融业务和短期金融业务的选择限制，直接金融和间接金融的选择限制，银行金融业务和非银行金融业务的选择限制，金融机构与工商企业持股和人事结合的限制，商业性金融业务和政策性金融业务的分离或结合。

（4）贷款集中程度管制。这是金融监管的重点之一。对个别客户的贷款过分集中是大多数银行产生危机的经常性原因。限制贷款集中的办法是正式或非正式地要求每家银行竭力避免此种风险，同时规定银行对个别借款者的贷款不得超过贷款银行资本的一定百分比。

（5）外汇业务风险管制。通常情况下，各国金融机构从事本币业务和外汇业务所面临的困难和风险不同，后者的复杂程度和风险比前者要高得多。外汇业务风险也是一种国家风险，它会对一国的国际收支、外汇储备和对外负债产生直接的影响。因此，大多数国家都监视银行的外汇业务活动，只是在管制程序方面有所不同。

（6）报表分析。根据商业银行的报表，中央银行依照商业银行经营资产必须同时具备安全性、盈利性、流动性的原则，主要考察以下几个方面：第一，自有资本是否充足。主要看银行自有资本与资本总额、负债总额、存款总额以及风险投资的比例。一般而言，比例越高，风险越低；比例越低，风险越高。当该比例低于规定比例时，中央银行就必须采取干预措施。第二，资产质量的高低。主要看商业银行各项资产中被拖欠利息的贷款、逾期贷款、呆账和资产损失占有的比重。第三，收益的数量和质量水平。一方面，看资产收益率，即收益总额与银行全部资产之比，以此衡量盈利数量；另一方面，看收入来源多少来自正常经营，多少来自偶然，以此衡量盈利质量。第四，资产的流动性大小。主要看银行库存现金、流动性资产与资产总额的比例，流动性资产与活期存款的比例，检查其流动性是否达到规定程度。

3. 对金融机构实施市场检查

这种检查带有抽查性质，主要是针对金融机构的日常经营活动进行金融稽核与检查监督，有时也是有针对性的。

4. 对有问题的金融机构进行挽救与保护

金融监管部门在监管过程中，一般会尽量避免单个金融机构因经营不善而给社会带来的震动。当出现这种情况时，监管部门会尽力采取挽救和保护措施，主要包括以下几种方式：

（1）存款保险制度。为了维护存款者的利益，维护金融体系的安全和稳定，监管当局往往规定，金融机构必须按其存款金额到存款保险公司投保，以便在非常情况下由存款保险公司对金融机构支付必要的保险金，即存款保险制度，这一制度于20世纪60年代到80年代在西方建立。存款保险制度为金融体系设立了一道安全防线，提高了金融体系的信誉和稳定性，具有事先检查和事后监督双重稳定的特征。目前，大多数国家法律规定，存款在最高限额内，损失100%赔偿；超出限额则部分赔偿，存款者承担一部分的损失。存款保险制度的组织形式多种多样，有官办的、银行办的以及民办的等，有的强制，有的自愿。存款保险费一般是按存款总额的一定百分比缴纳。

（2）最后援助手段。中央银行或政府对发生清偿困难的银行，往往提供紧急援助，这被视为金融体系的最后一道防线。最后援助的措施有：一是直接贷款；二是组织大银行救助小银行，或者安排大银行兼并小银行；三是由存款保险机构出面提供资金，解决困难；四是购买银行资产；五是银行收归政府经营，全部债务由政府清偿。

（3）最后制裁手段。对商业银行违背政策等问题，中央银行往往采取最后制裁手段，具体措施有：一是经济惩罚，如实行惩罚性利率、罚款等；二是停止对其贷款和贴现；三是建议撤换高级管理人员；四是撤销该行在存款保险公司的保险权，降低其社会信誉；五是提出诉讼，迫使其倒闭。

金 融 视 野

《巴塞尔协议Ⅲ：后危机改革的最终方案》

经过长达七年的研究讨论、影响评估和复杂博弈，2017年12月8日巴塞尔委员会发布了《巴塞尔协议Ⅲ：后危机改革的最终方案》（以下简称《最终方案》），并于2022年正式开始实施。《最终方案》是对2010年12月17日巴塞尔委员会发布的《巴塞尔协议Ⅲ：增强银行和银行体系稳健性的国际监管框架》（以下简称《2010年版巴塞尔协议Ⅲ》）的补充修订。作为应对国际金融危机的快速产物，《2010年版巴塞尔协议Ⅲ》强化了资本工具的合格标准，提高了资本充足率监管要求，但仍沿用了《巴塞尔协议Ⅱ》风险加权资产的计量框架。《最终方案》的核心是重新构造风险加权资产计量监管框架。《最终方案》的发布标志着巴塞尔委员会完成了资本充足率监管三个基本要素——资本工具合格标准、风险加权资产计量方法和资本充足率监管要求的改革进程，后危机时期资本监管国际规则改革尘埃落定。《最终方案》的实施将对全球银行体系的运行产生持久而重大的影响。

四、金融监管体制

目前，我国金融机构采取分业经营、分业监管的体制。我国的整体金融监管系统包括金融监管的组织监管系统、金融机构自律监管系统、行业自律监管系统、市场监督系统、行政法制监督系统五个方面的监管系统，形成了对于金融机构的自我约束与外部约束、行政手段监管与法律手段监管相结合的基本框架。

（一）金融监管的组织监管系统

2017 年 7 月 14 日至 15 日，在北京召开的全国金融工作会议，宣布设立国务院金融稳定发展委员会。设立国务院金融稳定发展委员会，是为了强化中国人民银行宏观审慎管理和系统性风险防范职责，强化金融监管部门监管职责，确保金融安全与稳定发展。

中国人民银行作为我国的中央银行，在金融监管方面主要担负宏观审慎领域的监管职责。从具体的职责来看，中国人民银行还负责监督管理银行间同业拆借市场、银行间债券市场、银行间票据市场、银行间外汇市场和黄金市场及上述市场的有关衍生产品交易，负责全国反洗钱工作的组织协调和监督管理，负责涉嫌洗钱及恐怖活动的资金监测等方面内容。

2018 年"两会"通过国务院机构改革方案，将银监会和保监会职责整合，形成了当前"一委一行两会（国务院金融稳定发展委员会、中国人民银行、银保监会与证监会）"的金融监管体系。

金融视野

宏观审慎管理局

2019 年 2 月，中央机构编制委员会办公室公布《中国人民银行职能配置、内设机构和人员编制规定》，明确设立宏观审慎管理局。宏观审慎管理局牵头建立宏观审慎政策框架和基本制度，以及系统重要性金融机构评估、识别和处置机制。牵头金融控股公司等金融集团和系统重要性金融机构基本规则拟订、监测分析、并表监管。牵头外汇市场宏观审慎管理，研究、评估人民币汇率政策。拟订并实施跨境人民币业务制度，推动人民币跨境及国际使用，实施跨境资金逆周期调节。协调在岸、离岸人民币市场发展。推动央行间货币合作，牵头提出人民币资本项目可兑换政策建议。

宏观审慎管理局下设综合处、宏观审慎处、系统重要性金融机构处、金融控股公司处、跨境人民币业务处、货币合作处。

资料来源：中国人民银行网站.

中国银行保险监督管理委员会（简称银保监会）成立于 2018 年，是国务院直属事业单位，其主要职责是依照法律法规统一监督管理银行业和保险业，维护银行业和保险业合法、稳健运行，防范和化解金融风险，保护金融消费者合法权益，维护金融稳定。

金融视野

证监会

中国证券监督管理委员会（简称证监会）成立于 1992 年 10 月，是国务院直属事业单位，依照法律、法规和国务院授权，统一监督管理全国证券期货市场，维护证券期货市场秩序，保障其合法运行。

（二）金融机构自律监管系统

在完善的金融监管中，各金融机构既是被监管的对象，也是基础性监管的自律主体。目前，各银行机构内部都设立了稽核、监察等部门，以加强内部控制，并按照央行的监管要求，以国家的经济、金融法规及内部控制制度为基础，发挥其自我约束、自我监察、防微杜渐的基础性作用，增强其自律能力。

（三）行业自律监管系统

为避免金融机构之间的不正当竞争，规范和矫正金融行为，以促进其协作运行和共同繁荣，金融行业内自律监管不可或缺。2000 年 5 月成立的中国银行业协会，作为银行业利益的代言人，以及行业纠纷的调解人，并且作为一种民间金融监管组织，从平等协商、互助互惠的原则出发，可以制定同业公约，加强行业管理，协调各方面关系，从而有效地沟通监管机构与金融机构之间的信息，有利于金融监管当局实施宏观金融管理。

（四）市场监督系统

市场监督系统主要包括客户和社会舆论的监督。要充分发挥市场的监督作用，就必须要求银行业增加透明度，包括业务制度方面的规范、经营过程及财务信息方面的透明度，只有这样才能通过客户的选择与社会舆论监督系统来协助监管机构对银行业进行监管。目前，一方面，各银行通过建立社会举报制度和问题查处程序形成强大的社会监督威慑力，督促各金融机构依法经营和规范行事；另一方面，各银行利用社会机构协助进行监督管理，如会计师事务所、律师事务所等。

（五）行政法制监督系统

行政法制监督系统包括工商行政管理、财政税务审计等政府部门的各种专项审计和专项检查，以及政府对特种金融工具如债券、股票等的直接或间接监管。

金融视野

美国和英国的金融监管体制

1. 美国的金融监管体制

美国实行分层的金融监管体制。美国在 1999 年之前实行个别立法、分业监管的体制。《金融服务现代化法案》颁布之后实行横向综合性监管。美国的金融监管体系错综复杂,既包括基于联邦法设立的监管机构,也包括基于各州法律设立的州政府监管机构,而且对银行、证券和保险又分别设立监管机构,这样美国的监管体系包含联邦政府、州政府与专门机构三个层次。对银行的监管有四个独立的机构:美联储主要负责监管州注册的联邦储备银行(1999 年之后美联储拥有对金融控股公司进行全面监管的职能);联邦存款保险公司(FDIC)负责监管所有在州注册的非联邦储备银行;货币监理署(OCC)负责监管所有在联邦注册的国民银行和外国银行分支机构;储贷监理署(OTS)负责监管所有属于储蓄机构保险基金的在联邦和州注册的储贷机构;国家信用合作社管理局(NCUA)负责监管所有参加联邦保险的信用社。除货币监理署和储贷监理署在行政上隶属财政部外,其余 3 家则为独立的联邦政府机构。

与此同时,美国证券交易委员会(SEC)是基于证券交易法设立的美国证券监管机构,对证券经营机构、证券信息披露、证券交易所和证券业协会等履行监管职能。保险领域有州保险法规定的州保险理事会对保险业务实施监管。由于《格拉斯-斯蒂格尔法案》被废除,美国确立了金融持股公司为美国金融混业经营的制度框架。在存款机构、证券与保险三者的监管关系上,根据 1999 年的《金融服务现代化法案》,美联储拥有对金融控股公司进行全面监管的权力,必要时也对证券、保险等子公司拥有仲裁权,因此美联储成了能同时监管银行、证券和保险行业的唯一一家联邦机构,其职能在一定程度上凌驾于其他监管机构之上。另外,当各领域监管机构断定美联储的监管制度不恰当时,可优先执行各领域监管机构的制度。美国的新监管体制将存款机构、证券、保险融为一体,体现了功能性监管的特色。

2. 英国的金融监管体制

2000 年 6 月,英国女王正式批准了《2000 年金融服务和市场法》。根据《2000 年金融服务和市场法》的规定,英国成立了最强有力的金融监管机构——金融服务监管局(FSA)。

FSA 是英国整个金融行业唯一的监管局,其职能部门设置分为金融监管专门机构和授权与执行机构两大块:前者包括银行与建筑协会部、投资业务部、综合部、市场与外汇交易部、退休基金检审部、保险与友好协会部;后者包括授权部、执行部、消费者关系协调部、行业教育部、金融罪行调查部、特别法庭秘书处。FSA 根据英国《2000 年金融服务和市场法》的授权,制定并公布了一系列金融监管规则,确立了全新的金融监管理念。同时,为确保 FSA 能够正确地行使《2000 年金融服务和市场法》所赋予的权力,

 金融学基础（第四版）

全面履行其负有的监管职责，避免冤、假、错案的发生，也为了制止 FSA 在金融监管中可能发生的以权谋私、渎职行为，英国成立了专门的金融监管制约机构——金融服务和市场特别法庭。金融服务和市场特别法庭于 2001 年 12 月 1 日与 FSA 同时开始运作。

案例分析

"影子银行"挑战金融监管

近年来，我国"影子银行"迅速发展，不仅改变了传统金融结构，而且开始挑战监管体系和货币政策。有关专家呼吁，建立新型风险监管体系和完善金融调控手段已经刻不容缓。

"影子银行"一般是指持有大量证券、债券和复杂金融工具，包括投资银行、对冲基金、货币市场基金在内的非银行金融机构，目前，其更多地表现为信托理财、地下钱庄、小额贷款公司、典当行、私募投资、对冲基金等从事贷款业务的非银行金融机构。国家信息中心经济预测部专家认为，从积极作用来看，游离于银行体系之外的"影子银行"，经营方式更加灵活，填补了市场信贷需求的巨大缺口；但与此同时，这些行为也成为游离于正常金融监管之外的"金融暗河"。

专家表示，从宏观上讲，"影子银行"快速发展，银行表内信贷已不能全面反映社会的资金供求状况，由"影子银行"创造的流动性并非中央银行所能直接控制，对货币政策的理论和实践带来了巨大挑战；从微观上讲，以往通过差别化的贷款政策可以实现较好的行业调控目的，如今银行不贷款，仍可以从信托、银行理财、民间借贷上找缺口，使行业调控的效果大大弱化。这样的监管现状亟待优化，以确保不留监管空白。

资料来源：徐岳，邓中豪．"影子银行"快速膨胀，挑战金融监管 [EB/OL]．人民网，2013-01-18.

思考：上述案例说明我国当时的监管体制存在哪些问题？应该采取怎样的手段完善我国的监管体制？

本章小结

1. 中央银行是经济、社会发展的特定产物。中央银行是一国金融体系的核心，其基本职能可以归纳为"发行的银行""银行的银行""国家的银行"。

2. 中央银行的主要业务反映在它的资产负债表上，包括负债业务、资产业务和清算业务三项。

3. 货币需求是指在一定时间内社会各经济主体为满足正常的生产、经营和各种经济活动需要而保留或占有一定货币的动机或行为。以马克思的货币需求理论、现金交易说和现金余额说为代表的传统货币数量说对货币需求做了阐述。凯恩斯基于流动性偏好将货币需求划分为交易性货币需求、预防性货币需求和投机性货币需求，建立了自身的货币需求理论。弗里德曼建立了新货币数量学说。货币供给是指货币供给主体向社会公众供给货币的经济行为。

4. 现代货币是信用货币，信用货币由银行信用创造，中央银行创造了现金，商业银行创造了存款货币，商业银行通过吸收流通中现金或从中央银行取得贷款、贴现资金等形成原始存款，并创造出数倍于原始存款的派生存款。

5. 风险特指未来收益损失的可能性。按照来源划分，金融风险可分为市场风险、信用风险、流动性风险和操作风险。按照影响范围划分，金融风险可分为系统性风险和非系统性风险。

6. 金融风险管理的过程是由风险识别、风险度量、风险管理的决策与实施、风险评价四个主要的系统化过程构成的。金融监管须遵循依法监管原则、适度竞争原则、不干涉金融业内部管理原则以及综合管理原则。

想一想

1. 简述中央银行的性质、基本职能和主要业务。
2. 分析影响货币需求的因素。
3. 什么是基础货币和货币乘数？二者有什么关系？
4. 按照风险影响范围划分，金融风险可分为哪些类型？
5. 金融监管有哪些主要的体制？各有什么特点？

算一算

如果某个国家的基础货币量为 100 亿元，货币乘数为 4，那么该国的货币供应量为多少？

查一查

登录中国银行保险监督管理委员会、中国证券监督管理委员会的网站，查找这些金融监管机构的介绍、部门构成、机构职能等内容。

第八章

解 读 政 策

知识目标

- 了解通货膨胀和通货紧缩的含义
- 掌握衡量通货膨胀的指标
- 掌握货币政策的目标
- 熟悉菲利普斯曲线的含义

能力目标

- 比较不同类型的通货膨胀
- 分析通货膨胀和通货紧缩产生的原因
- 分析如何治理通货膨胀和通货紧缩
- 比较一国的货币政策工具及其作用
- 分析当前我国的货币政策类型

某晚的卧谈会上，大家说起一件令人十分愤慨的事：学校生活区小卖部的包子涨价了，钱越来越不禁花。

小金于是感叹："要是能买彩票中个大奖该多好啊！"小李也说："我也想买彩票，中大奖。"小黄也附和。一直不吭声的小张忽然说了一句："要是人人都中大奖，那么钞票就变废纸啦！"

大家先是不以为然，忽然又都沉默了。小金想起了历史课上的第一次世界大战后德国马克成为小孩子玩具的漫画……

思考：钱为什么会不禁花？钱越多越好吗？你愿意生活在人人都是"亿万富翁"的社会里吗？如果一个国家真的"钱太多了"，该怎么办？

第一节 通货膨胀及其治理

一、通货膨胀的定义和衡量

（一）通货膨胀的定义

通货膨胀是指市场上的货币供应量超过商品生产和流通对货币的客观需要量而引起的货币贬值、一般物价水平持续上涨的经济现象。

对该定义的正确理解，要注意以下两方面：一方面，通货膨胀是一般物价水平的持续上涨，仅仅是某几种商品价格的上涨不能称为通货膨胀，而应是一般物价水平或者物价总水平的上涨；另一方面，通货膨胀是持续性的上涨，暂时性、偶然性、季节性的物价上涨不能称为通货膨胀。

（二）通货膨胀的衡量

世界上较为通行的通货膨胀的衡量指标如下：

1. 消费者价格指数

消费者价格指数（Consumer Price Index，CPI），也称为零售物价指数或生活费用指数，我国称之为居民消费价格指数。它是根据与消费者生活有关的商品和劳务价格统计出来的价格变动指数。如果消费者价格指数升幅过大，表明通货膨胀已经成为经济不稳定因素，政府往往会采取紧缩的货币政策和财政政策。

消费者价格指数是由各国政府根据各国若干主要食品、衣服和其他日用消费品的零售价格，以及水、电、住房、交通、医疗、娱乐等服务费用而编制计算出来的。在编制这一指数时，选用的商品数量和劳务价格，取决于各国的实际状况，并无统一的标准。

我国用于计算 CPI 的商品和服务项目以及调查网点，由国家统计局和地方统计部门分级确定。国家统计局根据全国城乡居民家庭消费支出的抽样调查资料统一确定商品和服务项目的类别，设置包括食品烟酒、衣着、居住、生活用品及服务、交通通信、教育文化娱乐、医疗保健、其他用品及服务八大类 268 个基本分类，基本涵盖了城乡居民的全部消费内容。全国抽选约 500 个市县，确定采集价格的调查网点，包括食杂店、百货店、超市、便利店、专业市场、专卖店、购物中心、农贸市场、服务消费单位等共 6.3 万个。

消费者价格指数的优点是能及时反映消费品供给与需求的对比关系，资料容易搜集，公布次数较为频繁，能够迅速且直接地反映影响居民生活的价格趋势；缺点是范围较窄，只包括社会最终产品中的居民消费品这一部分，不包括公共部门的消费、生产资料和资本产品以及进出口商品，从而不足以说明全面情况，而且不能表示商品和劳务的质量改善状况。消费者价格指数是各个国家衡量通货膨胀最常用的指标之一。

2. 生产者价格指数

生产者价格指数（Producer Price Index，PPI）[1]，是统计部门通过向各大生产商搜集的各种商品报价资料，再加权换算，用于衡量各种商品在不同生产阶段的成本价格变化情况。生产者价格指数与消费者价格指数不同，其主要目的是衡量企业购买的一篮子物品和劳务的总费用。我国生产者价格指数涉及的商品有 4 000 多种，覆盖全部 39 个工业行业大类，涉及调查种类 186 个。由于企业最终要把它们的费用以更高的消费价格的形式转移给消费者，因此通常认为生产者价格指数的变动先于消费者价格指数的变动。

3. 国民生产总值物价平减指数

该指数是按现行价格计算的国民生产总值与按不变价格计算的国民生产总值的比率。按不变价格计算，实际上就是按照某一基期年份的价格进行计算，即名义 GNP 与实际 GNP 的比值。例如：某国 2000 年的国民生产总值按当年价格计算为 18 000 亿美元，而按 1980 年的不变价格计算则为 10 000 亿美元，1980 年的基期指数为 100，则 2000 年的国民生产总值物价平减指数为 180（＝18 000÷10 000×100），这表示与 1980 年相比，2000 年物价上涨了 80%。国民生产总值物价平减指数的计算基础比消费者价格指数更广泛，涉及全部商品和服务，除消费外，还包括生产资料和资本、进出口商品和劳务等。因此，这一指数能够更加准确地反映一般物价水平走向，是对价格水平最宏观的测量。但是，该指数涉及范围较广，统计成本较高。与消费者价格指数和生产者价格指数两种指标相比，该指数在我国不属于常用指标。

---

① 生产者价格指数包括工业生产者出厂价格和工业生产者购进价格。一般所说的生产者价格指数指的是前者，即工业生产者出厂价格。

二、通货膨胀的类型

（一）开放型通货膨胀和隐蔽型通货膨胀

按照表现形式，通货膨胀可分为开放型通货膨胀和隐蔽型通货膨胀。

1. 开放型通货膨胀

开放型通货膨胀，又称为公开型通货膨胀，是指通货膨胀状况可以灵敏地通过物价变动反映出来。在市场经济条件下，对物价管制较少的国家，市场商品供求对比关系的变动必然引起物价水平的波动，这时通货膨胀状况可以灵敏地通过物价变动反映出来。市场经济下产生的通货膨胀往往体现为开放型通货膨胀。

2. 隐蔽型通货膨胀

隐蔽型通货膨胀，又称为抑制型通货膨胀，是指在市场商品的价格受到管制的情况下，通货膨胀压力无法通过市场价格的变动反映出来。在管制物价的前提下，当市场商品出现供不应求的现象时，由于物价受到管制，官方价格并不会出现显著的上涨，但是往往会导致排队现象、限量供应和黑市价格。隐蔽型通货膨胀往往发生在实行计划经济的国家。

（二）温和型通货膨胀、快速型通货膨胀和严重型通货膨胀

按照轻重程度，通货膨胀可分为温和型通货膨胀、快速型通货膨胀和严重型通货膨胀。

1. 温和型通货膨胀

温和型通货膨胀，又称为适度的通货膨胀或爬行式通货膨胀，一般指年物价上升率在2%～3%（也有人认为在2%～5%）的通货膨胀，是缓慢而持续的通货膨胀。

2. 快速型通货膨胀

快速型通货膨胀，又称为高通货膨胀，一般认为年物价上升率在5%～10%（也有人认为要达到10%左右），才可称为高通货膨胀。

3. 严重型通货膨胀

严重型通货膨胀，又称为恶性通货膨胀，一般认为年物价上升率在10%以上（也有人认为在20%以上），即为恶性通货膨胀。这种通货膨胀破坏性强，如果持续的时间长，则会导致经济崩溃。例如：第一次世界大战后的德国就出现过恶性通货膨胀。

（三）需求拉动型通货膨胀、成本推动型通货膨胀、供求混合推进型通货膨胀和结构型通货膨胀

按照产生原因，通货膨胀可分为需求拉动型通货膨胀、成本推动型通货膨胀、供求混合推进型通货膨胀和结构型通货膨胀。

1. 需求拉动型通货膨胀

需求拉动论是西方经济学界出现最早的通货膨胀理论。该理论认为通货膨胀是由于商

品和劳务的总需求量超过其总供给量，导致过剩需求、劳动物价的普遍上升。由于"太多的货币追逐太少的商品"，使包括商品和劳务在内的总需求超过按现行价格可得到的总供给，物价总水平上涨。凯恩斯学派认为，在社会的生产设备、劳动力等资源未被充分利用的情况下，增加消费、投资、政府开支等因素引起的社会总需求上升，不会导致通货膨胀。当社会总需求持续增加，导致劳动力、资本等资源被充分利用后，社会总供给无法再增加，从而形成总需求大于总供给的膨胀性缺口。由于生产能力的制约，总需求增长不再引起产量的增加，而只导致物价水平按同一比例增长，出现通货膨胀。

2. 成本推动型通货膨胀

成本推动型通货膨胀，又称为成本通货膨胀或供给通货膨胀，是指在没有超额需求的情况下，由于供给方面成本的提高所引起的一般价格水平持续和显著的上涨。由于成本上升时的原因不同，成本推动型通货膨胀可以分为三种类型：工资推动型、利润推动型、进口和出口推动型。

（1）工资推动型通货膨胀。由于工会组织的存在，工人谈判能力提高，工资不再是竞争工资，而是工会和雇主集体议价的工资，这往往导致工资的增长速度超过劳动生产率的增长速度，因此工资的提高就导致了成本的提高，从而导致一般物价水平上涨，这就是工资推动型通货膨胀。许多经济学家将欧洲大多数国家在 20 世纪 60 年代末至 70 年代初经历的通货膨胀认定为工资推动型通货膨胀。

（2）利润推动型通货膨胀。寡头企业和垄断企业为获得较高的垄断力量，依靠其垄断市场的力量，提高商品价格，从而导致价格总水平上涨，这就是利润推动型通货膨胀。其中最为典型的例子是，1973—1974 年，石油输出国组织（OPEC）历史性地将石油价格提高了 4 倍，到了 1979 年，石油价格又被再一次提高，引发石油危机。这两次石油提价导致了当时西方国家的通货膨胀。

（3）进口和出口推动型通货膨胀。进口商品价格上涨，特别是进口原材料价格上涨，会引起通货膨胀。出口商品数量快速增加，国内市场商品不足，也能引起物价上涨和通货膨胀。这就是进口和出口推动型通货膨胀。

3. 供求混合推进型通货膨胀

尽管理论上可将通货膨胀的成因分为需求拉动和成本推动，但在现实经济中，需求因素和供给因素往往混合在一起共同发生作用，这类通货膨胀被称为供求混合推进型通货膨胀。实际上，单纯的需求拉动或成本推动不可能引起物价的持续上涨，只有在总需求和总供给的共同作用下，持续性的通货膨胀才会发生。

4. 结构型通货膨胀

结构型通货膨胀，是指经济中总供给和总需求处于均衡状态，当一些产业和部门在需求方面或成本方面发生变动时，对某些部门的商品需求过多或者某些部门的成本上升造成的部分商品的价格上涨现象。部门商品的物价上涨或者成本上涨往往会通过部门之间的相互看齐的过程而影响其他部门，从而导致一般物价水平的上升。结构型通货膨胀如果未能得到有效抑制，就会变成成本推动型通货膨胀，进而造成全面通货膨胀。

案 例 分 析

1923 年德国爆发恶性通货膨胀：把马克当柴烧

第一次世界大战结束后，西方国家普遍陷入了经济衰退。其中，最引人注目的是发生在德国的恶性通货膨胀。

当时，德国在战争中丧失了 10％的人口和将近 1/7 的土地，换来的是每年 1 320 亿金马克的赔款，相当于 1921 年德国商品出口总值的 1/4。德国拿不出这笔钱，法国就联合比利时、波兰，毫不客气地进入了德国经济命脉——鲁尔工业区，史称"鲁尔危机"。手忙脚乱的德国政府走投无路，断然采取了千古不变的饮鸩止渴的老办法：大量增发纸币。

真正的灾难由此开始了。随着印刷机的全速开动，1921 年 1 月 31 日，世界金融史上前所未有的恶性通货膨胀，如同张开翅膀的死神，扑向了已经奄奄一息的德国经济。人们尚未来得及摆脱战败的沮丧和羞辱，严峻的生计问题就噩梦般紧逼了上来。

那么，这次通货膨胀到底严重到了什么程度？可以这样打一个比喻：如果一个人在 1922 年初持有 3 亿马克债券，仅仅两年后，这些债券的票面价值就买不到一片口香糖了。据说，有两位教授曾将德国的通货膨胀数字绘成书本大小的直观柱状图，可是限于纸张大小，未能给出 1923 年的数据，结果不得不在脚注中加以说明："如果将该年度的数据画出，其长度将达到 200 万英里。"

而对所有的企业主来说，薪水必须按天发放。不然，到了月末，本来可以买面包的钱只能买到面包渣了。发工资前，大家通常都要活动一下腿脚，准备好起跑姿势，钱一到手，立刻以百米冲刺的速度冲向市场与杂货店。那些腿脚稍微慢了几步的，往往就难以买到足够的生活必需品，须付出更高的价格。

农产品和工业品生产都在急剧萎缩，市面上商品奇缺，唯一不缺的就是钱。孩子们把马克当成积木，在街上大捆大捆地用它们堆房子玩耍。1923 年，《每日快报》上刊登过一则轶事：一对老夫妇金婚之喜，市政府发来贺信，通知他们将按照普鲁士风俗得到一笔礼金。第二天，市长带着一众随从隆重而来，庄严地以国家名义赠给他们 1 万亿马克——相当于 0.24 美元或者半个便士。当时，就连钞票也先是改成单色油墨印刷，继而又改成单面印刷，因为来不及晾干。而最经典的一幕，莫过于一名女子用马克代替木柴，投入火炉中烧火取暖，因为这样更划算一些。

到了这个地步，德国人的日常生活可想而知。无数百姓陷入赤贫，整个德国处在深深的绝望之中……

资料来源：比尔·李，向咏怡. 大滞胀：下一步：通缩？通胀？或者滞胀？[M]. 北京：北京邮电大学出版社，2014.

思考：以上的通货膨胀属于哪种类型的通货膨胀？上述通货膨胀产生的原因是什么？

三、通货膨胀的影响

（一）通货膨胀与经济增长

就通货膨胀对经济的影响，存在"促进论""中性论""促退论"三种观点。

"促进论"观点认为，当经济的有效需求不足，导致实际经济增长率低于潜在经济增长率时，适当的通货膨胀可以促进经济的增长。

"中性论"观点认为，人们对通货膨胀的预期最终会中和它对经济的各种效应，因此，通货膨胀对经济既无正效应，也无负效应，它是中性的。

"促退论"观点认为，通货膨胀导致价格信号失真，无法发挥资源配置的指导作用，使企业盲目生产，造成资源浪费，扭曲了市场机制的有效秩序，降低了经济效益并使经济陷于不稳定。恶性通货膨胀也使商品流通秩序极为混乱，如商品抢购、囤积居奇、商品倒流等。在恶性通货膨胀期间，利率的上升通常滞后于物价的上涨。债权人为了避免损失，不愿意提供商业信用，不愿意储蓄或提供贷款，于是引起信用规模骤减，导致经济衰退。

目前，世界上大部分经济学家都肯定"促退论"，认为如果通货膨胀只能促进短期内的经济繁荣，繁荣过后往往是更严重的衰退。因此，从长远和全局来看，通货膨胀对经济的危害是巨大的。

（二）通货膨胀与收入分配

通货膨胀的货币贬值，使一些收入较低的居民的生活水平不断下降，使广大的居民生活水平难以提高。

通货膨胀使债务人获利，债权人受损。债务人在债务到期时按债务的名义价值进行偿还，当通货膨胀发生时，同等数量货币的实际购买力已经下降，因此，债权人的利益受到了损害。通货膨胀也使国家得利，使居民受损。国家通过发行国债可以成为大的债务人，通过通货膨胀税占有了一部分实际资源。通货膨胀也使货币财富持有者受损。实际财富诸如贵金属、珠宝、不动产等在通货膨胀时期价格上涨，而货币财富诸如现金、银行存款等因物价上涨而下跌，从而使实际财富持有者获利、货币财富持有者受损。

（三）通货膨胀与对外经济关系

一国的通货膨胀对其进出口、汇率等都会产生影响，具体表现在：通货膨胀会抬高企业的经营成本，增加原材料、劳动力、能源等成本，降低本国商品的出口竞争能力。

通货膨胀也就意味着该国货币代表的价值量下降。在国内外商品市场相互紧密联系的情况下，一般而言，通货膨胀和国内物价上涨，会引起出口商品的减少和进口商品的增加，从而对外汇市场上的供求关系发生影响，导致该国汇率波动。同时，一国货币对内价值的下降必定影响其对外价值，削弱该国货币在国际市场上的信用地位，人们会因通货膨胀而预测该国货币的汇率将趋于疲软，把手中持有的该国货币转化为其他货币，从而导致汇价下跌。按照一价定律和购买力平价理论，当一国的通货膨胀率高于另一国的通货膨胀率时，该国货币实际所代表的价值相对另一国货币在减少，该国货币汇率就会下降；反之，则会上升。例如：20 世纪 90 年代之前，日元和马克汇率十分坚挺的一个重要原因，就在于这两个国家的通货膨胀率一直很低；而英国和意大利的通货膨胀率经常高于其他西方国家的平均水平，故这两国货币的汇率一下处于跌势。

新闻摘录

高通胀加重英国民众生活成本危机

据路透社报道，当地时间 4 月 26 日，英国慈善机构特拉塞尔基金会发布报告显示，在截至 2023 年 3 月的一年里，该基金会共发放约 300 万份免费救济食物包，同比增长 37%，数量创新高。

英国国家统计局数据显示，今年 3 月英国食物和非酒精饮料价格同比上涨 19.1%，涨幅再次刷新 45 年来最高纪录；受食品价格大涨影响，英国 3 月消费者价格指数（CPI）同比上涨 10.1%，高于市场预期，为西欧国家中最高。行业数据估算英国 4 月食品通胀率或为 17.3%。

资料来源：秦天弘. 高通胀加重英国民众生活成本危机 ［EB/OL］. 经济参考报，2023 - 04 - 28.

行业洞察

黄金行业发展与前景

一般认为，黄金是在通货膨胀环境下比较好的保值工具。我国的黄金行业经历了从政策逐步开放到商品流通市场不断成熟的过程，其发展历程如图 8 - 1 所示。2022 年，我国的黄金行业研究数据如图 8 - 2 所示。

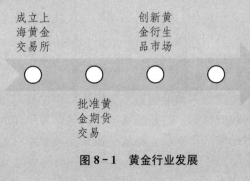

图 8 - 1 黄金行业发展

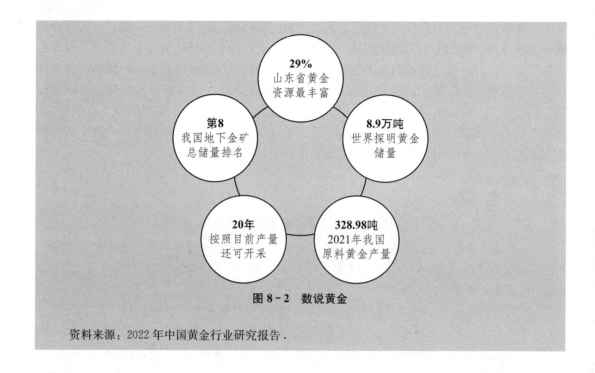

图8-2　数说黄金

资料来源：2022年中国黄金行业研究报告.

四、通货膨胀的治理对策

（一）宏观经济政策

紧缩性货币政策和紧缩性财政政策是各国治理通货膨胀时最常用的宏观经济政策。

1. 紧缩性货币政策

紧缩性货币政策，又称为抽紧银根，即中央银行通过减少流通中货币量的办法，提高货币购买力，减轻货币膨胀的压力。它是一种调节总需求的间接控制措施，目的在于通过抑制投资和消费需求，使总需求降低至与总供给相应的水平。具体措施包括：

（1）提高法定存款准备金率。中央银行提高存款准备金率以后，商业银行的法定准备金增加，可贷资金减少，达到紧缩信贷规模，从而降低投资和消费的目的。

（2）提高利率。一方面，中央银行提高再贴现率，促使商业银行提高贴现率，导致企业利息负担加重、利润减少，从而抑制企业贷款需求，以达到减少投资、减少货币供应量的目的；另一方面，中央银行提高存款利率，鼓励居民增加储蓄，把消费基金转化为生产基金，减少通货膨胀的压力。

（3）公开市场业务。中央银行向商业银行或市场出售手中持有的有价证券，以收缩流通中的货币供应量，如出售政府债券。这是最重要而且经常被采用的一种政策工具。

另外，中央银行还可以采取法律手段、行政手段来实施紧缩性的货币政策。

2. 紧缩性财政政策

紧缩性财政政策即当总支出过多，价格水平持续上涨时，减少政府支出，增加政府收入，从而抑制总支出。具体措施包括：

（1）削减政府预算，限制公共事业投资。这一措施的目的在于减少政府支出，减少财政赤字。

（2）增加税收，使企业和个人的利润和收入减少，从而投资减少，政府赤字也随之减少，最终控制总需求的膨胀。

（3）降低政府转移支付水平，减少社会福利费用，从而减少个人收入，抑制个人消费需求。

（4）发行公债。国家向企业和个人发行公债，既可以减少财政赤字，又可以减轻市场压力。

总的来看，紧缩性货币政策是通过影响信贷和投资来调节市场货币供应量，压缩总需求；紧缩性财政政策则是直接影响政府和个人的消费支出，压缩总需求。但人们对紧缩性货币政策和紧缩性财政政策导致的总需求下降常常缺乏准确的预期，或者即使对此有准确的预期，却由于政策的滞后效应，导致宏观紧缩政策并不会立即产生预期的效果。另外，紧缩性政策通常伴随着短期内的失业上升和产出下降，导致经济增速放缓。

（二）收入紧缩政策

收入紧缩政策就是为了降低一般物价水平上涨幅度而采取的强制性或非强制性限制货币工资价格的政策，目的在于在控制通货膨胀的同时不会引起大规模失业。其理论基础主要是成本推动型通货膨胀理论。收入紧缩政策可以采取的方式有以下三种。

1. 以指导性为主的限制

这种方式是指利用政府威信对特定的工资或物价进行"权威性劝说"或施加政府压力，迫使工会或雇主协会让步；对一般性的工资或物价，政府根据劳动生产率的提高等因素，制定一个增长标准，作为工会或雇主协会双方协商的指导线，要求其自觉遵守。例如：美国20世纪60年代的肯尼迪政府和约翰逊政府，都相继实行过这种政策。由于政府只能依靠劝说而不能以法律手段强制实行这种政策，因此其效果并不理想。

2. 以税收为手段的限制

这种方式是指政府以税收作为奖励和惩罚的手段来限制工资和物价的上涨。如果上涨幅度保持在政府规定的幅度之内，政府就以减少个人所得税和企业所得税作为奖励；如果超过界限，政府就以增加税收作为惩罚。

3. 强制性工资、物价管制

这种方式是指政府颁布法令强行规定工资和物价的上涨幅度，甚至暂时将工资和物价加以冻结。这种方式通常在战争时期或通货膨胀变得非常难以对付时采用。例如：美国在1971—1974年间，阿根廷在1985年、巴西在1986年，都曾经实施过这种政策。

（三）收入指数化政策

收入指数化政策是货币学派代表人物弗里德曼提出的一种旨在与通货膨胀"和平共

处"的适应性政策，也就是将工资、储蓄和债券利息、租金、养老金、保险金和各种社会福利津贴等名义收入与消费者价格指数紧密联系起来，名义收入部分或全部地与价格指数相联系，自动随价格指数的升降而升降，从而避免或减少通货膨胀所带来的损失，并减弱由通货膨胀带来的分配不平等现象，剥夺各级政府从通货膨胀中捞取的非法利益，从而杜绝人为制造通货膨胀的可能性。

实行收入指数化政策，对面临世界性通货膨胀的开放经济小国来说，尤其具有积极意义，它是这类国家对付输入型通货膨胀的有效手段。比利时、芬兰和巴西等国曾广泛采用这种政策，就连美国也曾在 20 世纪 60 年代初期实施过这种政策。但全面实行收入指数化政策在技术上有很大难度，会增加一些金融机构的经营困难，而且有可能造成物价的螺旋上升，反而加剧成本推动型通货膨胀。因此，收入指数化政策是一种消极地对付通货膨胀的政策，并不能对通货膨胀起到多大的抑制作用。

（四）供给政策

针对需求拉动型通货膨胀的总需求大于总供给，宏观紧缩政策着眼于压缩总需求来适应总供给，而供给政策立足于既压缩总需求，又扩张总供给来适应总需求。这样，一方面解决了总需求与总供给的不平衡，平抑物价；另一方面不致引起失业率增加，甚至可降低失业率。20 世纪 70 年代以后，许多发达国家出现了经济发展滞胀现象，供给政策也因此受到重视。具体措施包括：

（1）改善产业结构，通过突破消除产业部门的瓶颈来增加有效供给。

（2）降低所得税税率，并提高机器设备折旧率，促进投资，增加供给量。

（3）削减政府开支，减少总需求。

（4）稳定币值，限制货币量增长率，压缩总需求。

（5）精简规章制度，给企业等微观经济主体松绑，减少政府对企业活动的限制，让企业在市场经济原则下更好地扩大商品供给。

增加有效供给是治理通货膨胀的根本手段，但要受到生产力发展水平和供给弹性的限制。

（五）货币规则

货币学派代表人物弗里德曼认为，货币需求是稳定的，因此要保持通货的稳定，就要保证货币需求与货币供给的稳定性。他主张采用"单一规则"的货币政策来实现通货的稳定，即公开宣布并长期采用一个固定不变的货币供应增长率，使其与经济增长率大体相适应。他根据对美国近百年历史资料的实证研究提出，美国的年平均经济增长率为 3%，就业年平均增长率为 1%～2%，因此美国的货币供应量若每年以 4%～5% 的速度稳定增长，就可避免物价和经济的剧烈波动。20 世纪 90 年代以来，弗里德曼的这种观点为越来越多的西方经济学家所接受，他们称"单一规则"的货币政策为"货币规则"。

（六）币制改革

如果一国物价上涨已发展到不可遏制的状态，而政府还在不断发行纸币，那么该国整个货币制度就会处于或接近于崩溃边缘，即已属于恶性的通货膨胀，这时唯一可采取的有效对策就是实行币制改革。一般的做法是废除旧货币，发行新货币，并制定一些保证新货币币值稳定的措施。发行新货币的目的在于增强居民对货币的信任，增加居民储蓄存款，使货币恢复执行其原有职能。但是，币制改革必须辅以其他措施，如停止军事行动、维护社会安定、恢复和增加生产等，否则通货膨胀仍难以得到遏制，新发行货币的信誉会迅速下降，最终导致新货币的出台以失败告终。实践证明，发行新货币这一措施本身往往是治标不治本。

第二节　通货紧缩及其治理

一、通货紧缩的定义和类型

（一）通货紧缩的定义

通货紧缩是指货币供应量低于商品生产和流通对货币的客观需要量而引起的一般物价水平持续下降的经济现象。通货紧缩是与通货膨胀相对立的一个概念。

对于通货紧缩概念的理解，应注意把握以下几点：

（1）通货紧缩从本质上说是一种货币现象，它在实体经济中的根源是总需求对总供给的偏离，或现实经济增长率对潜在经济增长率的偏离。当总需求持续小于总供给，或现实经济增长率持续低于潜在经济增长率时，就会出现通货紧缩现象。

（2）通货紧缩的特征表现为一般物价水平持续下跌。短暂的物价水平下降不是通货紧缩，少数商品价格的下跌也不算通货紧缩。如果物价指数上涨率在零值以下，且持续时间超过6个月，就可以界定为典型的通货紧缩。

（3）通货紧缩发生在经济衰退的环境中，表现为投资机会相对减少和投资边际收益下降，由此造成银行信用紧缩，货币供应量增长速度持续下降，信贷增长乏力；消费和投资需求减少，企业普遍开工不足，市场普遍低迷；非自愿失业增加，收入增长速度持续放慢。

（二）通货紧缩的类型

按紧缩程度划分，通货紧缩可分为相对通货紧缩和绝对通货紧缩。

相对通货紧缩是指物价上涨率在零值以上，但是处于低于适合一国经济发展和充分就业的物价水平，通货处于不足的状态。

绝对通货紧缩是指物价上涨率在零值以下，即物价负增长。这种状态说明一国通货处于绝对不足的状态，在这种状态下，极易造成一国经济的萧条乃至衰退。

此外，通货紧缩还可按照成因、时间长短等进行不同的分类。

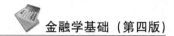

二、通货紧缩的产生原因

形成通货紧缩的原因是多种多样的，下面对其中的主要因素进行分析。

（一）宏观经济政策

1. 货币政策和财政政策紧缩

尽管货币政策和财政政策是宏观经济调控的重要手段，但是，过度紧缩的货币政策和财政政策可能导致通货紧缩。一国在实行反通货膨胀政策时，一般会采取压缩社会总需求的紧缩性政策，包括实施紧缩性财政政策以抑制财政总支出，实施以控制信用规模和货币供应量为目的的紧缩性货币政策，这些政策的实施有利于控制总需求的过度膨胀。但是，紧缩性货币政策、财政政策如果失当，投资和消费的缩减有可能导致社会需求的过分萎缩，使市场出现疲软。例如：美国 20 世纪 30 年代大危机期间，美联储未能扮演好央行"最终贷款人"的角色，采取提高基准利率等紧缩性的货币政策，致使大批银行倒闭，造成信贷萎缩，导致通货紧缩和经济衰退。

2. 金融体制缺陷

金融体制存在的缺陷可能导致实体经济出现通货紧缩。20 世纪 30 年代美国银行业的崩溃，反映了大危机之前美国银行业存在严重的问题。具体原因在于：银行拥有数量过多的股票资产，稳健性容易受到资产价格剧烈变化的影响，加剧了金融体系的脆弱性。一般而言，"短借长贷"是银行经营的特点，由于长期资产的流动性要比短期负债的流动性差，这种转换潜伏着某种风险，因此当出现长期资产获得的收益不能抵补短期负债支出的情况时，银行体系的资产质量下降，造成内生性紧缩，从而导致货币供应量增速下降，引起一般物价水平的持续下跌。

（二）有效需求不足

1. 消费与投资需求下降

当对投资项目或商品的未来市场看跌时，投资者会缩减投资计划，致使投资需求下降，首先是生产资料价格下降，最终导致一般物价水平的下跌。通货紧缩一旦形成，实际利率就会有所上升，债务人的债务负担会因此加重，并进一步降低未来收益，促使投资需求下降。

由于收入预期变化或宏观经济政策的影响，消费需求出现下降，导致总需求出现下降，因此一旦消费需求出现下降，消费品的价格会大幅下降，带动一般物价水平的下跌。而当物价降低时，实际利率趋高，即期消费要比远期消费更加昂贵，这样，消费者通常会推迟消费，使得即期消费支出减少，进一步加强了通货紧缩。

2. 政府支出缩减

政府实施缩减支出计划时，直接降低了社会需求，对私人部门转移支付减少，同样降低了社会总需求，导致相关市场供过于求，进而出现一般物价水平的持续下跌。

3. 出口减少

出口需求是总需求的构成部分之一。对于出口导向型国家而言，出口减少将直接造成对本国商品需求的减少，使本国的生产出现供过于求的状况，进而造成某些出口商品价格下降，其影响若进一步扩散，就有可能导致一般物价水平的下降。

除了上述原因之外，新技术的采用和劳动生产率的提高、体制和制度因素、汇率制度的缺陷等都可能是通货紧缩产生的原因。

三、通货紧缩的影响

(一) 通货紧缩对消费者的影响

在通货紧缩时期，人们预期未来的商品价格下降，会持币观望，推迟购买。这样，通货紧缩使个人消费支出受到抑制，致使总需求下降，加剧经济衰退。

(二) 通货紧缩对企业的影响

物价的下降会使实际利率上升，致使企业投资成本昂贵，利润减少，引起部分企业亏损和破产。企业不敢借款投资，商业活动萎缩，市场低迷，企业因而减少投资支出。这将使失业率增长，进一步降低消费和投资，使经济陷入衰退之中。

(三) 通货紧缩对银行业的影响

通货紧缩可能导致银行出现亏损甚至破产。这是因为通货紧缩加重了贷款者的实际负担，而且商品价格出现非预期下降，收益率也随之下降，使贷款者归还银行贷款的能力有所减弱，银行贷款面临的风险增大。资产价格的持续下跌会降低资产的抵押或担保价值，银行被迫要求客户尽快偿还贷款余额，这又导致资产价格进一步下跌。贷款者的净资产进一步减少，从而加速破产过程，最终致使银行遭受损失，甚至破产。银行经营环境的恶化会使人们对银行产生一种不信任感，为了保护自己资金的安全，他们一方面将钱放在手边，不存入银行；另一方面会把钱从银行提出，而这又会增加银行的流动性危机。

四、通货紧缩的治理对策

通货紧缩是市场货币供给量小于需求量，社会总需求小于总供给引起的。此时应采取措施扩大总需求，改善供给结构，使总需求与总供给趋于平衡。因此，可以分别从总需求和总供给的角度治理通货紧缩。

(一) 实施扩张性需求管理政策

扩张性需求管理政策具体包括：

（1）实行积极的财政政策，增加政府公共支出，调整政府收支结构。在加大支出力度的基础上，优化财政收支结构，降低个人所得税，使政府转移支付进一步向低收入阶层倾斜，刺激消费需求。增加公共投资，主要用于基础设施建设，以此拉动投资市场需求，以弥补私人部门投资的不足，增加就业。

（2）实施扩张性的货币政策，降低中央银行的再贴现率和法定存款准备金率，从社会主体手中买进政府债券，增加货币供给，鼓励商业银行扩张信用，拉动消费和投资。既要增加政府支出，又要考虑削减税率，以避免财政政策产生"挤兑效应"，真正发挥财政政策的积极作用。

（3）促进出口，将外部需求引入国内市场。采用税收优惠、补贴等财政政策手段，同时在汇率政策上采取本币贬值的策略，刺激出口，扩大外需，消化相对过剩的供给能力。

（二）改善供给结构

通货紧缩表现为总需求小于总供给，物价总体水平下降。除了总需求不足的原因外，在供给方面的原因主要就是供给结构不合理，由于产业结构和产品结构与需求结构不对称，从而造成供给相对过剩。实际上，真正导致市场供过于求、物价水平下降的是那些技术水平落后、无法满足市场需求的低端商品。政府应实行积极的财政政策，发挥税收杠杆作用，优化财政收支结构，支持具有增长潜力的高新技术产业和民生类产业，调整供给结构。

（三）健全金融体系

健全的金融体系是有效缓解通货紧缩的重要条件，这是因为，货币政策是通过金融中介的有效传导而实现其作用的。健全金融体系的具体措施包括：加强银行的稳健性、提高银行的资本充足率和降低不良资产比例。

通货紧缩往往伴随着有效需求不足、经济衰退等，因此，以上政策往往是针对经济增长和物价等多重目标的，不能简单理解为上述政策的实施目的仅仅是治理通货紧缩。

金融视野

日本的通货紧缩问题

自20世纪90年代初经济泡沫破灭后，日本就一直"重病缠身"，如股票市场和房地产市场长达10多年的持续下跌，银行系统坏账如山、运转失灵，政府债务居高不下，物价持续下跌……在这些问题中，通货紧缩是困扰日本经济的最大难题之一。

自1999年以来，日本消费者价格指数持续长时间下跌，截至2002年8月，日本的消费者价格指数已经连续35个月下降。持续的通货紧缩严重威胁着日本经济。

2002年，时任日本首相小泉纯一郎要求政府和银行，不管使用什么方法，都要制止通货紧缩，政府将实施总动员式的政策来解决通货紧缩问题。他同时要求日本央行采取更加有效的货币政策，尽快遏制通货紧缩，促使物价回升，以便摆脱持续萎缩的经济状况。

实际上，自20世纪90年代初以来，日本经济就因物价不断下降而深受其苦，首先是股票价格下跌，然后土地价格也跟着下降，到后来商品和服务价格持续下降，日本出现了典型的通货紧缩。

自1989年以来，日本的消费者价格指数的变化率呈逐年下降趋势。其中1994年和1995年出现负增长，1999年到2002年再度出现长时间的负增长。日本20世纪90年代的批发物价指数，则更能反映其通货紧缩的状况。长期的通货紧缩严重打击了日本的经济，20世纪90年代，美国和欧洲经济经历了一个长时期的持续高速增长时期，日本经济却在这10年中陷入衰退。

第三节　货币政策及其目标

一、货币政策概述

(一) 货币政策的概念

货币政策是指中央银行为实现其特定的经济目标而采取的各种调节货币供给量与信用量的方针和措施的总称。货币政策是由多种要素有机构成的系统，即由货币政策工具、中介目标和最终目标组成。货币政策是一国宏观经济政策的重要组成部分，通过与其他经济政策的配合协调，达到宏观经济调控的目标。

(二) 货币政策的特征

一般而言，货币政策具有以下几个特征：

1. 货币政策属于宏观经济政策

货币政策是一国宏观经济政策的重要组成部分，它在调节现代经济活动中有着极强的影响力和极其广泛的作用。货币政策主要调控的是国民整体经济运行中的货币供给量、信用量、利率、汇率及金融市场等。

2. 货币政策是调节社会总需求的政策

对宏观经济的调整可以从两个方面实现，既可以影响总需求，也可以影响总供给。货币政策主要通过调整社会总需求实现货币政策的最终目标。

3. 货币政策主要是间接调节经济的政策

货币政策对经济的调节，一般不适宜采取直接的行政手段，而主要是通过经济手段，利用市场机制作用，通过调节货币供应量及其他金融变量影响经济活动主体的行为，来达到间接调节经济变量、影响经济活动的目的。当然，也不排除在特定的经济及金融环境下采取一定的直接控制措施。

4. 货币政策是目标的长期性与措施的短期性的动态结合

货币政策的目标是物价稳定、充分就业、经济增长和国际收支平衡，是一种长期性的政策目标。但是，货币政策的各项具体措施具有短期性、时效性的特点。因此，货币政策不能笼统地说成是一种长期性的经济政策，或是一种短期性的经济政策，而应该是目标的长期性与措施的短期性的动态结合。

（三）货币政策的类型

1. 扩张型货币政策

扩张型货币政策是指通过提高货币供应的增长率，使货币供给量大于货币需求量，从而带动社会总需求、启动闲置生产要素、刺激经济增长的一种经济政策。在这种政策下，利率水平较低，取得信贷较为容易。扩张型货币政策适合在经济处于通货紧缩、失业较为严重、有效需求不足的情况下实施。扩张型货币政策能够刺激有效需求，防止经济下滑，使经济走出衰退和萧条。

2. 紧缩型货币政策

紧缩型货币政策是指通过降低货币的增长率，紧缩货币供给量，降低社会总需求，使社会总需求与总供给平衡，从而实现稳定币值的目的。在这种政策下，利率水平较高，取得信贷较为困难。

当总需求过大，超过经济本身的供给能力时，经济发展中的瓶颈出现，开始出现投资过热、通货膨胀等问题。中央银行通过实行紧缩型货币政策，减少货币投放，抑制社会总需求，降低通货膨胀，减少经济中的过度投资，使过热的经济降温，使经济总量和结构的需求与供给关系趋于平衡。

3. 均衡型货币政策

均衡型货币政策是指货币供给量与货币实际需求量基本一致，以经济增长为货币供给量增长的制约标准来管理货币的一种政策。这种政策通常适用于物价稳定、经济增速适度、既没有过热也没有衰退的经济环境。

案例分析

量化宽松政策

量化宽松（Quantitative Easing，QE）主要是指中央银行在实行零利率或近似零利率政策后，通过购买国债等中长期债券，增加基础货币供给，向市场注入大量流动性资金的干预方式，以鼓励开支和借贷，也被简化地形容为间接增印钞票。

2007年，次贷危机开始席卷美国。为了应对危机，美联储开始分阶段实施量化宽松政策，主要举措有：

1. 零利率政策

量化宽松政策的起点，往往都是利率的大幅下降。利率工具失效时，中央银行才会考虑通过量化宽松政策来调节经济。从 2007 年 8 月开始，美联储连续 10 次降息，隔夜拆借利率由 5.25% 降至 0%～0.25%。

2. 补充流动性

2007 年金融危机爆发至 2008 年雷曼兄弟公司破产期间，美联储以"最后的贷款人"的身份救市，收购一些公司的部分不良资产，推出一系列信贷工具，防止国内外的金融市场、金融机构出现过分严重的流动性短缺。美联储在这一阶段将补充流动性（其实就是注入货币）的对象从传统的商业银行扩展到非银行金融机构。

3. 主动释放流动性

2008 年至 2009 年，美联储决定购买 3 000 亿美元长期国债、收购房利美与房地美发行的大量的抵押贷款支持证券。在这一阶段，美联储开始直接干预市场，直接出资支持陷入困境的公司；直接充当中介，面向市场直接释放流动性。

4. 引导市场长期利率下降

2009 年，美国的金融机构渐渐稳定，美联储逐步通过公开的市场操作购买美国长期国债，并试图通过这种操作，引导市场降低长期的利率，减轻负债人的利息负担。到这一阶段，美联储渐渐从台前回到幕后，通过量化宽松为社会的经济提供资金。

思考：美联储的量化宽松政策属于什么类型的货币政策？其实施效果如何？

二、货币政策的最终目标

货币政策的最终目标是中央银行组织和调节货币流通的出发点和归宿点，必须服务于国家宏观经济政策的总体目标。因而，货币政策的最终目标与整个国家的宏观经济目标是一致的。

(一) 货币政策的四大最终目标

对大多数国家来说，货币政策的四大最终目标是物价稳定、充分就业、经济增长和国际收支平衡。

1. 物价稳定

物价稳定是指一般物价水平在短期内没有显著的或急剧的波动。这里所指的物价是指一般物价水平，即物价总水平，而不是某种商品的价格。通货膨胀的合理水平应该是怎样的呢？一般而言，当消费者价格指数上涨幅度超过 2% 时，我们称之为通货膨胀；而当消费者价格指数上涨幅度超过 5% 时，我们称之为高通货膨胀。对于高于 5% 的通货膨胀水平，需要采取政策措施进行调控。任何国家都试图把物价波动限制在较小的幅度内，避免通货膨胀干扰经济秩序，对经济可持续增长造成损害。

2. 充分就业

充分就业是指凡有劳动能力并自愿参加工作者，都能在较合理的条件下，找到适当的工作。因此，充分就业实际上是指失业率在合理程度内，而不是没有失业。充分就业代表了社会资源的充分利用。西方国家往往把充分就业作为政府的一项重要政策目标，把失业率作为衡量资源利用程度的间接指标。

充分就业并不意味着失业率为0，因为彻底消除失业是不可能的。自愿失业和摩擦性失业这两种情况在任何国家都存在。自愿失业是指在现有的工资水平条件下，人们愿意选择闲暇，而不愿意选择工作；摩擦性失业是指由于劳动力市场上的供求结构矛盾而造成的失业，它包括劳动力供给与需求的种类失衡、地区失衡、季节失衡等，也包括劳动力转换和流动过程中所出现的失业。

衡量一国经济中充分就业与否的指标是失业率。失业率是指失业人数占劳动力总数的百分比，通常有一个统一的标准。一般认为，只要失业率控制在3%，或者长期维持在5%以下，就算达到了充分就业。

一般而言，高失业率将导致巨大的负面影响，其体现在两个方面：一是对社会的影响。大量失业人员的存在，将使人们收入减少，出现生活困难，而且打击人们的自尊心和自信心，最终引发一系列的社会问题，危及社会的稳定。二是对经济的影响。高失业率表明整个社会大量闲置的资源未被充分利用，造成社会资源的浪费。因此，各国都力图把失业率降到最低水平。中央银行要实现充分就业的宏观调控目标，就要消除由于总需求不足而造成的失业现象，以促进资源的合理利用和经济的正常运转。

3. 经济增长

经济增长是指社会经济活动中商品和劳务总产量的增加，它是由于总供给变动引起的国民收入的长期增长。经济增长要保持一定的速度，过慢或过快都是不适当的，关键是一国经济在一个较长时期内始终处于稳定增长的状态中。但究竟多高的增长速度才是合适的，要视各国的具体情况而定。在一些发达国家，年经济增长率如果达到2%～3%就算合理水平，如美国就将人均国民生产总值的年增长率达到1%～4%定为目标。而一些新兴工业化国家，虽然其经济增长速度普遍较高，但仍不能列入经济增长过快之列。因此，我国的经济增长速度不能简单地以5%、8%或10%等作为目标，而应视我国不同时期的具体情况而定，即不能片面地追求高速度。

4. 国际收支平衡

国际收支平衡是指一国对其他国家全部货币收入和货币支出相抵基本平衡，保持略有顺差或逆差的现象。国际收支是否平衡对金融运行的影响很大，如果一国出现大量的、长期的国际收支顺差，势必造成一国货币供应量大量增加，同时国内商品供应减少，那么就可能因此出现通货膨胀；相反，如果一国出现长期大量的国际收支逆差，则会出现国内商品供应增加，国内相关产业发展受到影响。因此，国际收支的大量顺差或逆差都不利于经济的发展。

金融视野

国际收支与国际收支平衡表

国际收支（Balance of Payments，BOP）是一定时期内一国居民与非居民之间全部经济交易的系统记录。当人们提及国际收支时，必须指明其属于哪一个时期，这一时期称为一个报告期。报告期可以是1年，也可以是1个季度或1个月，各国通常以1年为一个报告期。国际收支所反映的内容是经济交易。经济交易是指经济价值从一个经济实体向另一个经济实体的转移。从内容上看，经济交易有5种类型：（1）金融资产与商品和劳务之间的交换；（2）商品与商品及商品与劳务之间的交换；（3）金融资产之间的交换；（4）单向、无偿的商品和劳务转移；（5）单向、无偿的金融资产转移。此外，国际收支所记载的经济交易必须发生于一国居民与非居民之间，即判断一项经济交易是否应计入国际收支的依据不是看国籍和国界，而是依据交易双方是否分别为该国的居民和非居民。凡在一国居住满一年及一年以上的个人，除官方外交使节、驻外军事人员外，无论什么国籍，均属该国居民。

国际收支平衡表（Balance of Payments Statement）是一国对其一定时期内的国际经济交易根据交易的特性和经济分析的需要，分类设置科目和账户，并按照复式簿记的原理进行系统记录的报表。

（二）货币政策各最终目标之间的关系

货币政策各最终目标之间是既统一又矛盾的关系。从长期来看，这些目标之间是统一的、相辅相成的。但从短期来看，这些目标在实现过程中存在冲突和矛盾，要同时实现这些目标是比较困难的。

1. 物价稳定与充分就业的关系

新西兰经济学家威廉·菲利普斯（William Phillips）根据英国1861—1957年的失业率与货币工资变动率统计资料，发现失业率与货币工资变动率之间存在一种此消彼长的关系。根据成本推动型通货膨胀理论，货币工资可以表示通货膨胀率，因此，这种替代关系在坐标图上体现为向右下方倾斜的曲线，该曲线被称为"菲利普斯曲线"，具体如图8-3所示。

这一矛盾通常被认为是货币政策目标间相互矛盾最集中的体现。也就是说，如果要保持充分就业，就必须扩大生产规模、增加货币投资，这样物价就会上涨，通货膨胀率就会升高；如果要降低通货膨胀率，就必须紧缩银根，压缩生产规模，这样又会提高失业率。

这一曲线说明，货币政策追求的目标可在物价稳定和充分就业的组合中做多种选择，或者是低失业率和高通货膨胀率，或者是低通货膨胀率和高失业率，或者同时兼顾物价稳定和充分就业，以适度的失业率增加换取物价下降，以适度的物价上涨换取失业率下降，使通货膨胀率和失业率均保持在社会可以承受的水平。之所以这样选择，是因为：如果失

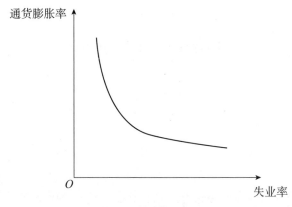

图 8 - 3　菲利普斯曲线

业率过高，货币政策目标必然追求充分就业，这就要扩张信用和增加货币供应量，以刺激投资和消费，其结果是在生产扩大、就业增加的同时，一般物价水平由于总需求的强力拉动而趋于上涨，货币政策目标开始背离物价稳定；如果物价上涨率过高，货币政策目标必然追求物价稳定，这就要紧缩信用和减少货币供应量，以抑制投资和消费，其结果是一般物价水平由于总需求减弱而回落，失业率却由于投资和消费的萎缩、生产规模的缩小而上升。由此可见，一个国家在某个时期不能同时使物价水平和失业率都降到最低水平，因为物价水平的降低以失业率上升为代价，失业率降低也以物价水平上升为代价。两者如何搭配，要看当时该国经济中最突出和最需要解决的是失业问题还是通货膨胀问题。

2. 物价稳定与经济增长的关系

从根本上说，两者的关系是统一的，物价稳定是经济增长的条件，经济增长又是物价稳定的基础。只有物价稳定，才能为经济的健康发展提供良好的社会经济环境；只有经济增长，物价稳定才有雄厚的物质基础。

但从西方货币政策实践的结果来看，要使物价稳定与经济增长齐头并进并不容易。在现代经济条件下，经济的增长时常伴随着物价上涨。通过对世界许多国家近百年中经济增长时期的物价资料进行分析，可以发现，除经济危机和衰退外，凡是经济正常增长时期，物价水平均呈上升趋势，这说明物价稳定与经济增长之间确实存在矛盾。现代各国通常是以信用扩张来刺激经济的增长，而信用扩张又会造成货币供应量增加，以致通货膨胀、物价上涨。

3. 物价稳定与国际收支平衡的关系

在现代社会，一国的经济状况与其他国家的经济状况通常都有密切的联系，并在一定程度上受其他国家经济状况的影响。如果一国发生了通货膨胀，会使国外商品显得价格低廉，导致进口增加，出口减少，结果会使国际收支恶化。那么，如果国内物价稳定，是否就能保持国际收支平衡呢？这还不能一概而论，尚需要进行深入分析。

国际收支状况取决于国内经济形势，也受国际经济形势的影响。假如国外发生通货膨胀而国内物价稳定，则国内商品显得价格低廉，必然导致出口增加、进口减少，就可以增加本国贸易顺差，但会逐步减少国内市场的商品量，增加国内市场的货币量，使国内市场物价上涨。因此，要实现这种平衡，必然要放弃物价稳定的目标。也就是说，如果一国缺乏国际贸易控制手段，一定会受到通货膨胀国际传播的影响。因此，只有在全世界都维持大致相同的物价稳定程度，并且贸易状况不发生大的变化的情况下，物价稳定目标和国际收支平衡目标才能保持一致。如果这两个条件不具备，物价稳定和国际收支平衡之间就随时可能发生矛盾。

4. 经济增长与国际收支平衡的关系

在正常情况下，经济增长与国际收支平衡之间没有太大的矛盾。经济增长对国际收支的影响主要体现在以下两个方面：一是经济的增长带来国民收入及支付能力的增加，除带来对国内商品的需要外还带来对进口商品的需要，如果该国的出口贸易不能随进口贸易的增加而相应增加，必然会引起贸易收支状况恶化，这会给国际收支带来影响；二是经济增长如果以吸引大量外资为前提，外资的流入虽然可以在一定程度上弥补贸易逆差造成的国际收支失衡，却并不一定能确保经济增长与国际收支平衡的目标同时实现。

（三）我国货币政策的最终目标

对于任何一个国家而言，上述各最终目标往往不能同时兼顾。最明显的是物价稳定与充分就业之间、经济增长与国际收支平衡之间存在相当严重的矛盾。如何在这些相互冲突的目标中做出适当的选择，是各国中央银行制定货币政策时需要考虑的。许多学者认为，中央银行必须对通货膨胀率的上升负责，应把物价稳定作为其主要目标。也有的学者认为，应该以经济增长目标为先，一定程度上可以容忍一定的通货膨胀或者失业。现实中，各国中央银行在确定货币政策目标时，通常采取相机抉择的办法，即不是按照一个固定不变的模式，而是根据当时的社会经济状况，选择重点目标或优先实现的目标，进行适应当时情况的目标组合，甚至为达到重点目标而以暂时牺牲另一些目标为代价。因此，不同的国家货币政策目标存在差异，并且在不同的发展阶段也有所变化。

1995 年 3 月 18 日第八届全国人民代表大会第三次会议通过的《中华人民共和国中国人民银行法》[①] 规定，我国的货币政策目标应该是：保持货币币值的稳定，并以此促进经济增长。

三、货币政策的中介目标

由于货币政策从制定和实施，需要经过一段时间才能观察到其产生的最终效果，因此需要有一些短期的、数量化的、能用于日常操作的指标，用以判断货币政策工具制定得是

---

① 已根据 2003 年 12 月 27 日第十届全国人民代表大会常务委员会第六次会议《关于修改〈中华人民共和国中国人民银行法〉的决定》修正。

否合理，货币政策的效果能否保证最终目标的实现。货币政策的中介目标又称货币政策的中间目标，是指受货币政策工具作用，影响货币政策最终目标的传导性金融变量指标。它是一组实现货币政策最终目标的中介或桥梁，可分为近期中介目标和远期中介目标。近期中介目标是指直接受货币政策工具作用，间接影响货币政策最终目标的金融变量。中央银行对它的控制力较强，但离货币政策最终目标较远。远期中介目标是指间接受货币政策工具作用，直接影响货币政策最终目标的金融变量。中央银行对它的控制力较弱，但离货币政策最终目标较近。

（一）中介目标的选择标准

按照中介指标的性质和特征要求，为使选择的中介目标能有效地发挥其功能作用，一般而言，选择中介目标时，应满足三个基本标准，即可测性、可控性和相关性。

（1）可测性。可测性是指中央银行选择的金融变量，必须具有明确合理的内涵和外延，可以用于货币政策的效果计量和测算，而且对政策效果和非政策效果能够做出显著的区分。

（2）可控性。可控性是指中央银行通过货币政策工具的运用，能按其政策需要或意向，对其选择的金融变量变动状况和变动趋势进行较为准确的控制与调节。

（3）相关性。相关性是指中央银行选择的金融变量，既要与其调控工具经济相关和统计相关，又要与货币政策最终目标紧密相连，对中介目标的控制应该促进最终目标的实现。

由于各国的经济环境和金融制度存在一定的差异，因此各个国家选择的货币政策中介目标也有所不同。计划经济占主导的国家倾向于选择能够直接控制的金融变量作为货币政策中介目标；市场经济占主导的国家倾向于选择通过间接手段调控的价格型金融变量作为货币政策中介目标，如利率、汇率等。

（二）近期中介目标

近期中介目标，又称操作目标，是指中央银行的货币政策工具可以直接控制并影响的中介目标变量。近期中介目标有以下几种：

1. 存款准备金

由商业银行的库存现金和在中央银行的准备金存款构成的存款准备金，可以作为货币政策的近期中介目标。存款准备金具有可测性和可控性较强的优势。存款准备金中的法定存款准备金部分体现在中央银行的资产负债表上，超额存款准备金也较容易测算。但是存款准备金在距离最终目标的传导过程中存在较大的不确定性，作为中介目标的预测功能较弱。

2. 基础货币

基础货币，又称高能货币，是指处于流通界公众持有的现金及金融机构持有的存款准备金的总和。它是一种能创造数倍于自身货币的货币供应量。以基础货币作为近期中介目标，能较好地满足可测性、可控性和相关性的要求。首先，基础货币的可测性强。一方面，基础货币有着明显的内涵和外延，在性质上是一种高能货币，其范围就是流通中现金和金融机构的存款准备金；另一方面，在统计资料的获取上，由于基础货币表现为中央银行的负债，因此可以从中央银行的统计表中及时、准确地获取其数据。其次，基础货币的可控性强。一是流通中现金的发行都集中统一在中央银行，并且其发行渠道由中央银行贷款直接控制；二是金融机构存款准备金直接接受中央银行"三大法宝"的控制。可见，以基础货币作为近期中介目标，中央银行可以按其政策意愿能动而有效地进行控制。但是，由于决定货币供应量的因素，除了基础货币还有货币乘数，当货币乘数发生不可预测的变动时，基础货币对于预测最终目标能否实现的功能将大大受到影响。

3. 短期利率

短期利率的代表是银行间同业拆借利率。同业拆借市场是货币市场的基础，其利率是整个货币市场的基准利率。对于同业拆借利率的变动情况，中央银行可以较方便地获得，具有较强的可测性。同时，同业拆借利率可以被中央银行通过公开市场业务操作、贴现窗口借款量的规定等手段作用和影响，以贯彻中央银行的货币政策意图。

作为近期中介目标，短期利率的优点在于：一是受货币供应量和中央银行再贴现率的影响，可以影响货币供求和投资行为，进而影响社会经济活动；二是短期利率与货币供求关系有较高的相关程度，能较好地传递货币政策的意愿。许多发达国家都把短期利率作为货币政策的操作目标。

（三）远期中介目标

远期中介目标可供选择的金融变量主要有：货币供应量、长期利率。

1. 货币供应量

货币供应量是指一定时点上的货币存量，按其流动性差异，可以分为 M0、M1 和 M2 等层次的供应量。货币供应量作为远期中介指标，首先，各层次的货币供应量指标分别反映在中央银行和商业银行及其他金融机构的资产负债表内，每一层次均有明确的内涵和范围界定，可以及时进行量的测算和分析，满足可测性的要求。其次，就三个层次货币供应量指标的可控性而言，M0 是直接由中央银行发行并注入流通的，其可控性最强，M1 和 M2 尽管并不是由中央银行直接控制，但商业银行负债要靠中央银行负债支撑，只要中央银行控制住基础货币的投入量，就能影响商业银行的信用派生能力，进而间接地控制 M1 和 M2 的货币供应量。因此，各层次货币供应量都能被中央银行直接或间接地控制，满足可控性的要求。最后，各层次货币供应量同调控政策和最终目标具有密切相关的关系，只要中央银行将各层次的货币供应量控制在适度水平，也就控制住了一定时期的社会总需求，从而促进物价的基本稳定。1975 年，国际货币基金组织（IMF）建议各成员（主要是发展中国家）以货币供应量为货币政策的中介目标，并提出该项指标应由政府每年预先公布，严格执行。

2. 长期利率

长期利率的代表是中长期债券利率。有些国家或货币经济理论提出者之所以将长期利率作为货币政策的远期中介目标，是因为长期利率和资本投资息息相关，而投资又与货币供给量和货币需求动机息息相关。当货币供给量大，货币需求动机倾向于投机动机时，长期利率下降，社会总需求扩张，物价可能上升；反之相反。同时，长期利率要受银行系统可贷资金变量的作用，而可贷资金要受中央银行资产的控制，因此，长期利率可以被中央银行间接控制。但是，长期利率作为远期中介目标有明确的约束条件限制：首先，在所有制结构上，股份制应占经济成分的绝对比重，以至于股份变动足以影响社会总需求和社会经济活动的变化；其次，证券市场发育成熟，股权收益与投资、可贷资金的货币需求，在质上紧密相连，在量上足以影响社会总投资的变化；最后，公开市场业务应成为货币政策工具中最主要的政策。由于股权收益率在满足选择中介目标"三性"要求上的差距，以及约束条件的苛刻性，因此长期利率一般作为远期中介目标的参考性变量。

（四）我国货币政策的中介目标

在过去相当长的时期内，信贷规模和现金供应量一直是我国采用的一个主要的中介目标。但是，随着经济的发展、金融体制的改革，信贷规模已不宜再作为我国货币政策的中介目标。1993 年，我国中央银行首次向社会公布货币供应量指标，但当时还存在严格的信贷规模控制，货币供应量目标还未正式确定为货币政策中介目标。1996 年，我国正式确定控制 M1 和 M2 为货币政策的中介目标。1998 年，商业银行资产负债比例管理取代信贷规模管理，货币供应量作为中介目标的地位最终确立。

第四节　货币政策工具

中央银行为达到货币政策目标，需要一套行之有效的调控工具。货币政策工具是中央银行为达到货币政策目标而采取的手段。目前，可供中央银行运用的调控政策工具主要有三类，即一般性货币政策工具、选择性货币政策工具和其他调控政策工具。

一、一般性货币政策工具

一般性货币政策工具，又称常规性货币政策工具或传统的货币政策工具，是指中央银行采用的、对整个金融系统的货币信用扩张与紧缩产生全面性或一般性影响的手段，是最主要的货币政策工具。一般性货币政策工具一般包括存款准备金政策、再贴现政策、公开市场业务三大政策，这三大政策通常被人们称为"三大法宝"。其产生时间比较早，对金融的调控比较有效，而且一直被各国中央银行采用。一般性货币政策工具的特点是具有普遍性和经常性。普遍性是指它适用于金融领域内的所有对象，属于对货币供应量和信贷规模的总量调节。经常性则是指这些政策工具被中央银行长期地、经常地加以运用。

（一）存款准备金政策

1. 存款准备金政策的含义

存款准备金是指金融机构为保证客户提取存款和资金清算需要而准备的资金。金融机构按规定向中央银行缴纳的存款准备金占其存款总额的比例就是存款准备金率。存款准备金政策是指中央银行在法律赋予的权力范围内，通过规定或调整商业银行缴存中央银行的存款准备金率，以影响商业银行的超额准备金，影响金融机构的信贷资金供应能力，间接地控制社会货币供应量，从而间接地调控货币供应量。

存款准备金制度是在中央银行体制下建立起来的。美国最早以法律形式规定商业银行向中央银行缴存存款准备金。存款准备金制度的初始作用是保证存款的支付和清算，之后才逐渐演变成为货币政策工具。目前，实行中央银行制度的国家，一般都实行存款准备金制度。

2. 存款准备金政策的内容

各国由于社会经济环境的不同，存款准备金政策也不尽相同，但一般说来包括以下内容：

（1）规定法定存款准备金率。凡商业银行吸收的存款，必须按照法定比率保留一定的准备金，其余部分才能用于放款或投资。各国法定存款准备金率不一样，一般考虑以下几方面的因素。首先是存款的类别，存款的期限越短，其流动性越强，法定存款准备金率就越高；相反，存款的期限越长，其流动性越弱，法定存款准备金率就越低。其次是存款规模的大小。最后，银行所处经营环境的好坏也是影响法定存款准备金率高低的因素。

（2）规定可充当法定存款准备金的资产内容。作为存款准备金的资产只能是存在中央银行的存款，商业银行持有的其他资产不能充当存款准备金。

（3）规定存款准备金的计提基础。存款准备金的计提基础是指中央银行怎样确定应提存款余额和以什么时候的存款余额作为计提的基础。

3. 存款准备金政策的作用过程

调整存款准备金率是强有力的货币政策，法定存款准备比率的变动会对商业银行的信用创造能力产生显著的影响，因为它的变动能改变商业银行的超额准备金和货币乘数。

当中央银行提高（降低）法定存款准备金率时，一方面，增加（减少）了商业银行应上缴中央银行的准备金量，从而减少（增加）了商业银行的超额准备金量，降低（提高）了商业银行放款及创造信用的能力；另一方面，法定存款准备金率提高（降低），货币乘数值就变小（增大），从而也就降低（提高）了整个商业银行体系创造信用、缩减（扩大）了信用规模的能力，其结果是社会的银根收紧（放松），货币供给量减少（增加），利率提高（降低），社会的投资及其他支出相应缩减（增加）。可见，法定存款准备金率的变动影响货币乘数和经济中流通的货币量和信用量，进而对经济活动产生影响。

4. 存款准备金政策的作用

（1）控制信贷规模、影响货币供应量。存款准备金率限制了存款的无限派生。法定存款准备金率越高，派生存款的倍数就越小；法定存款准备金率越低，派生存款的倍数则越大。实行存款准备金政策，调整存款准备金率，对于调节控制信用规模、货币供应量的影响极大。这是存款准备金政策最基本、最主要的作用。

（2）增强商业银行存款支付和资金清偿的能力。在现代银行制度下，多数国家的法定准备金实行集中准备制，客观上增强了商业银行的支付能力和清偿能力，而且中央银行集中法定准备金后，对商业银行的支付和稳定有最后保证义务。

（3）增强中央银行信贷资金的宏观调控能力。中央银行通过实施准备金政策，对增强中央银行的宏观调控能力有三个方面的作用：一是增加了中央银行直接掌管的信贷资金总量。二是运用集中的法定准备金调控信贷总量，当需要放松银根时，可用集中的法定准备金增加对商业银行的放款，或调低准备金率；当需要收紧银根时，可收回用准备金发放的贷款或调高准备金率。三是调整资金投向，中央银行可以根据国家产业政策，实行信贷倾斜，间接影响资金投向。

5. 存款准备金政策的局限性

存款准备金政策是中央银行的一项重要的调控政策，但这项政策存在明显的局限性。

（1）存款准备金政策作用力猛烈，导致经济震荡剧烈。存款准备金率调整很小的幅度都会引起货币供应量的巨大波动。正因为存款准备金政策有如此剧烈的作用力，许多商业银行感到难以适应迅速调整的变化。

（2）存款准备金政策缺乏弹性。由于存款准备金率的轻微变动都会导致经济震荡剧烈，因此，它不适宜对经济进行短期调节。存款准备金政策是一项威力巨大而不能常用的政策。

（3）存款准备金政策对各类银行或各地区银行的影响也不一致。由于银行的规模差别，地区经济发展程度不同，银行类别各异，因此，存款准备金率"一刀切"式的变动对各家银行的影响就不一致，有的银行会陷入严重周转不灵的困境。

因此，法定存款准备金率并不适宜经常调控。大多数发达国家都不经常调整存款准备金率。

新闻摘录

央行决定下调金融机构存款准备金率

为巩固和增强经济回升向好态势，中国人民银行决定：自 2024 年 2 月 5 日起，下调金融机构存款准备金率 0.5 个百分点（不含已执行 5% 存款准备金率的金融机构）。本次下调后，金融机构加权平均存款准备金率约为 7.0%。此外，自 2024 年 1 月 25 日起，分别下调支农再贷款、支小再贷款和再贴现利率各 0.25 个百分点。

据悉，我国目前法定存款准备金率平均水平为 7.4%，本次下调金融机构存款准备金率 0.5 个百分点将向市场提供长期流动性 1 万亿元。支农支小再贷款、再贴现利率由 2% 下调到 1.75%，将有助于推动信贷定价基准的贷款市场报价利率（LPR）下行。

资料来源：吴秋余. 央行决定下调金融机构存款准备金率 [N]. 人民日报，2024-01-25.

（二）再贴现政策

1. 再贴现政策的含义

再贴现政策是指中央银行通过制定或调整再贴现率来干预和影响市场利率及货币市场的供给与需求，从而调节市场货币供应量的一种手段。

2. 再贴现政策的内容

（1）规定再贴现票据的种类，即规定何种票据具有向中央银行再贴现的资格。对再贴现票据有所规定，便于中央银行借助再贴现政策影响和调节商业银行的资金运用方向。

（2）规定再贴现率的高低。各国的再贴现率一般由中央银行的决策机构统一确定和调整。有的国家对不同期限、不同种类的票据规定了不同的再贴现率，以提高再贴现政策的有效性。

3. 再贴现政策的作用过程

（1）当中央银行提高再贴现率并高于市场利率时，势必提高商业银行向中央银行贴现或借款的资金成本，致使商业银行经营利润减少，甚至无利可图，迫使商业银行减少向中央银行的贴现和借款，并收缩信贷，增加超额准备金，最终导致市场货币供应量的缩减，同时市场利率相应上升，以此来减少社会对货币的需求。与此相反，如果中央银行降低再贴现率，则会增加市场供应量和社会对货币的需求。

（2）通过规定向中央银行申请再贴现的票据种类，以此来调整商业银行及全社会的资金投向。尤其在那些金融市场十分发达的国家，票据种类十分繁多，如果不对再贴现的票据种类进行规定，就不能保证再贴现政策的有效性和防止投机行为。但由于各国经济发展水平不同，传统习惯和金融环境各异，因此，对再贴现条件的规定也不同。

4. 再贴现政策的局限性

再贴现政策虽然对信用的调控具有重要作用，但也存在某些局限性。中央银行通过再贴现政策控制货币供应量时，始终处于被动地位。商业银行是否愿意到中央银行申请再贴现、贴现多少，并不是由中央银行决定的，而是由商业银行决定的。如果商业银行可以通过其他途径筹措资金，而不依赖于再贴现，则中央银行就难以有效地控制货币供给量。例如：再贴现政策是美联储消除恐慌以及防止银行出现财务困难而突然崩溃的工具，不是日常货币政策工具的重要部分。

（三）公开市场业务

1. 公开市场业务的含义

公开市场业务是指中央银行在金融市场上公开买卖有价证券（主要是国家公债和国库券），借以控制和影响货币供应量的一项政策措施。

2. 公开市场业务的作用过程

中央银行在公开市场上买卖证券，可以分为两种情况：其一是中央银行与商业银行之间的买卖。假定中央银行在公开市场上买进 10 万元债券，那么商业银行将增加 10 万元超额准备金，这样，商业银行信用规模因此可以多倍扩张，同时促使利率下降；反之，商业银行买进中央银行 10 万元债券，便减少了 10 万元超额准备金，引起信用规模的多倍收缩，促使利率上升。其二是中央银行与私人和其他部门之间的买卖。假定私人和其他部门买进债券，动用的是在商业银行的存款，其结果将与商业银行购买债券类似，都会引起信用规模的多倍收缩；如果动用手持或库存现金，则直接减少社会基础货币量。私人和其他部门卖出证券，其影响恰好与上述影响相反。

3. 公开市场业务的优点

公开市场业务作为调节信用的有效办法，在西方发达国家得到了广泛运用。这主要是由公开市场业务的以下优点决定的：

（1）公开市场业务的作用范围大，影响深远。中央银行在金融市场上买卖证券，不仅影响商业银行的货币储备量和公众的货币持有量，起到调节市场供应量的作用，而且直接影响有价证券的供求和价格，进而对整个社会的投资和生产发展产生深刻的影响。

（2）中央银行掌握调控货币供应的主动权。中央银行可以根据货币政策的需要，在公开市场上主动出击，而不像贴现政策那样处于被动地位。

（3）公开市场业务灵活方便，富有弹性。利用公开市场买卖有价证券，数量可多可少，既可以进行大规模的市场干预，也可以进行微调。金融市场情况一旦发生变化，中央银行就可以迅速改变操作方向，具有很大的灵活性，可以进行经常性、连续性操作。

公开市场业务已成为许多国家中央银行最重要的货币政策工具。

金融视野

MLF 和 LPR

在宏观经济新闻当中，经常会出现 MLF 和 LPR，它们分别是什么含义？有什么区别和联系？

中期借贷便利（Medium-term Lending Facility，MLF）是指中央银行提供中期基础货币的货币政策工具。中国人民银行于 2014 年 9 月正式创设 MLF。央行通过招标方式向商业银行、政策性银行提供借款，并要求这些银行将借款向指定对象发放贷款，如三农和小微企业。

贷款基础利率（Loan Prime Rate，LPR）是指商业银行对其最优质客户执行的贷款利率，其他贷款利率可在此基础上加（减）点生成。2013 年 10 月 25 日，我国贷款基础利率集中报价和发布机制正式运行。

那么 MLF 与 LPR 有什么关系呢？

可以这样理解：MLF 是央行向银行提供借款的参考利率，而 LPR 是银行向客户提供贷款时所产生的利率。新的 LPR 形成机制是在 MLF 基础上加（减）点形成的。目前，各银行每月根据 MLF 等市场利率报出 LPR，去掉最高值和最低值后形成的价格就是每月公布的 LPR，即 LPR＝MLF＋银行平均加（减）点。LPR 报价出来后，各银行再根据自身的资金成本、风险成本等因素，在 LPR 基础上加（减）点形成自己的贷款利率。由此可见，MLF 的上调或下调，一般都会传导至 LPR，并最终影响贷款利率。

二、选择性货币政策工具

选择性货币政策工具就是通过对资金用途、资金利率等有目的地选择，调节货币的供给结构。它主要包括消费信用控制、证券市场信用控制、不动产信用控制等。

（一）消费信用控制

消费信用控制是指中央银行对不动产以外耐用消费品的销售融资所给予的控制，即规定最低付现额和最长偿还期。最低付现额是指以消费信用方式购买各种耐用消费品时第一次付款的最低金额。最长偿还期是指以消费信用方式购买各种耐用消费品的借款的最长期限。

当通货膨胀来临时，中央银行实行紧缩政策，消费信用中的最低付现额就会提高，贷款的偿还期就会缩短，贷款利率也随之提高，这样就会较快地抑制消费需求，以减缓通货膨胀的压力。如果在经济发展衰退时期，中央银行就实行宽松的政策，消费信用中的最低付现额就会降低，贷款的偿还期就会延长，贷款利率也随之下降，这样就会扩大消费需求，刺激经济回升。

（二）证券市场信用控制

证券市场信用控制是指中央银行为防止股票买卖的过度投机，对凭信用购买证券规定必须以现款支付的比率。现款支付的金额占证券交易额的比率称为证券保证金比率。因此，这种控制实际上是对证券保证金比率的变动。规定最低法定保证金也就是间接控制了对股票买卖贷款的最高数额。例如：如果法定保证金比率为 60％，就意味着购买股票的客户要缴纳购进股票价格 60％的现款，只能贷款 40％；如果法定保证金比率为 100％，就意味着购买股票必须支付全额现金。

中央银行对证券市场信用的调节，主要是关心资金流入证券市场的问题，而不是直接干预证券价格。为防止过度的证券信用，规定保证金比率有利于在股票价格上涨时，减少过度信用所造成的股市风险；在股票价格下跌时，避免保证金不足的客户被迫抛售证券，从而稳定股票价格，防止股市的大起大落，维持证券市场的稳定发展。

（三）不动产信用控制

不动产信用控制是指中央银行就一般商业银行对客户购买房地产贷款的限制措施，主要是规定贷款的首期付现额和贷款最长期限。房地产及其他不动产的交易带有很大的投机性，并不完全是实际社会需求的反映。中央银行就商业银行对不动产贷款的额度和分期付款的期限等规定限制性措施，借以稳定货币和经济，减弱投机的副作用。这种措施最初始于美国，后被多国采用。

三、其他调控政策工具

（一）直接信用控制

直接信用控制是指中央银行利用行政手段对商业银行及其他金融机构的业务活动进行控制。第二次世界大战以来，有许多国家的中央银行获得了通过法律明确授予的权力，即在一些情况下，中央银行有权对商业银行及其他金融机构的信贷业务进行直接控制。其中比较重要的有信用分配、直接干预、流动性比率、利率限额等。

1. 信用分配

信用分配是指中央银行根据金融市场的状况和客观经济的需要对金融机构进行贷款分配，规定在各部门或地区资金分配的数量或比例。这种信用分配方式在资金需求旺盛、资金余缺、单纯依靠市场机制作用不可能达到控制效果时最适合采用。我国长期以来实际上是以国家综合信贷计划进行信用分配的。

2. 直接干预

直接干预是指中央银行直接对商业银行或其他金融机构在一定时期内的信贷业务施以行政干预，如规定商业银行的业务范围和放款政策等。

中央银行的直接干预方式有：直接限制放款的额度、直接干预商业银行对活期存款的吸收、实行惩罚性利率、明确规定各金融机构的业务范围等。

3. 流动性比率

流动性比率是指中央银行为了限制商业银行的信用能力，规定在商业银行的全部资金中流动性资产所占的比重。一般而言，资产的流动性高，收益率就低。商业银行为了保持中央银行规定的流动性比率，一方面必须缩减长期性放款所占的比重，扩大短期性放款的比重；另一方面必须有一部分随时应付提现的资产。商业银行在这些直接控制措施下，就不能任意把一些流动性资产用于长期性的商业贷款，从而中央银行也就达到了限制信用扩张的目的。

4. 利率限额

利率限额是指对商业银行存款和贷款所能支付的利率水平进行限制，目的是防止商业银行与其他金融机构之间为争夺存款进行竞争而抬高利率或者为了争夺客户而过度压低贷款利率，从而保证金融机构的正常经营。

（二）间接信用控制

间接信用控制是中央银行采取行政手段间接影响商业银行信用创造能力的措施，主要有道义劝告、窗口指导等。

1. 道义劝告

道义劝告是指中央银行利用其特殊地位和威望，对商业银行及其他金融机构的业务活动提供指导、发表看法或提出某种劝告，以影响商业银行贷款数量和贷款方向，从而达到控制和调节信用的目的。道义劝告不具有强制性，而是将货币政策的意向向金融机构提出某种具体指导，使其领会意图，自愿合作。这种方法虽没有法律约束力，但事实上金融机构都会采取合作态度。运用道义劝告的方式可以提高中央银行的威信和地位。经验证明，中央银行经常不断地与金融机构建立和保持这种对话关系，扩大其道义影响，有助于货币政策的有效实施。

2. 窗口指导

窗口指导是指中央银行对主要金融机构的指令，要求其把贷款增加额限制在适当的范围之内。窗口指导在不同时期有不同的内容，有时称"贷款增加额限制"，有时又称"资金运用平衡量指导"，其直接限制效果快速、有效，其目的是调节银行信用的总量。在金融紧缩期，或市场机制不能完全发挥作用的条件下，窗口指导作为一种调控政策有着重要的作用。

案例分析

"9·11"事件后美联储的货币政策

2001年9月11日，恐怖组织对美国世贸中心大楼的袭击，不但使美国的航空与保险业陷入困境，而且扰乱了美国支付与金融体系的正常运行，从而给整个美国经济带来严重的后果。一方面，企业与个人对流动性的需求大幅增加；另一方面，不确定性的增加和资产价格的下降削弱了银行和其他金融机构的贷款意愿，这一切对已陷入衰退的美国经济来说，无异于雪上加霜。为了最大限度地减少"9·11"事件对经济复苏的不利影响，美联储通过多种渠道，采取了有力的措施以试图恢复市场信心以及保证金融与支付体系的正常运行。下面是美联储采取的六大措施：

(1) 通过其在纽约的交易中心以回购协议的方式为市场注入大笔资金。2001年9月12日，美联储持有的有价证券金额高达610亿美元，在此之前，美联储日平均证券余额仅为270亿美元。

(2) 通过再贴现直接将货币注入银行体系。2001年9月12日，美联储的再贴现余额高达450亿美元，远远超过在此之前的5 900万美元的日平均余额。

(3) 联合通货监理局（OCC）劝说商业银行调整贷款结构，为出现临时性流动性问题的借款人发放专项贷款，同时声称，为帮助商业银行实现这一目的，美联储随时准备提供必要的援助。

(4) 由于交通运输问题妨碍了票据的及时清算，美联储于2001年9月12日将支票在途资金扩大到230亿美元，几乎是此前日平均金额的30倍。

(5) 美联储很快与外国中央银行签署了货币互换协议，对已有的货币互换协议，也扩大了其协议的金额。

(6) 2001年9月17日，联邦公开市场委员会（FOMC）又进一步将联邦基金利率的目标利率定为3%，下调了0.5个百分点。同日晚些时候，纽约证券交易所重新开业。

思考：如何解读美联储的货币政策？

金融学基础（第四版）

四、我国的货币政策工具

我国的货币政策工具主要包括 6 种，即法定存款准备金率、中央银行再贷款、再贴现、公开市场业务、利率政策、国务院确定的其他货币政策工具。以上各种调控政策，既有我们在计划经济条件下运用较多、带有强烈的行政干预和直接控制特征的调控政策，如法定存款准备金率、中央银行再贷款；也有适应市场经济需要，目前世界上通用的政策，如公开市场操作。由于我国仍处于经济体制转轨时期，完全采用间接调控手段并不一定能实现货币政策的最终目标，因此需要直接调控手段和间接调控手段协调配合应用。

（一）法定存款准备金率

我国从 1984 年中国人民银行专门行使中央银行职能后开始实行存款准备金制度。一直到 20 世纪 90 年代末，我国存款准备金制度的主要功能不是调控货币总量，而是集中资金用于央行再贷款。因此，长期以来，我国一直维持着较高的存款准备金率和超额存款准备金率。

2003 年以来，金融机构贷款进度较快，部分银行扩张倾向明显。一些贷款扩张较快的银行，资本充足率及资产质量等指标有所下降。因此，借鉴国际上依据金融机构风险状况区别对待和及时校正措施的做法，中国人民银行从 2004 年 4 月 25 日起对金融机构实行差别存款准备金率制度，有利于抑制资本充足率较低且资产质量较差的金融机构盲目扩张贷款，防止金融宏观调控中出现"一刀切"。差别存款准备金率制度的总体思路是：金融机构适用的存款准备金率与其资本充足率、资产质量状况等指标挂钩。金融机构资本充足率越低、不良贷款比率越高，适用的存款准备金率就越高；反之，金融机构资本充足率越高、不良贷款比率越低，适用的存款准备金率就越低。

（二）中央银行再贷款

中央银行再贷款是指中央银行对金融机构的贷款，简称再贷款，是中央银行调控基础货币的渠道之一。中央银行通过适时调整再贷款的总量及利率，吞吐基础货币，促进实现货币信贷总量调控目标，合理引导资金流向和信贷投向。

在我国，凡经中国人民银行批准，持有"经营金融业务许可证"，在中国人民银行单独开立账户的商业银行及其他金融机构，在信贷资金营运基本正常、还款资金来源有保证的条件下，均可向中国人民银行申请办理再贷款。

自 1984 年中国人民银行专门行使中央银行职能以来，再贷款一直是其重要的货币政策工具。近年来，适应金融宏观调控方式由直接调控转向间接调控，再贷款所占基础货币的比重逐步下降，结构和投向发生重要变化。新增再贷款主要用于促进信贷结构调整，引导扩大县域和"三农"信贷投放。

（三）再贴现

再贴现是指中央银行对金融机构持有的未到期已贴现商业汇票予以贴现的行为。在我国，中国人民银行通过适时调整再贴现总量及利率，明确再贴现票据选择，达到吞吐基础货币和实施金融宏观调控的目的，同时发挥调整信贷结构的功能。自1986年中国人民银行在上海等中心城市开始试办再贴现业务以来，再贴现业务经历了试点、推广到规范发展的过程。

再贴现作为中央银行的重要货币政策工具，在完善货币政策传导机制、促进信贷结构调整、引导扩大中小企业融资、推动票据市场发展等方面发挥了重要作用。在我国，再贴现政策并没有存款准备金率、公开市场业务等工具常用。

（四）公开市场业务

按照《中华人民共和国中国人民银行法》的规定，中国人民银行公开市场业务的主要范围是指在公开市场上买卖国债、其他政府债券和金融债券及外汇。中国人民银行的公开市场业务开展较晚，这主要是因为过去我国的金融市场不发达，金融产品单一、规模较小，缺乏公开市场业务的基础。

我国公开市场业务包括人民币业务和外汇业务两部分。中国人民银行的外汇业务，实际上是其公开市场业务的一方面。在我国人民币还没有实现自由兑换的情况下，中国人民银行通过在银行间的外汇市场上买卖外汇，同样可以起到吞吐基础货币、调节市场货币供应量的作用。外汇公开市场业务自1994年3月启动，人民币公开市场业务1998年5月26日恢复交易，规模逐步扩大。

金融视野

"酸辣粉"与"麻辣粉"

"酸辣粉"（SLF），即常备借贷便利（Standing Lending Facility）。常备借贷便利是央行正常的活动性供应渠道，主要功能是满足金融机构较长期限的大额流动性需求。

（1）对象：政策性银行和商业银行。

（2）期限：1～3个月。

（3）特点：

1）由金融机构主动发起，金融机构可根据自身流动性需求申请常备借贷便利；

2）常备借贷便利是中央银行与金融机构"一对一"交易，针对性强；

3）常备借贷便利的交易对手覆盖面广，通常覆盖存款金融机构。

"麻辣粉"（MLF），即中期借贷便利（Medium-term Lending Facility），为中国人民银行于2014年9月创建，是中国人民银行提供中期基础货币的货币政策工具，可通过招标方式开展。中期借贷便利采取质押方式发放，金融机构提供国债、央行票据、政策性金融债、高等级信用债等优质债券作为合格质押品。MLF要求各行投放"三农"和小微贷款。

　　（1）对象：政策性银行和商业银行。

　　（2）期限：3个月（临近到期可能会重新约定利率并展期）。

　　（3）特点：类似常备借贷便利，区别在于抵押补充贷款时间比较长而且到期后可能会重新约定利率重新借款。

　　有专家认为，由SLF向MLF转变，标志着央行货币政策正从数量型为主向价格型为主转变。

（五）利率政策

　　我国中央银行利率政策发挥作用的途径与西方国家有一定的区别。西方国家通过设定目标利率，在公开市场上增加或者减少存款准备金的供给进而影响市场利率。这个机制是在金融市场较发达的情况下发生的。我国的金融市场不发达，对利率的管理处于国家管理与市场调节相结合的阶段，而且在市场不发达的条件下，国家也需要通过利率管理对利率进行直接控制。我国利率主要有三个层次：第一个层次是中央银行对商业银行的存贷利率；第二个层次是商业银行对客户的存贷利率；第三个层次是金融市场的利率。其中，第一个层次的利率就是作为货币政策调控工具的基准利率。

　　目前，中国人民银行采用的利率政策主要有：（1）调整中央银行基准利率，包括：再贷款利率，是指中国人民银行向金融机构发放再贷款所采用的利率；再贴现利率，是指金融机构将所持有的已贴现票据向中国人民银行办理再贴现所采用的利率；存款准备金利率，是指中国人民银行对金融机构交存的法定存款准备金支付的利率；超额存款准备金利率，是指中国人民银行对金融机构交存的准备金中超过法定存款准备金水平的部分支付的利率。（2）调整金融机构法定存贷款利率。（3）制定金融机构存贷款利率的浮动范围。（4）制定相关政策对各类利率结构和档次进行调整等。

　　近年来，中国人民银行加强了对利率工具的运用，利率调整逐年频繁，利率调控方式更为灵活，调控机制日趋完善。随着利率市场化改革的逐步推进，作为货币政策主要手段之一的利率政策将逐步从对利率的直接调控向间接调控转化。利率作为重要的经济杠杆，在国家宏观调控体系中将发挥更加重要的作用。

（六）国务院确定的其他货币政策工具

　　由于我国金融体制正处于深刻变革当中，国际金融市场也往往会发生预期外的变化，因此，中央银行的货币政策工具不能仅限于以上几种类型，还需要设定灵活机动的条款，以便于及时采取多种货币政策工具，确保货币政策目标的实现。

　　从中国人民银行实际操作和外国中央银行的长期实践来看，国务院确定的其他货币政策工具有如下几种：贷款限额、信贷收支计划、现金收支计划、特别存款账户、窗口指导等。

金融视野

货币政策的传导机制和效果

货币政策传导机制是指货币管理当局确定货币政策之后，从选用一定的货币政策工具进行操作开始到实现最终目标，所经过的各种中间环节和相互之间的有机联系及因果关系的总和。也就是说，从货币政策工具的运用到最终目标的达到将有一个过程，在这一过程中，货币政策工具的运用将首先对某些中介目标产生一定的影响，然后通过这些中介目标来影响实际的经济活动，从而达到货币政策的最终目标。

货币政策效果是指货币政策在一定时期实施、运行时所产生的对实际经济数量、结构和时间的现实反应或效果。与货币政策目标不同，货币政策的效果是一种客观变量，主要受货币政策的目标、货币政策的工具、货币政策的时机等因素影响。货币政策效果的干扰因素很多，其中最主要的有时滞、理性预期、政治、货币流通速度等因素。

本章小结

1. 通货膨胀是指市场上的货币供应量超过商品生产和流通对货币的客观需要量而引起的货币贬值、一般物价水平持续上涨的经济现象。

2. 按照不同的分类方法，通货膨胀可以分为开放型通货膨胀和隐蔽型通货膨胀，温和型通货膨胀、快速型通货膨胀和严重型通货膨胀，需求拉动型通货膨胀、成本推动型通货膨胀、供求混合推进型通货膨胀和结构型通货膨胀。衡量通货膨胀的常用指标有消费者价格指数、生产者价格指数、国民生产总值物价平减指数。

3. 通货膨胀对经济的影响包括对经济增长、收入分配、对外经济关系等方面的影响。对通货膨胀的治理对策包括：宏观经济政策、收入紧缩政策、收入指数化政策、供给政策、货币规则、币制改革等。

4. 通货紧缩是指货币供应量低于商品生产和流通对货币的客观需要量而引起的一般物价水平持续下降的经济现象。通货紧缩是与通货膨胀相对立的一个概念，通货紧缩从本质上说是一种货币现象，表现为一般物价水平的持续下跌。通货紧缩会产生失业率增长，乃至经济衰退的负面影响，还有可能导致银行业的危机。对通货紧缩的治理对策包括：实施扩张性需求管理政策；改善供给结构；健全金融体系。

5. 货币政策是指中央银行为实现其特定的经济目标而采取的各种调节货币供给量与信用量的方针和措施的总称。货币政策是调节社会总需求的间接调节经济的宏观经济政策。它可分为扩张型货币政策、紧缩型货币政策和均衡型货币政策。

6. 货币政策的四大最终目标包括物价稳定、充分就业、经济增长和国际收支平衡。各最终目标之间既统一又矛盾。中央银行在一定时期内只能力求实现其中最主要的一个或两个货币政策目标。我国货币政策目标的选择有其现实的意义。

7. 货币政策的中介目标是数量化、传导性的金融变量指标。货币政策中介目标的选择应满足可测性、可控性和相关性三个基本标准。近期中介目标可供选择的金融变量主要有：存款准备金、基础货币和短期利率。远期中介目标可供选择的金融变量主要有：货币供应量、长期利率。

8. 货币政策工具可分为一般性货币政策工具、选择性货币政策工具及其他调控政策工具。一般性货币政策工具一般包括存款准备金政策、再贴现政策、公开市场业务三大政策，这三大政策通常被称为"三大法宝"。选择性货币政策工具主要包括消费信用控制、证券市场信用控制、不动产信用控制等。其他调控政策工具中属于直接信用控制的有信用分配、直接干预、流动性比率和利率限额等，属于间接信用控制的有道义劝告、窗口指导等。

想一想

1. 通货膨胀有哪些类型？
2. 衡量通货膨胀的指标有哪些？
3. 通货膨胀形成的原因有哪些？通货膨胀会产生怎样的影响？如何治理通货膨胀？
4. 在成本推动型通货膨胀中，导致成本上升的原因有哪些？
5. 通货紧缩有哪些类型？通货紧缩对经济的影响有哪些？该如何治理？
6. 为什么说中央银行货币政策各最终目标之间存在矛盾和冲突？
7. 什么是法定存款准备金政策？试述其作用机制及效果。
8. 什么是公开市场业务？试述其作用机制及效果。

练一练

1. 某发展中国家近年来经济快速增长，但是经济出现了许多新问题，其中之一就是物价问题，其近4年的物价指数分别是104.2%、106.5%、107.4%、109.7%。根据以上资料，回答下列问题：

(1) 产生这种现象的主要原因是什么？
(2) 应采取哪些方式治理这一物价问题？

2. 2024年5月11日，国家统计局发布了2024年4月份全国CPI（消费者价格指数）和PPI（生产者价格指数）数据。数据显示，CPI同比上涨0.3%，环比上涨0.1%；PPI同比下降2.5%，环比下降0.2%。

(1) 从CPI和PPI数据看，你对当前的物价水平有什么认识？

（2）你认为央行会采取什么货币政策应对当前的物价水平？为什么？

查一查

1. 上网查找近10年的CPI数据，分析近10年来我国是否出现过严重的通货膨胀，是否出现过通货紧缩。

2. 上网查找当前我国采取了怎样的货币政策，并思考为什么我国会采取这些货币政策。

第九章

放 眼 国 际

知识目标
- 了解国际金融市场的概念、分类及其发展历程
- 了解国际资本流动的概念、类型、影响及特点
- 掌握国际货币体系的演变历程及三个阶段的内容及特点
- 熟悉不同国际货币体系的优点及局限性

能力目标
- 运用国际资本流动的知识分析热钱流动产生的影响
- 运用国际货币体系的知识对当前国际货币体系做初步分析与评价
- 分析人民币离岸市场建设的重要意义

小金这段时间在网上经常看到有关"人民币国际化"的新闻和讨论，什么"货币互换"，什么"国际金融中心"……小金有点迷糊。不过小金想，人民币国际化了，是不是意味着人民币更值钱了（升值）？那也是好事啊，以后出国旅游，买国外商品什么的就更划算了。而且，据说可以直接买其他国家上市公司的股票。"那不就意味着我也有机会成为苹果、微软、三星、西门子、大众这些国际巨头公司的股东了？"小金与室友讨论道。

思考： 你认同小金的看法吗？你怎么理解"人民币国际化"？"人民币国际化"对你的生活会有什么影响？

第一节　国际金融市场

在国际经济领域中，国际金融市场十分重要，从商品与劳务的国际性转移、资本的国际性转移、黄金的买卖、外汇的买卖到国际货币体系运转等各方面的国际经济交往都离不开国际金融市场。国际金融市场上新的融资手段、投资机会和投资方式层出不穷，金融活动也凌驾于传统实质经济活动之上，成为推动世界经济发展的主导因素。

一、国际金融市场的概念

国际金融市场是指国际资金借贷关系或国际资金融通的场所，有广义和狭义之分。广义的国际金融市场是指进行各种国际金融业务活动的场所。这些业务活动包括长、短期资金的借贷以及外汇与黄金的买卖。这些业务活动分别形成了货币市场、资本市场、外汇市场和黄金市场。这几类国际金融市场不是截然分离的，而是互相联系的。狭义的国际金融市场，是指进行国际借贷活动的市场，因而亦称为国际资金市场，它包括短期资金市场和长期资金市场两个部分。一般提到的国际金融市场都是广义上的。

国际金融市场的特点是：其交易活动发生在本国居民与非居民或非居民与非居民之间；其业务范围不受国界限制；其交易对象是国际可自由兑换的货币以及以这些货币标价的金融工具；其业务活动比较自由、开放，较少受某一国政策、法令的限制。

二、国际金融市场的分类

国际金融市场可以从不同的角度进行分类。

（一）传统国际金融市场和新型国际金融市场

按照性质，国际金融市场可分为传统国际金融市场和新型国际金融市场。

传统国际金融市场，又称为在岸金融市场，是指从事市场所在国的国际信贷和国际债券业务，交易主要发生在市场所在国的居民与非居民之间，并受市场所在国的金融法律法规约束的金融市场。传统的国际金融市场经历了由地方性金融市场，到全国性金融市场，最后发展成为国际性金融市场的过程，如伦敦、纽约、苏黎世、巴黎、法兰克福和米兰等的金融市场，均属于传统国际金融市场。

  新型国际金融市场，又称为离岸金融市场或境外市场，是指专门从事非居民之间的资金筹集和资金运用，与市场所在国的国内金融体系完全分离，并不受市场所在国政府管制的金融市场。由于它起源于欧洲，因此又被称为欧洲货币市场。这是一种真正意义上的国际金融市场。与传统国际金融市场的发展过程不同，新型国际金融市场的形成和发展不需要以国内金融市场的发展为基础。只要政府采取鼓励性的政策措施，并且具备基本的组织设施和优越的地理条件，任何地区都有可能发展成为新型国际金融市场，如卢森堡、巴拿马和开曼群岛等的金融市场，均属于新型国际金融市场。

  传统国际金融市场与新型国际金融市场的比较如表9-1所示：

表9-1 传统国际金融市场和新型国际金融市场的比较

项　目	名　称	
	传统国际金融市场	新型国际金融市场
交易对象	市场所在国货币	境外货币
交易主体	居民与非居民	非居民与非居民
受所在国管制程度	受管制	不受管制

（二）国际货币市场和国际资本市场

  按照资金融通的期限，国际金融市场可分为国际货币市场和国际资本市场。国际货币市场是指由非居民参加的、资金借贷期在1年以内（含1年）的交易市场，也称为短期资金市场，包括同业拆借市场、票据市场、国库券市场、回购协议市场等。国际资本市场是指由非居民参加的、资金借贷期在1年以上的中长期信贷及证券发行与交易市场，也称为长期资金市场，包括债券市场、股票市场等。

（三）国际资金市场、外汇市场和国际黄金市场

  按照经营业务种类，国际金融市场可分为国际资金市场、外汇市场和国际黄金市场。国际资金市场是进行长、短期资金借贷的市场。外汇市场是进行外汇交易的市场。国际黄金市场是集中进行黄金交易的市场。

（四）现货市场、期货市场和期权市场

  按照金融资产交割方式，国际金融市场可分为现货市场、期货市场和期权市场。现货市场是指进行现货交易活动的场所。期货市场是指按达成的协议交易并按预定日期交割的场所，其主要交易类型有外国货币期货、利率期货、股指期货和贵金属期货等。期权市场是指投资者进行期权交易的场所。

三、国际金融市场的发展

国际金融市场是随着国际贸易的发展、扩大、深化而产生与发展的。从最早的国际清算中心，到最早的国际金融市场，直至今天极具特色的新型国际金融市场等，它历经了几个世纪的发展，大体可以分为以下几个阶段：

（一）国际金融市场的萌芽

第一次世界大战前，伦敦率先发展为国际金融中心，成为当时世界上最主要的国际金融市场。主要原因有：第一，英国资本主义高度发展并成为世界最大的工业强国；第二，英国与世界各国进行广泛的贸易，使伦敦积聚了大量的财富；第三，英国当时政局稳定，银行制度发达、健全，遍布英国国内和世界各国主要地区的银行代理关系逐渐完备，银行结算、信贷制度基本建立，使英镑成为当时世界上主要的国际结算货币和储备货币。第一次世界大战后，英国经济实力的衰退和 20 世纪 30 年代大危机后被迫采取的外汇和外贸管制等金融措施都使英镑作为国际结算货币与储备货币的地位急剧跌落，从而削弱了伦敦的国际金融中心地位。但直至今天，伦敦外汇交易市场仍然全球领先。

（二）三大国际金融市场的形成

第二次世界大战后，纽约、苏黎世和伦敦成为三大国际金融市场。第二次世界大战期间，美国的经济实力迅速膨胀。第二次世界大战后初期，美国在工业生产、国际贸易、外汇储备等方面以绝对的优势成为资本主义世界经济的霸主。瑞士从 1815 年起成为永久中立国，没有受到历次战争的破坏，瑞士法郎又长期保持自由兑换，因此，在国际局势紧张时期，瑞士成为别国游资的避难场所，黄金、外汇交易十分兴隆。第二次世界大战后欧洲经济的恢复和发展促进了苏黎世金融市场的发展。因此在这一阶段，纽约、伦敦和苏黎世成为西方世界的三大金融市场。

（三）新型国际金融市场的产生

20 世纪 60 年代后，美国国际收支出现了持续的巨额逆差，黄金流失，美元信用动摇，美国政府被迫采取了一系列限制美国资本外流的管制措施。然而，这些严厉的措施不但没有达到预期的目的，反而加剧了资金的外流。同时，很多东欧国家担心其在美国的资产被冻结，而将美元存款转存到伦敦的银行，形成了巨额境外美元资金的来源。但当时英国政府对英镑实行严格管制，所以英国银行纷纷转存境外美元，使伦敦逐步形成了一个新型国际金融市场，即欧洲美元市场。因为该市场存在于美元发行国之外，所以其他国家各银行之间的美元存放，对美国而言，均是境外的美元交易，这类交易不受美国和英国及其他有关国家的法律管制，这就是最早出现的离岸国际金融市场。

欧洲美元市场形成后，其经营范围不断扩大，经营对象也不仅仅局限于境外美元，还扩展到境外的其他货币，这些货币被统称为欧洲货币。新型国际金融市场的出现，使信贷交易国际化，改变了金融中心必须主要向国内提供资金的旧传统，为国际金融中心的分散

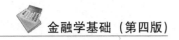

化、国际化创造了条件。

（四）发展中国家金融市场的兴起

20世纪70年代以后，国际金融市场不再局限于少数传统的国际金融中心，发展中国家的兴起对国际金融市场的发展产生了很大影响。在亚洲，新加坡、马来西亚、菲律宾和泰国等国的金融市场都有较大的发展。拉丁美洲、非洲等发展中国家的金融市场也逐步兴起。尤其是发展中国家中的石油生产国，由于掌握大量的石油美元而带来国际收支巨额顺差，因此在国际金融市场中占有重要地位。

新闻摘录

上海全力冲刺国际金融中心建设

2019年初，上海发布了《上海国际金融中心建设行动计划（2018—2020年）》。2019年10月15日，上海金融与发展实验室（SHIFD）、国家金融与发展实验室（NIFD）于上海举办"上海国际金融中心论坛"，论坛聚焦"金融基础设施和国际金融中心建设"，多位来自金融机构、金融科技公司、智库等的嘉宾参加论坛。

NIFD理事长、SHIFD首席专家兼学术委员会主席李扬称，按照国际金融中心标准衡量，可以说上海已经初步建成了国际金融中心。但建设国际金融中心是一个过程，未来上海还需要进一步提升质量，加大对金融科技的应用。

2019年以来，为进一步缩小与成熟国际金融中心的差距，打造有全球影响力、竞争力的国际金融中心，国家层面和上海本地的各项举措不断，加速推进了上海国际金融建设的进程。在第26期全球金融中心指数报告（GFCI 26）中，与此前两期相同，上海仍位列第五，但不同的是，上海和排名第四（新加坡）的金融中心评分差距由上期的2分缩小为1分。另外，上海相较于排名前列的纽约和伦敦，仍有差距。

资料来源：段思宇. 全力冲刺上海国际金融中心建设，专家献策聚焦于科技［EB/OL］. 第一财经，2019-10-17.

学思之窗

当前，上海在建设国际金融中心的过程中存在哪些机遇与挑战？

四、国际金融市场的作用

（一）提高资源国际化配置效率

国际金融市场利用利息杠杆和信贷融通，以及多方面的分配渠道，引导资金从盈余国投向缺乏国，改善了国际资金分配状况，提高了世界资源配置效率。第二次世界大战后，西欧的复兴、日德经济的发展、发展中国家的经济建设，都大量利用了国际金融市场中的资金。

（二）调节国际收支

国际金融市场的扩展为国际收支逆差国开辟了新的调节国际收支的渠道。原来只能动用有限的国际储备，现在可到国际金融市场中举债或筹资，从而更能灵活地规划经济发展，可在更大程度上缓和国际收支失衡的压力。

（三）提高银行信用的国际化水平

在国际金融市场中开展业务活动的主要是世界各国经营外汇业务的银行及其他金融机构，它们为了发展国际金融业务，不断加强联系，互相代理业务，逐渐结合成为有机的整体，不少大银行在国外设立分支机构，成为跨国银行。这样就使各国国内银行信用发展为国际银行信用，推动了银行信用国际化水平的进一步提高。

（四）促进国际贸易与投资的迅速增长

国际金融市场的产生和发展是国际贸易和国际投资发展的结果，而国际金融市场的发展和完善又极大地便利了国际资金的划拨与结算，为国际贸易与投资的进一步发展创造了有利的条件。

应当指出的是，国际金融市场的迅速扩展对世界经济的发展也产生了一些消极的作用，主要表现为：国际大量资本流动，影响了一国货币政策的执行效果；国际金融市场为货币投机活动创造了条件；助长了世界性通货膨胀，加剧了经济危机。

第二节　国际资本流动

一、国际资本流动的概念

国际资本流动是指资本在不同国家或地区之间作单向、双向或多向流动。国际资本流动按其流动方向，可分为国际资本流入和国际资本流出。国际资本流入表示资本从境外流入境内，表现为本国对外国负债的增加和本国在外国的资产的减少，或者说，外国在本国资产的增加和外国对本国负债的减少。国际资本流出表示资本从境内流往境外，表现为本国对外国负债的减少和本国在外国资产的增加，或者说，外国在本国的资产减少和外国对本国负债的增加。对一个国家或地区来讲，总存在资本流入和流出，只不过是流入和流出的比例不同而已。

二、国际资本流动的类型

按照期限，国际资本流动可分为长期国际资本流动和短期国际资本流动两大类。

（一）长期国际资本流动

长期国际资本流动是指使用期限在 1 年以上或者未规定期限（如股票投资）的资本流动。其特点是多与生产要素的国际转移结合在一起，具有相对稳定性。按照资本流动的方式，长期国际资本流动可分为国际直接投资、国际间接投资和国际贷款三种。

国际直接投资是指一国居民或实体与在另一国的企业建立长期关系，具有长期利益，并对之进行控制的投资，主要包括开办新企业、收购国外企业的股权达到一定比例（我国规定为 25%）、利润再投资等形式。国际间接投资是指在国际证券市场上购买股票或债券所进行的投资。国际贷款是指国际金融机构、政府或国际银行提供的贷款，包括政府贷款、国际金融机构贷款、国际银行贷款、出口信贷等。

行业洞察

全球首个央行数字货币呼之欲出

2022 年 6 月 9 日，联合国贸易和发展会议（UNCTAD）发布《2022 年世界投资报告——国际税收改革和可持续投资》（以下简称《2022 年世界投资报告》）。《世界投资报告》是分析全球 FDI 趋势的年度报告。《2022 年世界投资报告》分为全球投资趋势和前景、地区投资趋势、投资政策动态等五个部分。《2022 年世界投资报告》指出，2021 年全球 FDI 流量为 1.58 万亿美元，相比 2020 年的超低水平，实现增长 64%。具体数据分析如图 9-1 所示。

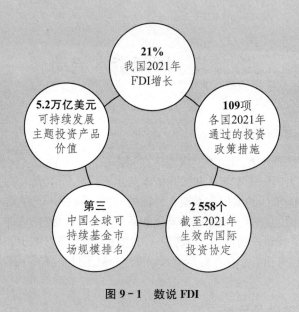

图 9-1 数说 FDI

资料来源：2022 年世界投资报告——国际税收改革和可持续投资.

绿色债券服务"一带一路"建设

2019 年 4 月，在第二届"一带一路"国际合作高峰论坛召开之际，中国工商银行成功发行首笔等值 22 亿美元的绿色"一带一路"银行间常态化合作债券，包括人民币、美元及欧元 3 个币种。该笔债券同时符合国际绿色债券准则和中国绿色债券准则，发行不仅着眼于支持发展绿色项目，还进一步发挥金融服务"一带一路"建设的作用，促进沿线国家和地区金融市场的共同繁荣，推动"一带一路"倡议与绿色发展理念有机融合。

资料来源：工行国际部. 中国工商银行成功发行 22 亿美元全球首笔绿色"一带一路"银行间常态化合作债券［EB/OL］. 新浪网，2019 - 04 - 18.

（二）短期国际资本流动

短期国际资本流动是指使用期限在 1 年或 1 年以内的资本流动。特点是多借助票据、债券、银行活期存款凭证等信用工具，不涉及生产要素的转移，资本流量大、流动频繁，可以迅速、直接地影响一国的货币供应量。按照不同的动机，短期国际资本流动可分为贸易性资本流动、金融性资本流动、保值性资本流动、投机性资本流动等。

贸易性资本流动是指国际贸易往来的资金融通与资金结算引起的货币资本国际转移。金融性资本流动是指各国经营外汇业务的银行金融机构，由于相互之间的资金往来而引起的资本国际转移。这些流动在形式上包括套汇、套利、掉期、头寸调拨以及同业拆放等。保值性资本流动是指短期资本持有者为了避免或防止手持资本的损失而把资本在国际间进行转移。投机性资本流动是指投机者为了赚取投机利润利用国际市场上汇率、利率及黄金、证券等价格波动，通过低进高出或通过买空卖空等方式而引起的资本在国际间的转移。

什么是热钱?

热钱（Hot Money），又称游资，或叫投机性短期资金，其目的在于用尽量少的时间以钱生钱，是只为追求高回报而在市场上迅速流动的短期投机性资金。热钱纯粹是为了投机盈利，而不是促进就业、制造商品或提供服务。这也是热钱与投资性资本的重要区别。

三、国际资本流动的影响

（一）长期国际资本流动的影响

1. 对世界经济的影响

（1）提高世界经济总产值与总利润。资本具有趋利性，资本在国际进行转移的主要目的就是通过资本输出获取更大的盈利。这意味着资本输出国在资本输入国创造的产值会大于资本输出国因资本流出而减少的总产值。这样，资本流动就会促进世界经济总产值和总利润的增加。

（2）加速经济全球化进程。生产国际化、市场国际化和资本国际化，是世界经济国际化的主要标志。这三个国际化之间互相依存、互相促进，且共同推动全球经济的发展。资本国际化为各国的经济发展和弥补赤字提供了便利的渠道，为发展中国家加入经济全球化做出了贡献，使世界经济在更广的空间、更高的水平上获得发展。

2. 对资本输入国的影响

（1）积极影响。长期国际资本流动对资本输入国的积极影响表现在：第一，缓解了发展中国家资金短缺的问题，为发展中国家发展经济提供了更多的机遇；第二，能够给资本输入国带来资金、技术和其他生产要素，创造就业机会；第三，能够促进资本输入国产业结构调整，改善生产技术落后的状况，提高工业化水平；第四，帮助资本输入国拓展国际市场，提高其出口创汇能力。

（2）消极影响。长期国际资本流动对资本输入国的消极影响表现在：第一，如果过多借入国际贷款又使用不当，就会发生偿债困难，甚至导致债务危机；第二，加深对外资的依赖性，影响民族产业的发展；第三，外国投资建立的经济实体会掠夺当地资源，挤占当地市场。

3. 对资本输出国的影响

（1）积极影响。长期国际资本流动对资本输出国的积极影响表现在：第一，会对输出国的商品出口起推动作用，从而增加出口贸易的利润收入，刺激其国内的经济增长，如某些国家采用出口信贷方式，使对外贷款与购买本国的成套设备或某些商品相联系，从而达到带动出口的目的；第二，可以为剩余资本寻求出路，生息获利；第三，有利于提高资本输出国的国际地位。资本输出既可以增强输出国的经济实力，又可以加强其对输入国的经济和政治影响，从而有利于提高资本输出国的国际声誉或地位。

（2）消极影响。长期国际资本流动对资本输出国的消极影响表现在：第一，资本输出国必须承担较大的投资风险，世界市场错综复杂，如果投资方向错误，资本输出就会产生风险；第二，资本输出会使本国的投资下降，经济效益转移，影响资本输出国的经济发展。

（二）短期国际资本流动的影响

1. 对国际金融市场的影响

短期国际资本流动会加剧国际金融市场动荡，表现在其会造成汇率大起大落，投机更加盛行。当一国发生持续性国际收支失衡时，如果这时投机者在外汇供不应求时买进外汇，而在外汇供大于求时卖出外汇，这种行为就会导致汇率更大幅度的波动，导致国际金融市场的动荡不安。

2. 对国际收支的影响

若投机者认为一国的国际收支逆差为暂时性逆差，就会按较低汇率买进该国货币，等待汇率上升后再以较高的汇率卖出，这种短期资本流入有利于调节该国的国际收支逆差，稳定该国汇率水平，是"稳定性投机"。

然而，若投机者认为一国的国际收支逆差为持续性逆差，预期汇率可能会进一步下跌，就会卖出该国货币、买进其他货币，造成资本流出，从而会进一步扩大逆差，加剧国际收支失衡。这种短期资本流动不利于国际收支调节，是"破坏稳定性投机"。

3. 对国内经济调控的影响

短期资本的频繁流动会影响国内金融政策的独立性，加大经济调控的难度。短期资本期限短、流动速度快、对货币政策敏感，这破坏了货币政策的实施力度，削弱了经济政策的实施效果。

四、当代国际资本流动的趋势和特点

（一）国际资本流动规模持续增长且日益脱离实体经济

自 20 世纪 90 年代以来，国际资本流动总体规模一直保持稳定增长。国际资本流动规模的增长速度远远超过国际贸易的增长速度和实体经济的增长速度，国际资本流动相对于国际贸易和世界生产的独立性日益增强。同时，金融衍生工具交易产生的国际资本流动量已远远超过传统交易产生的国际资本流动量。

（二）国际资本流动呈现多元化、证券化

自 20 世纪 80 年代后期以来，随着发展中国家对外投资的不断增加和石油输出国逐步跻身于投资国行列，国际资本投资主体呈现多元化格局。从国际资本流动的构成来看，私人资本在国际资本流动中的主导地位不断加强，目前已占到全球资本流动的 3/4 左右。从国际资本流动的投资主体来看，机构投资者管理的资产显著增长，主权财富基金、私募股权基金、对冲基金等在全球金融市场非常活跃。另外，从投资机构来看，以证券投资为代表的间接投资近年快速增加。20 世纪 80 年代以来，直接投资的势头减弱，间接投资的比例不断上升，其中证券投资尤其活跃，呈现资本证券化的趋势。证券投资资本的投资性很强，快进快出，这类资本一旦大量外流，很可能引发金融市场的剧烈波动甚至金融危机。

第三节　国际货币体系

一、国际货币体系的含义

国际货币体系又称国际货币制度，是指各国政府共同遵守的为有效进行各种国际交易

支付而确立的一系列规则和制度安排。

国际货币体系主要包括以下几个方面的内容：（1）确定关键货币。关键货币即在国际货币体系中充当基础性价值换算工具的货币。目前，美元在国际收支中使用最多，在外汇储备中占比最大，美元是当前国际货币体系中的关键货币。（2）确定汇率制度。汇率制度即一国货币与其他货币之间的汇率应按何种规则确定与维持，并保持汇率稳定，它能有效防止各国货币间汇率的竞争性贬值。（3）调节国际收支。即国际货币体系应能够提供一种有效的国际收支调节机制，通过该机制的运作，各国能够公平合理地承担国际收支失衡的调节责任，并使调节所付出的代价最小。（4）确定国际储备资产。确定国际储备资产，即确定用什么货币作为国际支付货币，一国政府应用什么货币来保有自己的贸易盈余和债权，以保证国际支付和在满足国际清偿力增长的同时维持人们对储备货币的信心。

二、国际货币体系的产生与发展

国际货币体系是伴随着国际商品交易的发展而产生和发展起来的，迄今已有一个多世纪的历史。在国际商品交易的发展过程中，需要有一种被各国普遍接受的国际货币单位，需要在各国货币之间建立确定的兑换关系，需要有某种方式调节国际贸易收支和资本流动的不平衡，因此产生了国际货币体系。随着国际经济关系的不断发展，各国之间解决这些问题的方式也随之发生了变化，以往形成的规则得到不断完善和系统化，推动了国际货币体系的不断发展和演变。

国际货币体系的发展经历了国际金本位制、布雷顿森林体系和牙买加体系三个阶段。1880年前后，当主要国家的国内货币制度都采用金本位制时，即自发形成了国际金本位制，这一阶段的国际金本位制是典型的金币本位制。1914年第一次世界大战爆发，导致了国际金本位制的中断。第一次世界大战结束后，自1925年起，世界各国试图恢复国际金本位制，但典型的金币本位制很难恢复，只能相继使用金块本位制和金汇兑本位制。然而1929年爆发的世界经济危机使勉强恢复的名义上的金本位制彻底崩溃。1944年，在国际货币合作的基础上建立了布雷顿森林体系。布雷顿森林体系的核心是确立了美元作为主要的国际储备货币，实行"美元-黄金"本位制，即美元与黄金挂钩、其他国家货币与美元挂钩的"双挂钩"体系。布雷顿森林体系于1973年彻底崩溃。1976年，国际货币基金组织成员达成了《牙买加协议》，国际货币体系进入多元国际储备和浮动汇率的时期，即"牙买加体系"。

（一）国际金本位制

英国于1816年制定《金本位制度法案》，采用金本位制，是世界上第一个实行金本位制的国家。出于国内经济发展和国际贸易的需要，各国先后纷纷效仿实行金本位制。1880年前后，当主要国家的国内货币制度都采用金本位制时，即自发形成了国际金本位制。国际金本位制形成以后，经历了金币本位制、金块本位制、金汇兑本位制三个阶段，其中金币本位制是最典型的金本位制。在金币本位制下，金币是本位货币，金币可以自由铸造、自由熔化，黄金可以自由输出入。这就决定了国际金本位制的三大特点——黄金是国际储备货币、汇率固定、国际收支具有自动调节机制。1914 年第一次世界大战爆发，许多国家经济受战争影响濒临崩溃。为防止黄金外流，各国限制了黄金的自由输出入，导致了国际金本位制的中断。

第一次世界大战结束后，世界各国试图恢复国际金本位制，重建统一的国际货币制度。自 1925 年起，各国相继使用金块本位制和金汇兑本位制。在这两种货币制度下，国内没有金币流通，所流通的银行券与黄金之间的联系也越来越弱。因此，这两种货币制度只是名义上的金本位制，是金本位制的削弱形式，典型的金本位制已经很难恢复。金块本位制和金汇兑本位制也没有持续多久，1929 年爆发的世界经济危机使勉强恢复的名义上的金本位制彻底崩溃。

国际金本位制的出现为当时的主要国家提供了最为稳定、有效率的国际货币体系，促进了当时世界经济的发展，为国际经济稳定起到了积极的促进作用。然而，黄金产量的限制和分配不均使得黄金供应量的增长在长期很难适应商品的增长速度，从而严重制约了经济增长，这也是国际金本位制的局限性所在。

金融视野

英镑金本位制

在第一次世界大战以前，国际货币体系名义上要求以黄金充当国际货币，用于国际贸易清偿及资本输入、输出。实际上，由于黄金运输不便、风险大，而且黄金储备不仅不能生息，还要支付保管费用，因此人们通常以英镑来代替黄金。英镑依靠英国"日不落帝国"及"世界加工厂"的地位而充当国际货币，国际贸易的 80%～90% 用英镑计价和支付，绝大多数国家的外汇储备是英镑而非黄金，伦敦国际金融中心为各国提供资金融通。国际货币体系演变为英镑雄踞塔尖的金字塔式体系，英镑支配着整个体系，英国为逆差国提供长期信贷，并充当其他国家的"最后贷款人"，其他国家可用英镑向英格兰银行自由兑换黄金，所以西方经济学家把第一次世界大战前的国际金本位制称为英镑金本位制。

（二）布雷顿森林体系

国际金本位制崩溃后，国际金融秩序混乱无序，国际贸易经济发展严重受阻。1944 年 7 月，44 个国家的代表出席在美国新罕布什尔州布雷顿森林（Bretton Woods）召开的国际金融会议，商讨重建国际货币体系。而此时，经历过两次世界大战后，世界经济格局已发生了明显变化，美国取代了英国，成为世界第一经济强国。因此，在这次会上通过了以美国"怀特计划"为基础的《国际货币基金协定》和《国际复兴开发银行协定》，总称《布雷顿森林协定》。在这次会议上产生的国际货币体系因此被称为"布雷顿森林体系"。

在运行 25 年后，美国黄金储备大量流失，美元多次贬值，布雷顿森林体系逐步瓦解。1971 年和 1973 年美元两次法定贬值，标志着布雷顿森林体系的彻底崩溃。

布雷顿森林体系的主要内容包括：（1）建立一个永久性的国际金融机构——国际货币基金组织（IMF）；（2）规定美元作为最主要的国际储备货币，实行"美元-黄金"本位制，即美元与黄金保持固定的兑换比率，1 盎司黄金兑换 35 美元；（3）实行可调整的钉住汇率制度，即 IMF 规定各成员货币对美元的汇率一般只能在平价上下 1‰ 的幅度内波动；（4）IMF 向国际收支赤字国提供短期资金融通，以协助其解决国际收支困难；（5）制定稀缺货币条款。

布雷顿森林体系在国际货币制度发展史上占有重要地位，为第二次世界大战后国际经济发展提供了稳定的货币环境，稳定了金融秩序，极大地促进了国际贸易和国际投资的发展。然而，布雷顿森林体系是个不稳定的制度，存在诸多方面的缺陷，其中最突出的缺陷体现为国际储备的增长和对储备货币信心之间存在矛盾。美元作为国际储备资产，要满足世界经济和国际贸易增长之需，就必须有相应的增长，而这需要通过美国的国际收支逆差来实现。与此同时，美国国际收支逆差越多，对美元与黄金价值固定越缺乏信心，这是布雷顿森林体系无法克服的矛盾，也称为"特里芬难题"。布雷顿森林体系这一先天性缺陷导致了其最终的瓦解和崩溃。

（三）牙买加体系

布雷顿森林体系瓦解后，国际金融形势更加动荡不安，国际货币体系呈现多样化格局，浮动汇率成为国际上的主要汇率制度，国际储备资产也呈现多样化趋势。1976 年，国际货币基金组织临时委员会在牙买加首都金斯敦召开会议，就有关国际货币体系问题达成协议（《牙买加协议》），此次会议后形成的国际货币体系称为"牙买加体系"。

牙买加体系的主要内容包括：（1）浮动汇率合法化，即会员可以自由选择任何汇率制度，浮动汇率制与固定汇率制可以并存；（2）黄金非货币化，黄金与货币完全脱离关系，成为一种单纯的商品，取消会员之间以及会员与基金组织之间必须用黄金支付的义务；（3）提高 SDR（特别提款权）的国际储备地位；（4）扩大对发展中国家的资金融通；（5）增加会员的基金份额。从牙买加体系的主要内容可以看出，牙买加体系的特点是多元化和分散化：有多元化的国际储备资产，多样化的汇率制度安排，多种形式的国际收支调节方式，以及灵活多样的各国国内宏观经济政策选择。

与布雷顿森林体系相比，牙买加体系具有较大的灵活性。在该体系下，市场机制的调节作用在国际储备创造和国际收支调节方面发挥了重要作用：第一，多元化的国际储备体系在一定程度上解决了国际清偿力和对储备货币信心的矛盾；第二，以浮动汇率为主的汇率制度能够对世界经济形势的变化做出灵敏反应，从而较好地发挥汇率对经济调节的杠杆作用；第三，多种国际收支调节机制选择更能适应世界经济发展不平衡的现状。

牙买加体系发展至今也暴露出很多缺陷：第一，汇率经常变动不利于对外贸易和投资的发展，加大了贸易和投资风险；第二，主要储备货币国家倾向于为了国内的政策目标操纵汇率，而不顾对其他国家的影响；第三，目前的国际收支调节机制仍不健全。

从世界经济的交易情况来看，牙买加体系的很多方面已不能适应当前世界经济发展的需要。20 世纪 90 年代以来，金融危机频繁爆发，尤其是美国次贷危机引发的全球金融海啸及其严重的破坏性再次引起了对改革当前国际货币制度的高度重视。改革当前国际货币体系是金融界一直讨论的热点话题。

本章小结

1. 国际金融市场是指国际资金借贷关系或国际资金融通的场所。按照性质，国际金融市场可分为传统国际金融市场和新型国际金融市场；按照资金融通的期限，国际金融市场可分为国际货币市场和国际资本市场；按照经营业务种类，国际金融市场可分为国际资金市场、外汇市场和国际黄金市场；按照金融资产交割方式，国际金融市场可分为现货市场、期货市场和期权市场。

2. 国际资本流动是指资本在不同国家或地区之间作单向、双向或多向流动。国际资本流动按照期限，可分为长期国际资本流动和短期国际资本流动两大类。长期国际资本流动对资本输入国和资本输出国既有积极方面的影响，又有消极方面的影响；短期国际资本流动会对国际金融市场、国际收支及国内经济调控等方面产生影响。当前国际资本流动呈现规模持续增长且日益脱离实体经济、多元化、证券化等趋势。

3. 国际货币体系又称国际货币制度，是指各国政府共同遵守的为有效进行各种国际交易支付而确立的一系列规则和制度安排。国际货币体系的发展经历了国际金本位制、布雷顿森林体系和牙买加体系三个阶段。三个阶段的内容和特点不同，也为当时世界经济的发展起到了不同的作用。

想一想

1. 国际金融市场有哪些类型？

2. 什么是离岸金融市场？人民币离岸金融中心的建立对于人民币国际化具有什么重要意义？

3. 热钱流动会产生哪些影响？该如何避免其不利影响？

4. 你如何评价国际金本位制和布雷顿森林体系对当时世界经济发展的积极作用及其局限性？

5. 你如何评价当前国际货币体系的利弊？对于国际货币体系的改革优化，你有什么建议？

---------- **练一练** ----------

试着向你的一位朋友或者亲戚阐述一下你对"热钱"以及"人民币国际化"的看法。

---------- **查一查** ----------

登录中国人民银行网站，查一查我国近年来外汇储备的变化情况。

第十章

初 学 理 财

知识目标

- 了解个人理财的目标
- 熟悉个人理财的具体内容
- 掌握个人理财的一般步骤
- 了解个人理财的基础理论

能力目标

- 分析比较不同理财工具的优势和不足
- 能应用个人理财的基本方法
- 能根据实际情况制定个人理财方案

小金的专业和金融无关，但是出于对"金钱"的兴趣，小金对一门叫作"金融学基础"的课程很感兴趣。可是眼看一个学期快完了，小金觉得自己虽然增加了很多金融学方面的知识，但是似乎实际用处不大。

于是，小金就在课间问了这门课程的任课老师——"金融博士"一个问题："学了快一个学期的金融课，到底有什么用呢？"

"金融博士"不紧不慢地说："金融学博大精深，每个人学习的基础不一样，目标不一样，努力程度和悟性不一样，效果和收获自然也不一样。作为非金融专业的同学，如果学了金融学之后对今后个人和家庭的理财有所启发和帮助，那就相当不错了。况且还有一句话叫作'师父领进门，修行靠个人'，如果……"

思考：你认为学习金融学有什么用？你怎么理解"金融博士"的回答？"金融博士"还有可能说了什么？如果你是小金，你对"金融博士"的回答满意吗？

第一节　理财的目标与内容

一、理财的基本内涵

理财（Financial Management）即对于财产（包括知识产权）的经营，多用于个人对于个人财产或家庭财产的经营，是指个人或家庭根据当前的实际经济状况，设定想要达成的经济目标，在限定的时限内采用一类或多类金融投资工具，通过一种或多种途径达成其经济目标的计划、规划或解决方案。

现代意义的个人理财，不同于单纯的储蓄或投资，它不仅包括财富的积累，而且包括财富的保障和安排。财富保障的核心是对风险的管理和控制，也就是当自己的生命和健康出现意外，或个人所处的经济环境发生重大不利变化，如恶性通货膨胀、汇率大幅降低等问题时，自己和家人的生活水平不至于受到严重的影响。

个人理财与金融学有什么关系呢？

（1）初步的个人理财需要对货币、信用、利率等基本金融概念有一定的认知。这是本书第一章、第二章的基本内容。

（2）更深入的个人理财需要在微观上熟悉可以进行投资理财的各种金融工具、相关的金融机构和金融市场。这是本书第三章到第六章的基本内容。

（3）较为成功的个人理财还需要在宏观上把握国际、国内经济金融趋势，能解读各类经济政策的含义、影响以及其背后的内在规律。这是本书第七章到第九章的基本内容。

（4）专业的个人理财需要通过专业学习和培训，系统学习与个人理财相关的各种金融、财务、法律等方面的理论知识，并获得相应的理财从业资格证书。本章涉及部分基础内容。

智商、情商与财商

财商是指理财能力，特别是投资收益能力。财商是一个人认识金钱和驾驭金钱的能力，是一个人在财务方面的智力，是理财的智慧。它包括两方面的能力：一是正确认识金钱及金钱规律的能力；二是正确应用金钱及金钱规律的能力。

1999 年，美国房地产和小型公司投资人罗伯特·T. 清崎（Robert T. Kiyosaki）和注册会计师、资深经理及咨询专家莎伦·L. 莱希特（S. L. Lechter）两人合著了《富爸爸 穷爸爸》一书，首次提出了财商的概念。

财商不仅是人们现实的能健康发展的智能，而且是人为观念和智能中非常重要的一种。财商是一个人最需要的能力，也是最被人们忽略的能力。财商不是孤立的，而是与人的其他智慧和能力密切相关的。

怎样才能比较全面地理解财商呢？

一方面，财商与智商、情商并列现代人三大不可或缺的素质。可以这样理解，智商反映人作为一般生物的生存能力，情商反映人作为社会生物的生存能力，而财商则反映人作为经济人在经济社会中的生存能力。

另一方面，较高的财商需要较高的智商和情商作为支撑。这体现在高财商者需要掌握一定的经济金融专业知识和技能，这需要较高的智商；同时，高财商者需要对这些金融知识进行灵活应用，这往往需要克服人性中的贪婪和恐惧等弱点，处理好从众和独立的关系，需要较高的情商。因此，从某种角度上说，高财商者不一定是金融领域的专家，但一定具有较高的智商和情商，是学习能力强、心理素质过硬的复合型人才。

二、理财的目标

（一）财务安全

1. 财务安全的内涵

对于个人或家庭而言，财务安全是指个人或家庭对自己的财务现状有充分的信心，认为现有的财富足以应对未来的财务支出和其他生活目标的实现，不会出现大的财务危机。换个角度来说，财务安全就是指无论在什么不幸的情况下，个人或家庭都不会因缺钱而无法维持正常的物质生活水平，陷入财务危机。

2. 财务安全的判断标准

对于个人或家庭而言，衡量财务安全的标准包括：

（1）是否有稳定的、充足的收入。

（2）个人是否有发展的潜力。

（3）是否有充足的现金准备。

（4）是否有适当的住房。

（5）是否购买了适当的财产保险和人身保险。

（6）是否有适当的、收益稳定的投资。

（7）是否享受社会保障。

（8）是否有额外的养老保障计划等。

（二）财务自由

1. 财务自由的内涵

财务自由是指个人或家庭的收入主要来源于主动投资，而不是被动工作，是一种让个人或家庭无须为生活开销而努力为钱工作的状态。

此时，个人或家庭的资产产生的被动收入至少等于或超过日常开支，投资收入可以覆盖个人或家庭的各项开支，个人可以有更多的选择，提前退休或者做自己喜欢的工作，有更多的时间休闲或到各地旅游。

案例分析

财务自由与人格自由

财务自由与你是否年轻或有多少钱无关。如果你能从本职工作以外的途径赚到足够日常开销的钱，你就已经享有财务自由了。年龄可能与财务自由无关，假设你现年25岁，每月开支2 000元，你的资产每月产生2 001元的被动收入，你就财务自由了，你可以选择你想做的事情，而不必担心下一顿吃什么或者住哪里。假设你现年50岁，月入1万元，但每月开销超过1万元，那你仍然没能达到财务自由。

真正的财务自由是什么呢？那就是生活本身的真谛：诚实地面对自己，面对那些烦琐但又是你必须驾驭的理财之道，以独立的姿态、宽松的心境，享受一直变化着的生活。金钱是有力量的。以爱情为例，金钱既可以让爱情更圆满，也可以让爱情扭曲变形。当你理解了金钱的秉性，金钱就会跟你一样具有自己的品性，你已经完全可以掌控自己的金钱了，那么你就自由了。

有钱不一定能使人获得自由。要想实现财务自由，首先要保持平和的心态。如果为了财务自由而丧失人格自由，那很可能是"捡了芝麻丢了西瓜"的不明智的选择。

思考：你所理解的财务自由是什么？

2. 财务自由的判断标准

（1）不必为钱而工作。大部分人工作都是为了"讨生活"，即为个人或家庭，为供房、养车，为维持体面的生活。若工作没有了，"体面"的生活就会变得"不体面"。大多数人仍在为"钱"而工作，尽管有时老板脸色难看，也只能忍气吞声。如果可以不必为钱而工作，而是为兴趣而工作，那么你便在通往财务自由的路上迈出了重要的一步。

（2）保持财产性收入的净现金流入。除了工资收入外，财产性收入是实现财务自由的一个很重要的指标。财产性收入一般是指个人所拥有的动产（如银行存款、有价证券等）和不动产（如房屋、车辆、土地等）所获得的收入。它包括出让财产使用权所获得的利息、租金、专利收入等，以及财产营运所获得的红利收入、财产增值收益等。

案 例 分 析

净现金流入：区分资产还是负债

财产性收入有一个重要概念——净现金流入。有的人可能拥有不少房产，但每个月收入的租金还不够支付银行的贷款，此时的现金流是负数。像这样的资产，在你的资产负债表中只能算是一项"净负债"，而不算是真正意义上的"资产"。因此，保持财产性收入的净现金流入在理财投资中是十分重要的。当一项投资不能给你带来净现金流入的时候，它很可能就是一项"负债"。

思考：如果租金不够支付银行的贷款，但房价持续上涨，你认为这时的房子是资产吗？这里的资产与负债的概念和会计上的资产与负债的概念有区别吗？还有哪些看上去在会计上是资产，但实际上也许现金流为负的财物？

（3）增加被动收入。要实现真正的财务自由，就必须增加被动收入，最好是比主动收入多。例如：某人月薪是 3 000 元，没有其他收入。为了生活，他不能失去这份工作。如果他有些储蓄和投资，每月的利息和投资收益约 1 000 元，那么除了每年 36 000 元的主动收入之外，他还有一部分被动收入。如果这些被动收入能够增至每月 5 000 元，那么他就不必完全依靠那 3 000 元月薪过日子，即使薪水降至每月 2 500 元，他的生活质量也不会受影响。如果这些被动收入增至每月 8 000 元，那么他就可以有不工作的自由，仅靠被动收入生活。换言之，他获得了财务自由。

对普通人而言，增加被动收入主要有两种方法：

第一，储蓄。储蓄可以增加投资本金，但要增加被动收入，还必须善于投资。

第二，投资。投资具体包括购买股票、房地产、有潜质的公司等。

总之，理财是一件"终身大事"，理财不是百米冲刺，而是一场马拉松。要尽早达到财务安全和财务自由，就要养成良好的理财习惯。

金 融 视 野

被动收入与财务自由

被动收入，就是不需要花费多少时间和精力，也不需要照看，就可以自动获得的收入。乍看上去有点像"不劳而获"，实际上，在获得被动收入之前，个人往往需要经过长时间的劳动和积累。被动收入是获得财务自由和提前退休的必要前提。

被动收入主要包括以下类型：

（1）房产。例如：拥有一套房子，并将这套房子用来出租，每个月就可以有固定的房租，房租收入就是被动收入。

（2）利息。其实存款的利息也是"被动收入"，只不过银行存款的利息太微薄。可以考虑通过贷款来获得更高的利息，但贷款有风险，贷出去收不回来，就可能血本无归。

（3）股票。这不是指"炒股"，炒股需要投入时间和精力，而且有风险。这里指的是长线投资，看准一只绩优股，长期持有，通过分红或者长期的增值获利。

（4）投资企业。投资运营一个企业，通过职业经理人来管理，定时获得企业分红。

（5）其他投资。投资到基金和保险中，也可以获得稳定的收入。

以上几种都是用钱来生钱，前提是要积累资本。对于大多数人来说，资本积累的过程也是不断付出的过程——付出劳动、时间或者其他。

下面两种则是通过知识的增值来获得被动收入。

第一，知识产权。例如：写了一本畅销书，多次再版，每次再版都获得一笔可观的版税；或者一篇文章被很多媒体转载，也可以获得不错的稿费。

第二，网络、IT。例如：因为兴趣爱好建立了一个博客或公众号，并且累积了不少关注，随之而来的广告或者打赏带来了不小的额外收入。网络时代为实现被动收入提供了更多的机会。

三、个人理财规划的内涵和具体内容

（一）个人理财规划的内涵

个人理财规划就是通过制订财务计划，对个人或家庭的财务资源进行适当管理并实现生活目标的过程，主要包括储蓄规划、证券投资规划、房产规划、保险规划、教育规划、个人税收规划、退休规划、遗产规划等内容。

（二）个人理财规划的具体内容

1. 必要的现金

个人持有现金主要是为了满足日常开支需要、预防突发事件需要、投机性需要。个人要保证有足够的资金来支付计划中和计划外的费用，所以在现金规划中既要保证资金的流动性，又要考虑现金的持有成本，通过现金规划使短期需求可用手头现金来满足，预期的现金支出通过各种储蓄、活短期投资工具来满足。

2. 合理的消费支出

个人理财的首要目标并非个人价值最大化，而是使个人财务状况稳健合理。在实际生活中，减少个人开支有时比寻求高投资收益更容易达到理财目标。消费支出规划可以使个人消费支出合理，使家庭收支结构大体平衡。

3. 实现教育期望

随着社会的发展，人们对受教育程度的要求越来越高，而教育费用持续上升，教育开支的比重变得越来越大。因此，需要及早对教育费用进行规划，通过合理的财务计划，确保将来有能力合理支付自身及子女的教育费用，充分达到个人或家庭的教育期望。

4. 完备的风险保障

在人的一生中，风险无处不在。个人可以通过风险管理与保险规划做好适当的财务安排，将意外事件带来的损失降到最低限度，以便更好地规避风险、保障生活。

5. 合理的纳税安排

纳税是每一个人的法定义务，但纳税人往往希望将自己的税负减到最小。为达到这一目标，纳税主体可以通过经营、投资、理财等经济活动的事先筹划和安排，充分利用税法提供的优惠和差别待遇，适当减少或延缓税负支出。

6. 积累财富

个人财富的增加可以通过减少支出相对实现，但个人财富的绝对增加最终要通过增加收入来实现。薪资收入毕竟有限，投资则完全具有主动争取更高收益的特点，个人财富的快速积累更主要靠投资来实现。根据理财目标、个人可投资额以及风险承受能力，个人可以确定有效的投资方案，使投资带给个人或家庭的收入越来越多，并逐步成为个人或家庭收入的主要来源，最终达到财务自由的目标。

7. 安享晚年

人到老年，其获得收入的能力必然有所下降，所以有必要在青壮年时期进行财务规划，到晚年时过上"老有所养，老有所终，老有所乐"的有尊严、自立的老年生活。

8. 财产分配与传承

财产分配与传承是个人理财规划中不可回避的部分。要尽量减少财产分配与传承过程中发生的支出，对财产进行合理分配，以满足家庭成员在家庭发展的不同阶段产生的各种需要，并将遗产顺利地转移到受益人手中。

金融视野

专业理财人士：理财规划师

理财规划师（Financial Planner）是为客户提供全面理财规划的专业人士。理财规划师是指运用理财规划的原理、技术和方法，针对个人、家庭以及中小企业、机构的理财目标，提供综合性理财咨询服务的人员。理财规划要求提供全方位的服务，因此理财规划师要全面掌握各种金融工具及相关法律法规，为客户提供量身定制的、切实可行的理财方案，同时在对方案的不断修正中，满足客户长期的、不断变化的财务需求。

理财规划师需要具备良好的职业素质，具体包括：

1. 丰富的金融、投资、经济、法律知识

理财规划师应是"全才＋专才"。这就是说，理财规划师既要系统掌握金融、投资、经济、法律知识，又要在某些方面是专才，如在保险、证券等方面有特长。

2. 良好的人品及职业操守

客户是理财规划师的"衣食父母"，理财规划师应以客户的利益为中心，时时刻刻为客户着想，而不是仅以向客户推销产品为目的。此外，保守客户的个人秘密也是重要的方面。理财规划过程中会涉及很多客户隐私，理财规划师应严守秘密。

3. 相对的独立性

在银行、证券、保险公司工作的理财规划师，在为客户进行理财规划的同时，或多或少都有推销产品的目的，这是客观存在的问题。但理财规划师在推销产品时应以客户的利益为出发点，不应是"为推销而理财"，应从客户的角度出发，帮助客户选择投资产品，实现客户的理财目标。

第二节　理财的步骤与方法

一、个人理财的一般步骤

（一）制定理财目标

了解自己的价值观，可以确立经济目标，使之清楚、明确、真实，并具有一定的可行性。缺少了明确的目标和方向，便无法做出正确的预算；没有足够的理由约束自己，也就不能达到个人所期望的 5 年、10 年甚至 30 年后的目标。

个人理财的第一步是制定理财目标，要遵循以下 3 个原则：

（1）理财目标必须符合人生目标或者人生的发展轨迹。

（2）理财目标必须明确且具体，如想买车，就需要计划好准备拿出多少资金，什么时候购买。

（3）理财目标必须分清轻重缓急，区别优先级。

金融视野

家庭理财目标的阶段性特征

家庭理财大致可以划分为 6 个阶段，各个阶段有不同的目标：

1. 单身期

这个阶段收入较低且花销大，是资金积累期。理财的目的不在于获得，而在于积累收入及投资经验。因此，可抽出部分收入进行高风险投资，如股票等。另外还应存下一笔钱，以备不时之需。

2. 家庭形成期

这个阶段是家庭的主要消费期。经济收入增加而且生活稳定，家庭已经有一定的财力。个人为提高生活质量往往需要大量的家庭建设支出，如购买高档用品、房产等。

3. 家庭成长期

家庭成员不再增加，家庭的最大开支是保健医疗费用、学前教育费用。在投资方面，可考虑低风险投资，购买子女教育基金、父母自身保障等保险。

4. 子女教育期

这一阶段子女的教育费用和生活费用猛增，家庭财务的负担比较繁重。已积累了一定财富的家庭可继续扩大投资，创造更多财富；经常出现赤字的家庭，则应把子女教育费用和生活费用作为理财重点。人到中年，对养老、健康、重大疾病的需求较大，可继续投资在适当的保险上。

5. 家庭成熟期

在这一阶段，家庭的各个成员的工作能力、经济收入都达到高峰状态，子女已自立，债务也逐渐减轻，因此理财的重点是扩大投资，但不宜过多选择风险投资的方式，可以抽出相当比例的收入投入股市或基金。此外，养老保险也是较稳健的选择。

6. 退休期

这一阶段的主要内容应以安度晚年为目的，投资和花费通常都比较保守。保本在这一阶段比什么都重要，最好不要进行新的投资，尤其不能再进行风险投资。另外，还要将自己的人身养老保险进行适当调整。

(二) 梳理财务状况

能够衡量就必然能够了解，能够了解就必然能够改变。如果没有持续的、有条理的、准确的记录，理财计划是不可能实现的。因此，在开始理财计划之初，详细记录自己的收支状况是十分必要的。

一份好的记录可以：

（1）衡量所处的经济地位——这是制订一份合理的理财计划的基础。

（2）有效改变现在的理财行为。

（3）衡量接近目标所取得的进步。

特别需要注意的是，要做好财务记录，还必须建立一个档案，这样就可以知道自己的收入情况、净资产、花销以及负债了。

记账可以帮助我们了解自己的财务状况，从而做好预算，实现财务自主。逐笔记录收入和支出，并在月底做一次汇总，就能对自己的财务状况了如指掌，从而有的放矢地安排自己的理财规划。同时，通过记账，我们可以了解哪些支出是必需的，哪些支出是可有可无的，从而逐步控制非理性消费，把钱都用在该用的地方。

(三) 测量风险偏好

不同的人由于财力、学识、投资时机、个人投资取向等因素的不同，其投资风险的承受能力不同；同一个人也可能在不同的时期、不同的年龄阶段及其他因素变化时而表现出对投资风险承受能力的不同。因此，风险偏好（风险承受能力）是个人理财规划中一个重要的依据。

案例分析

风险偏好测试

说明：这是一份风险偏好测试问卷，测试结果仅供参考，不作为专业投资的建议。如果想要得到更准确的结果，可咨询专业理财顾问、查阅专业理财书籍或者浏览专业网站。

※本组问题可以帮您了解自己实际承担风险的能力：

1. 您有足够的收入应付家庭日常开支吗？　　　　　　　　　　是□　否□
2. 如果发生财务困难，亟须用钱，您能确定借到钱渡过难关吗？　是□　否□
3. 除了工资，您是否还有其他稳定的收入来源？　　　　　　　是□　否□
4. 如果投资损失了部分钱，您能承受吗？　　　　　　　　　　是□　否□

※本组问题可以测试您面对风险时所采取的态度：

1. 如果展示用的电脑样机能够打折，您会购买吗？　　　　　　是□　否□
2. 假如现在有一份工作比您目前工作的待遇高很多，但要求承受非常大的压力，而且工作要求很高，您会选择吗？　　　　　　是□　否□
3. 您喜欢购买彩票吗？　　　　　　　　　　　　　　　　　　是□　否□
4. 如果投资出现亏损，您还能保持良好的心态吗？　　　　　　是□　否□
5. 您是否极少犹豫不决、患得患失？　　　　　　　　　　　　是□　否□
6. 您是否宁愿购买高风险的股票，也不愿意把钱存在银行？　　是□　否□
7. 您相信自己所做的决定吗？　　　　　　　　　　　　　　　是□　否□
8. 您愿意独自做决定吗？　　　　　　　　　　　　　　　　　是□　否□
9. 面对股票交易行情屏幕时，您能控制住情绪吗？　　　　　　是□　否□

"是"的个数：

11~13——极端进取型：您是一位愿意承担高风险以追求高收益的投资者，所以您在投资时可以重点配置权益类资产。

8~10——进取型：您是一位愿意承担部分高风险，追求较高收益的投资者，所以您在投资时可以在权益类投资渠道上配置较多资产，并配置部分非权益类资产。

5~7——中庸型：您是一位愿意承担一定风险，以获取高于平均收益的投资者，所以您在投资时可以在权益类和非权益类资产上做较平均的分配。

　　2~4——保守型：您是一位为了安全获取眼前的收益，宁愿放弃可能高于平均收益的投资者，所以您在投资时可以重点配置非权益类资产。

　　0~1——极端保守型：您是一位几乎不愿意承受任何风险的投资者，建议您选择将资产配置在最稳妥的渠道中，如国债或货币市场基金，以获取利息和稳定分红，当然收益也是有限的。

　　思考：你的风险偏好程度如何？你对测试的结果有何看法？

（四）进行资产配置

　　个人进行投资理财规划时，可以将收入合理搭配成 4 种类型的投资工具。例如：风险型资产是"前锋"，如股票，负责获取高收益；稳健型资产是"中卫"，如信托产品，正常情况下也能兑付本金和收益；保本型资产是"后卫"，如银行的保本型理财产品、国债、货币基金等；保障型资产是"守门员"，可以配置定期存款、储蓄性保险及少量实物黄金。只有合理进行资产配置，才能获得更好的稳定性、收益性和流动性。

（五）及时总结调整

　　当市场环境或者投资者本身的财务状况发生变化时，理财方案需要根据实际情况及时做出调整。只有结合自己的理财目标和风险偏好来选择，才能找到适合自己的理财方式。

二、熟悉个人理财的投资工具

（一）银行理财

1. 银行存款

　　银行存款是指将资金的使用权暂时让给银行等金融机构，并能获得一定利息，是最保守的理财方式。银行存款的主要分类包括：活期储蓄存款、整存整取存款、零存整取存款、存本取息存款、整存零取存款、定活两便存款。

2. 购买理财产品

　　银行理财产品是商业银行在对潜在目标客户群分析研究的基础上，针对特定目标客户群开发设计并销售的资金投资和管理计划。

　　一般根据本金与收益是否保证，可以将银行理财产品分为保本固定收益产品、保本浮动收益产品与非保本浮动收益产品三类。另外，按照投资方式与方向的不同，新股申购类产品、银信合作产品、QDII 产品、结构性产品等，也是我们经常看到的。

3. 信用卡理财

　　信用卡是商业银行向个人和单位发行的，凭此向特约单位购物、消费和向银行存取现金，具有消费信用的特制载体卡片。通俗地说，信用卡就是银行提供给用户的一种先消费

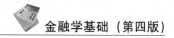

后还款的小额信贷支付工具，即当用户的购物需求超出支付能力或者不希望使用现金时，可以向银行借钱，这种借钱在一定条件下不需要支付利息和手续费。

在信用卡中没有钱的情况下，还可以直接从 ATM 中取出现金。信用卡可以预借现金（透支取现），但预借现金不仅没有免息期，还要支付较高的利息。

一方面，信用卡的出现和应用打破了人们一贯以来的消费习惯，促进了提前消费行为的普及，有助于缓解资金压力，使消费行为平均而稳定，最大限度地实现了金钱的有效应用，是一种良好的消费行为习惯。

另一方面，信用卡的应用也会令负债增加，如果负债和收入无法保证良好健康的比例和循环发展，负债越来越高，利息也随之越来越多，会加剧经济状况的整体恶化，信用卡就会逐渐成为生活的压力来源。因此，即使使用信用卡提前消费，也要克制消费欲望，因为不管是透支还是现金消费，花的都是自己的钱。

（二）证券理财

1. 股票交易

股票是股份公司发给股东作为已投资入股的证书与索取股息的凭票，像一般的商品一样，有价格，能买卖，可以作为抵押品。股份公司借助发行股票来筹集资金，而投资者可以通过购买股票获取一定的股息收入。

2. 债券交易

债券是一种表明债权债务关系的凭证，证明持有人有按照约定条件向发行人取得本金和利息的权利。债券的主要类型包括：

（1）按发行主体划分，债券可分为国债、金融债券、企业债券、公司债券。

（2）按券面形式划分，债券可分为记账式国债和凭证式国债。记账式国债是指将投资者持有的国债登记于证券账户中，投资者仅取得收据或对账单以证明其所有权。凭证式国债是指采用填写"国库券收款凭证"的方式发行，以储蓄为目的的个人投资者的投资方式，其特点是安全、方便、收益适中。

（三）保险理财

保险理财是指根据个人面临的风险状况和经济情况，通过选择合适的保险组合，降低个人在危机来临时的财务风险。保险理财是个人理财的一项重要内容。根据购买保险的目的和保险产品的功能，保险可分为健康保险、养老保险、医疗保险、教育保险、分红保险等。

（四）外汇理财

外汇理财主要包括外汇存款、外汇交易和 B 股交易等几种方式。

外汇存款是单位或个人将其所有的外汇资金，在我国境内办理的以外国货币作计量单位的存款，并于以后随时或约定期限支取的一种业务。

外汇交易就是一国货币与另一国货币进行交换。与其他金融市场不同，外汇市场没有具体地点，也没有中央交易所，而是通过银行、企业和个人间的电子网络进行交易。外汇交易是同时买入一对货币组合中的一种货币而卖出另外一种货币。

B 股是以人民币标明面值，以外币认购和买卖，在我国境内（上海、深圳）证券交易所上市交易的外资股。B 股公司的注册地和上市地都在境内，2001 年前投资者限制为境外人士，2001 年之后开放境内个人居民投资 B 股。

（五）基金理财

基金是指为了某种目的而设立的具有一定数量的资金。例如：信托投资基金、单位信托基金、公积金、保险基金、退休基金，以及各种基金会的基金。在现有的证券市场上的基金，包括封闭式基金和开放式基金，具有收益性功能和增值潜能的特点。

基金作为一种投资工具，是把众多投资人的资金汇集起来，由基金托管人（如银行）托管，由专业的基金管理公司管理和运用，通过投资于股票和债券等证券，实现收益的目的。

（六）其他理财

1. 黄金

一般而言，无论黄金价格如何变化，由于其内在的价值比较高，因此具有一定的保值和较强的变现能力。从较长时期来看，黄金具有一定的抵御通货膨胀的作用。

2. 期货

期货与现货相对。期货是现在进行买卖，但是在将来进行交收或交割的标的物。这个标的物可以是某种商品，如黄金、原油、农产品，也可以是金融工具，还可以是金融指标。

目前，期货分为两类：

（1）商品期货。商品期货即标的物为实物商品的期货合约。商品期货历史悠久，种类繁多，主要包括农副产品、金属产品、能源产品等几大类。

（2）金融期货。金融期货一般分为三类，即外汇期货、利率期货和股票指数期货。金融期货作为期货交易中的一种，具有期货交易的一般特点，但与商品期货相比，其合约标的物不是实物商品，而是传统的金融商品，如证券、货币、利率等。相对于商品期货账户，金融期货账户在开户资格上有一定要求。在我国，股指期货要求最低保证金为 50万元。

3. 股权投资

股权投资是指通过购买企业的股票或以货币资金、无形资产和其他实物资产投资于企业，购买的非流通股票一旦在国内外证券市场上市，就很有可能在短期获得暴利；股权投资当然也可以通过分得企业收益或股利取得投资效益；还可以通过控制被投资单位的产品供给等环节取得间接经济效益。当然，如果被投资单位不能上市或者经营不善，就有可能给投资者带来巨大损失。

此外，个人理财还可以选择房地产、信托、收藏品、彩票等工具。

金融视野

几种常见理财工具的比较

不同的理财产品，其收益和对应的风险不同。一般情况下，预期收益越高，对应的风险也越大。因此，个人要根据自己的理财目标、风险偏好等实际情况综合考虑，进行投资。有条件的最好能够向专业人士咨询，听取不同的建议，并慎重做出选择。表10-1是几种常见的理财工具的比较。

表10-1　常见理财工具的比较

理财项目	储蓄存款	股票	基金	房地产	黄金	期货
风险	较低	较高	总体较高，视种类而定	不定	中等	总体高，视种类而定
风险来源	通货膨胀	投机，大幅波动	大幅波动	长周期，国内外突发事件	通货膨胀	投机，大幅波动
收益	较低	不定，波动大	视种类而定	不定，有持续性	不定	不定
获利方式	利息收入	上涨获利可观，下跌被套	一般比银行定期利率略高	上涨获利，否则只是保利	可双向获利	可双向获利
流动性	低	较高	较高	低	较高	高

三、了解个人理财的基本方法

（一）节流

参加工作不久的年轻一族正处于生命周期中的成长期，成长期是积蓄资金、为未来生活做准备的重要阶段。但对于储蓄率极低，生活中最注重的是目前的享受而没有长远规划的典型"月光族"，最首要的一点就是要强迫储蓄，控制每月支出，做好"节流"工作。

每天记录日常生活开支，不失为一个节流的好办法。从某种意义上说，"节流"比"开源"更实际，也更迫切。年轻一族可以给自己设定每个月的储蓄目标，以此来积累财富，控制不必要的支出和冲动型消费，合理安排在外就餐次数和档次，有计划地购买服装，综合考虑生活各方面的支出，将日常生活支出控制在工资收入的1/3左右。

（二）强制储蓄

可以采用定期定额投资的方式进行强制储蓄。例如：参加基金定投，不仅可以起到每个月定额强制储蓄的功效，而且可以毫不费力地抓住市场此起彼伏的投资时机，克服股市变化带来的系统性风险，在瞬息万变的金融市场，利用平均成本法摊薄投资成本，降低投资风险，获得较高的投资回报。

此外，定投计划收益为复利效应，本金所产生的利息加入本金继续衍生收益，时间越长，复利效果越明显，可以为今后的子女教育金及退休金做储备。每月定期定额的储蓄金额也可在工资收入的 1/3 左右。

（三）备用金和投资

除了每月定额的强制储蓄部分外，个人还需要为自己的生活预留一部分紧急备用金，以应对不时之需。

对于单笔大额的资金，如年底分红、奖金等，可以适当利用这些资金做些其他方面的投资。正处于财富"成长"阶段的年轻人的风险承受能力较强，可以考虑一些操作较为简单、收益较高，也具有一定风险的投资。建议购买一些银行发售的理财产品或购买一些股票型基金、平衡型基金，或者自行投资股票。

金融视野

神奇的理财比例

1. 活期存款"6 个月生活费"

活期存款利息极少，存多了浪费，存少了则怕不够家庭应急。一般而言，活期存款为个人或家庭 6 个月的生活支出最合适。

2. 股票投资适当比重

股票投资适当比重的计算公式为：

股票投资适当比重＝(100－年龄)/100

风险与报酬成正比，一个 30 岁的年轻人适当的投资股票比重是七成 [(100－30)/100]；一名 70 岁的退休者，股票投资就不宜超过三成 [(100－70)/100]。这个法则是国外教科书推荐的法则，需要谨慎对待。

3. 房贷"1/3 收入法则"

一个家庭一个月可以负担多少房贷？从审核房贷额度的观点来看，银行通常会以每月房贷不超过家庭所得的 1/3 作为发放贷款额度的重要参考。

4. 金融资产和固定资产 1∶1

家庭金融资产（存款、基金、股票、债券等）和固定资产（房产、汽车、商铺等）的比例最好为 1∶1。

5. 保险"10 定律"

保险是家庭的必需品。但总有这么一个现象：要么花了太多钱买保险，要么保额不够。那么，应该要买多少保额？负担多少保费才恰当？很简单，记住两个"10"：保险额度为家庭年收入的 10 倍，总保费支出为家庭年收入的 10%。

第三节　理财基础理论

一、投资组合理论

（一）投资组合理论的基本含义

我们也许都听说过"不要把鸡蛋都放在一个篮子里"，问题是，要放在几个篮子里才合适呢？每个篮子里各放多少鸡蛋？其背后的道理是什么？这就是"投资组合"所要研究的问题。

投资组合理论在理论上论证了进行投资组合的必要性和合理性。人们进行投资，本质上是在不确定性的收益和风险中进行选择。投资组合理论用均值方差模型来刻画这两个关键因素。

人们在证券投资决策中应该怎样选择收益和风险的组合呢？这正是投资组合理论研究的中心问题。投资组合理论研究理性投资者如何选择优化投资组合。理性投资者是指这样的投资者：他们在给定期望风险水平下进行期望收益最大化投资，或者在给定期望收益水平下进行期望风险最小化投资。

金融视野

现代投资组合理论

现代投资组合理论主要由投资组合理论、资本资产定价模型、APT 模型、有效市场理论以及行为金融理论等部分组成。它们的发展极大地改变了过去主要依赖基本分析的传统投资管理实践，使现代投资管理日益朝着系统化、科学化、组合化的方向发展。

美国经济学家哈里·马科维茨（Harry M. Markowitz）于 1952 年首次提出投资组合理论，进行了系统、深入和卓有成效的研究，并因此获得了诺贝尔经济学奖。马科维茨对风险和收益进行了量化，建立了均值方差模型，提出了确定最佳资产组合的基本模型。

1963 年，威廉·夏普（William F. Sharpe）提出了可以对协方差矩阵加以简化估计的单因素模型，极大地推动了投资组合理论的实际应用。

20 世纪 60 年代，威廉·夏普、约翰·林特纳（John Lintner）和简·莫森（Jan Mossin）提出了资本资产定价模型（CAPM）。该模型不仅提供了评价收益-风险相互转换特征的可运作框架，也为投资组合分析、基金绩效评价提供了重要的理论基础。

1976 年，针对 CAPM 模型所存在的不可检验性的缺陷，斯蒂芬·罗斯（Stephen Ross）提出了一种替代性的资本资产定价模型，即 APT 模型。该模型直接导致了多指数投资组合分析方法在投资实践上的广泛应用。

（二）投资组合理论与个人理财

投资组合理论对个人理财有何启发？一般认为，在风险、成本可控的前提下，需要在时间、空间上进行动态主动性的投资组合。

1. 时间组合

典型的例子是基金定投。对于波动性大、风险高的资产，择时极其重要。不能简单地依据家庭生命周期理论认为家庭成长期的大类资产配置中股票占50%，就不分时机，马上买入偏股类资产50%，而需要通过分析对资产进行时间上的选择。可以将资金分成5~10份，在未来的5~10个月分批定投。

2. 空间（品种）组合

在不同的大类资产间进行分散，是在择时的前提下的分散。如果通过分析，认为债券、黄金、澳元、金融类股票有相对较好的机会，就可以把资金在这几大类之间进行分散。不能为了分散而分散，没有分析就直接在其他的资产诸如资源类股票、欧元间进行分散。

3. 动态调整

经济是变化发展的，相应的各类资产、各个不同的市场也会有波动起伏，这就需要投资时审时度势，在不同市场、不同空间进行切换调整。动态调整是最难的，是高风险的技术活，因此为了规避风险，往往需要在时间上、空间上进行分散。当然，重要的前提是提前做功课，这样才能避免随意的分散。

案例分析

家庭理财中的"免疫策略"

在一般的三口之家中，如果丈夫是家庭收入的主要来源，那么这个家庭的风险是非常大的。因为如果丈夫有闪失，家庭收入就会断流，则家里的房贷、孩子的教育金、高额的医药费就无力承担，家庭就会陷入完全的被动。所以，在风险事件发生前，我们需要采取"免疫策略"，为家庭的支柱购买定期寿险、医疗险等。只有这样，家庭理财才能避免重大风险事件造成的重大影响。

这时候，一方面，可以通过增加被动收入或财产性收入，减少家庭对丈夫收入的依赖；另一方面，可以考虑购买合适的保险产品，以防万一。

思考：你觉得"免疫策略"有道理吗？你是否准备实施？

二、时间价值理论

（一）时间价值理论的基本含义

货币时间价值是指货币随着时间的推移而发生的增值，也称为资金时间价值。

货币时间价值就是当前所持有的一定量货币比未来获得的等量货币具有更高的价值。从量的规定性来看，货币的时间价值是没有风险和没有通货膨胀下的社会平均资金利润率。在计量货币时间价值时，风险报酬和通货膨胀因素不应该包括在内。

本杰明·富兰克林（Benjamin Franklin）在《给一个年轻商人的忠告》中写道："切记，时间就是金钱……金钱可生金钱。"这是因为目前拥有的货币可以进行投资，在目前到未来这段时间里获得复利。

金融视野

增值计算"72 法则"

著名的"72 法则"是：以 1% 的复利来计息，经过 72 年以后，本金会变成原来的 1 倍。其公式为：

本金增长 1 倍所需时间（年）＝72÷年报酬率（%）

举例来说，如果存 10 万元在银行，年利率为 2%，每年利滚利，约需 36 年本金才可以翻倍；如果 10 万元投资于年报酬率为 12% 的开放式基金，约需 6 年时间变成 20 万元。

（二）货币时间价值的计算

1. 终值与现值

终值（Future Value），又称将来值或本利和，是指现在一定量的资金在未来某一时点上的价值，通常记作 F。

现值（Present Value），是指未来某一时点上的一定量现金折合到现在的价值，俗称"本金"，通常记作 P。

终值回答的是，按照一定的利率计算，当前一笔资金在某个将来时点的价值。例如问：现在的 10 000 元，按照 5% 的利率计算，5 年之后等于多少钱？

现值回答的是，按照一定的利率计算，将来一笔资金在折算到现在的价值。例如问：假如 10 年之后可拿到 100 万元，那么按照 10% 的利率计算，相当于现在的多少钱？

（1）单利终值和现值的计算公式如下：

$$I = P \cdot n \cdot i$$
$$F = P(1 + n \cdot i)$$
$$P = F/(1 + n \cdot i)$$

式中：I 表示利息；P 表示现值；F 表示终值；n 表示期限长短；i 表示实际利率（通常是年利率）。

（2）复利终值和现值的计算公式如下：

$$I = P[(1+i)^n - 1]$$
$$F = P(1+i)^n$$

$$P = F(1+i)^{-n}$$

式中：$(1+i)^{n}$ 简称"复利终值系数"，记作 $(F/P, i, n)$，表示的是利率为 i、期限为 n 期时 1 元资金的将来价值。

$(1+i)^{-n}$ 简称"复利现值系数"，记作 $(P/F, i, n)$，表示的是利率为 i、期限为 n 期时 1 元资金的现时价值。

一般情况下，如果没有明确指出以单利计算，现值和终值均指以复利计算的结果。

为便于计算，可参考复利终值系数表和复利现值系数表。

2. 年金的终值与现值

年金是指若干期限内（如若干年内），每个期限（如每年）均匀地产生的现金流入或现金流出，也指一定时期内每次等额收付的系列款项，通常记作 A。例如：分期付款赊购、分期偿还贷款、发放养老金、分期等额支付工程款，每年相同的销售收入等，都属于年金收付形式。

（1）普通年金的内涵。普通年金又称后付年金，是指从第一期起，在一定时期内每期期末等额收付的系列款项，或指在某一特定期间中，发生在每期期末的收支款项。在现实生活中，这种年金最为常见，如银行的零存整取存款。图 10-1 是普通年金的现金流示意图。

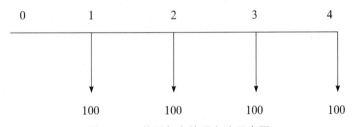

图 10-1　普通年金的现金流示意图

图中，横线代表时间的延续，用数字标示出的是各期顺序号；竖线的位置表示支付的时刻，竖线下端数字表示支付的金额。

（2）普通年金终值与现值的计算。普通年金终值用 F 表示，它是将各期的现金流复利计算到期末，然后加总求和。

年金终值系数记作 $(F/A, i, n)$。

普通年金现值是指为了在每期期末取得相等金额的款项，现在需要投入的金额。普通年金现值用 P 表示。计算方法是：先将未来不同时期每期的现金流贴现计算现值，再把这些现值加总起来。

普通年金现值的计算公式为：

$$P = A \times \sum_{t=1}^{n} (1+i)^{-t}$$

年金现值系数为 $[1-(1+i)^{-n}]/i$ 或 $\sum_{t=1}^{n} (1+i)^{-t}$，记作 $(P/A, i, n)$，表示的是普通年金为 1 元，利率为 i，经过 n 期的年金现值。

为便于计算，可参考年金现值系数表。

学思之窗

小林外出 3 年，请你代付房租，每年年底一次性交租金 10 000 元。假设银行存款利率为 10%，他应当现在在银行存入多少钱才能使利息足够用来支付房租？

本章小结

1. 个人理财是指个人或家庭根据当前的实际经济状况，设定想要达成的经济目标，在限定的时限内采用一类或多类金融投资工具，通过一种或多种途径达成其经济目标的计划、规划或解决方案。

2. 个人理财的目标是达到财务安全和财务自由。财务安全是指个人或家庭对自己的财务现状有充分的信心，认为现有的财富足以应对未来的财务支出和其他生活目标的实现，不会出现大的财务危机。财务自由是指个人或家庭的收入主要来源于主动投资，而不是被动工作，是一种让个人或家庭无须为生活开销而努力为钱工作的状态。

3. 个人理财规划就是通过制订财务计划，对个人或家庭的财务资源进行适当管理并实现生活目标的过程，主要包括储蓄规划、证券投资规划、房产规划、保险规划、教育规划、个人税收规划、退休规划、遗产规划等内容。

4. 个人理财的一般步骤包括制定理财目标、梳理财务状况、测量风险偏好、进行资产配置和及时总结调整等内容。个人理财的工具包括银行存款、证券、保险、外汇、基金等。

5. 更进一步的理财需要学习投资组合理论以及时间价值理论等内容。

想一想

1. 对于个人理财，你有什么期待？
2. 个人理财规划主要包括哪些内容？
3. 对于个人理财的各种工具，应该如何选择？

算一算

1. 按照你所了解的工作后的日常开支，大概需要多少收入才能达到财务安全？

2. 按照你所了解的各种理财工具的收益率以及你的日常开支，大概需要多少资产才能达到财务自由？

练一练

试着为自己或比较熟悉的亲戚制定一份简单的理财规划方案。

查一查

登录某一财经类的网站，浏览一下理财板块的内容，看看哪些内容你已经有所了解，哪些内容还不清楚，你对哪些理财工具比较感兴趣。

第十一章
金融科技

知识目标
- 了解金融科技的基本内涵
- 熟悉金融科技的主要模式
- 掌握金融科技理财的基本途径
- 熟悉金融科技风险和主要监管方式

能力目标
- 分析、比较金融科技不同模式的异同及发展前景
- 分析、比较金融科技理财基本方法并结合自身实际初步尝试和应用
- 识别金融科技的主要风险

办理金融业务一定要去银行、证券公司或保险公司吗？是不是足不出户就可以轻轻松松理财？第三方支付、众筹这些经常刷屏但又有些距离感的词汇到底是什么意思？小金很想探究一番。

小金一边借助各种搜索工具、社交网络以及专业社区积极学习相关知识，一边浏览各种金融科技机构的网站，并亲身体验和实践。这不，现在小金成了同学中小有名气一名"金融科技达人"。不过，在获取新知识的同时，小金逐渐产生了一些困惑。

思考： 你赞同这种通过自学并且理论结合实践来获得"新技能"的方式吗？小金可能会有哪些困惑？如果你是小金的同学，你会向小金咨询什么问题？

第一节　金融科技概述

一、金融科技的基本内涵

2016 年，金融稳定理事会（Financial Stability Board，FSB）对金融科技（FinTech）做出明确定义：金融科技是技术驱动的金融创新，旨在运用现代科技成果改造或创新金融产品、经营模式、业务流程等，推动金融发展提质增效。

"金融科技"容易和另一个概念"科技金融"相混淆。两者既有区别，也有联系。从区别来看，简单来说，金融科技侧重"科技服务金融"，是服务金融创新发展的科技；而科技金融侧重"金融服务科技"，是服务科技发展（比如企业研发创新）的金融。金融科技往往和大数据、云计算、人工智能等技术相关联，可以理解为用先进科技来改造、升级传统金融业；科技金融也可能是用比较传统的金融业态（比如银行信贷）支持科技企业发展。

从联系来看，运用科技改进后的传统金融行业（侧重金融科技），可能更好地支持科技发展（侧重科技金融），两者存在密切的关联。

广义地说，金融科技包含"互联网金融"等概念，或者说互联网金融是金融科技发展过程中的一个阶段或者一种业态。

金融视野

与互联网金融相关的互联网技术与互联网思维

互联网金融（Internet Finance），有时简称互金，是指传统金融机构与互联网企业利用互联网技术和信息通信技术实现资金融通、支付、投资和信息中介服务等领域的新型金融业务模式，是传统金融行业与互联网技术相结合的新兴领域。

互联网金融是互联网（包括互联网技术和互联网思维等层面）和金融（包括金融功能、金融机构、金融业务等层面）的有机结合，包括基于网络平台的金融市场体系、金融服务体系、金融组织体系、金融产品体系以及互联网金融监管体系等。

互联网技术（Internet Technology，IT）是指在计算机技术的基础上开发建立的一种信息技术，涵盖传感技术、通信技术以及计算机技术等很多领域。与互联网金融相关度较高的互联网技术，主要是指大数据和云计算技术。

麦肯锡全球研究所认为，大数据（Big Data）是一种规模大到在获取、存储、管理、分析方面大大超出传统数据库软件工具能力范围的数据集合，具有海量的数据规模、快速的数据流转、多样的数据类型和价值密度低四大特征。IBM 提出，大数据具有 5V 特点，即 Volume（大量）、Velocity（高速）、Variety（多样）、Value（低价值密度）、Veracity（真实性）。

云计算（Cloud Computing）是基于互联网的相关服务的增加、使用和交付模式，通常涉及通过互联网来提供动态易扩展且经常是虚拟化的资源。云是网络、互联网的一种比喻。云计算拥有强大的计算能力，甚至可以预测气候变化和市场发展趋势。用户通过计算机、手机等方式接入数据中心，按自己的需求进行运算。

互联网思维，就是在大数据、云计算等科技不断发展的背景下，对市场、用户、产品、企业价值链乃至对整个商业生态进行重新审视的思考方式。有人认为，互联网思维可以概括为"开放、平等、协作、分享"四个关键词。

值得注意的是，金融科技仍是新事物，还在不断地发展。它到底是什么，不同的人从不同的角度会有不同的看法。一种可能的理解就是，金融科技是依托以大数据、云计算为代表的互联网技术，吸收互联网思维，来改造、创新传统的金融机构与金融业务，甚至创立新的商业模式，更好地实现金融功能的一种新型业态。

案 例 分 析

大数据技术的应用案例

（1）洛杉矶警察局和加利福尼亚大学合作利用大数据预测犯罪的发生。

（2）Google 流感趋势（Google Flu Trends）利用搜索关键词预测流感的散布。

（3）统计学家内特·西尔弗（Nate Silver）利用大数据成功预测 2012 年美国各州总统选举结果。

（4）麻省理工学院利用手机定位数据和交通数据建立城市规划。

（5）梅西百货根据需求和库存的情况，基于 SAS 系统，对多达 7 300 万种货品进行实时调价。

（6）在中国，大数据被用于疾病预测、患者风险评估、个性化治疗方案设计等，为复杂疾病的早期诊断和治疗提供科学依据。

（7）大数据赋能中国智慧城市建设，强化在智能社区、智慧交通等领域的应用，提升城市治理现代化水平，让城市生活更加便捷和智能。

思考：你认为大数据在金融领域可能有哪些应用？

金融科技与之前所学的内容之间有什么关联呢？

（1）从金融科技的构词看，其核心是金融，所以之前所学的货币、信用、利率等基本金融概念，金融机构、金融业务、金融市场等微观金融方面的内容都是基础（本书第一章至第六章），大致对应本章第一节的内容。

（2）金融科技理财是金融科技的重要组成部分和常见应用。金融科技理财有很多新玩法，提升了理财的用户体验，但运用得当的金融科技理财依然需要遵循理财的基本规则和内在规律（本书第十章），大致对应本章第二节的内容。

（3）金融科技是新事物，但本质上还是金融，因此就离不开国家货币金融政策尤其是金融监管对它的影响（本书第七章至第九章），大致对应本章第三节的内容。

学思之窗

你认为什么是金融科技？金融科技与之前所学的内容之间有什么内在关联？

二、金融科技的主要模式

金融科技模式层出不穷，而且在不断发展，当前主要有第三方支付、众筹、互联网金融门户等模式。

（一）第三方支付

第三方支付（Third-party Payment）狭义上是指具备一定实力和信誉保障的非金融机构，借助通信、计算机和信息安全技术，采用与各大银行签约的方式，在用户与银行支付结算系统间建立连接的电子支付模式。

根据中国人民银行2010年在《非金融机构支付服务管理办法》中给出的非金融机构支付服务的定义，非金融机构支付服务是指非金融机构在收付款人之间作为中介机构所提供的网络支付、预付卡的发行与受理、银行卡收单以及中国人民银行确定的其他支付服务。非金融机构支付已不仅仅局限于最初的互联网支付，而是成为线上线下全面覆盖，应用场景更为丰富的综合支付工具。

从发展路径与用户积累途径来看，目前市场上第三方支付公司的运营模式可以归为两大类：

一类是独立第三方支付模式，是指第三方支付平台完全独立于电子商务网站，不负有担保功能，仅仅为用户提供支付产品和支付系统解决方案，以快钱、易宝支付、汇付天下、拉卡拉等为典型代表。

另一类是以支付宝、财付通为首的依托于自有 B2C、C2C 电子商务网站提供担保功能的第三方支付模式。在此类支付模式中，货款暂由平台托管并由平台通知卖方货款到达、进行发货；买方在电商网站选购商品后，使用第三方平台提供的账户进行货款支付，待买方检验物品并进行确认后，就可以通知平台付款给卖方，这时第三方支付平台再将款项转至卖方账户。

第三方支付公司主要有交易手续费、行业用户资金信贷利息及服务费收入和沉淀资金利息等收入来源。相比较而言，独立的第三方支付平台立身于 B（企业）端，担保模式的第三方支付平台则立身于 C（个人消费者）端，前者通过服务于企业客户间接覆盖客户的用户群，后者则凭借用户资源的优势渗入行业。

（二）众筹

众筹（Crowdfunding）是指项目发起人通过利用互联网和 SNS 传播的特性，发动公众的力量，集中公众的资金、能力和渠道，为小企业、艺术家或个人进行某项活动或某个项目或创办企业提供必要的资金援助的一种融资方式。众筹是利用互联网传播的特性，让创业企业、艺术家或个人对公众展示他们的创意及项目，争取公众的关注和支持，进而获得所需要的资金援助。

众筹的规则有三个：一是每个项目必须设定筹资目标和筹资天数；二是在设定天数内，达到目标金额即成功，发起人即可获得资金，项目筹资失败则已获资金全部退还支持者；三是众筹不是捐款，所有支持者一定要设有相应的回报。众筹平台会从募资成功的项目中抽取一定比例的服务费用。

从目前国内实际众筹平台来看，因为股东人数限制及公开募资的规定，国内更多的是以"点名时间"为代表的创新产品的预售及市场宣传平台，还有以"淘梦网""追梦网"等为代表的人文、影视、音乐和出版等创造性项目的梦想实现平台，以及一些微公益募资平台。

金融视野

股权众筹的法律依据

2015 年 7 月 18 日，中国人民银行等十部门联合发布的《关于促进互联网金融健康发展的指导意见》出台，首次明确界定股权众筹融资主要是指通过互联网形式进行公开小额股权融资的活动，同时指出：股权众筹融资必须通过股权众筹融资中介机构平台进行。

2015 年 8 月 7 日，证监会发布了《关于对通过互联网开展股权融资活动的机构进行专项检查的通知》，认为股权众筹具有"公开、小额、大众"的特征，涉及社会公众利益和国家金融安全，必须依法监管。未经证监会批准，任何单位和个人不得开展股权众筹融资活动。该通知还明确了一些机构开展的冠以"股权众筹"名义的活动，是通过互联网形式进行的非公开股权融资或私募股权投资基金募集行为，不属于股权众筹融资范围，上述业务需要在《中华人民共和国公司法》《中华人民共和国证券法》《中华人民共和国证券投资基金法》《私募投资基金监督管理暂行办法》等现有法律框架下经营。

（三）互联网金融门户

互联网金融门户（Internet Financial Portal）是指利用互联网进行金融产品的销售以及为金融产品销售提供第三方服务的平台。它的核心就是"搜索＋比价"的模式，采用金融产品垂直比价的方式，将各家金融机构的产品放在平台上，用户通过对比挑选合适的金融产品。互联网金融门户多元化创新发展，形成了提供高端理财投资服务和理财产品的第三方理财机构，提供保险产品咨询、比价、购买服务的保险门户网站等。这种模式不存在太多政策风险，因为其平台既不负责金融产品的实际销售，也不承担任何不良的风险，资金也完全不通过中间平台。

互联网金融门户的主要类型包括：第一，第三方资讯平台，提供全方位、权威的行业数据及行业资讯的门户网站，典型代表为网贷之家、和讯网等。第二，垂直搜索平台，聚焦于金融产品的垂直搜索门户，消费者在门户上可以快速地搜索到相关的金融产品信息。第三，线上金融超市，业务形态是在线导购，提供直接的购买匹配，这类门户集聚着大量金融类产品，利用互联网进行金融产品销售，并提供与之相关的第三方服务。互联网金融门户最大的价值就在于它的渠道价值。互联网金融分流了银行业、信托业、保险业的客户，加剧了上述行业的竞争。

除了以上介绍的第三方支付、众筹、互联网金融门户等模式以外，常见的互联网金融模式还包括大数据金融、信息化金融机构等。

三、金融科技的发展历史

（一）国际金融科技发展历史

从历史发展追溯，美国是金融科技的创始者。在美国，金融科技其实没有确切的叫法，还有电子金融、在线金融等诸多类似的称谓。20 世纪 90 年代，随着信息技术革命的到来，美国金融体系对其传统金融经营模式和业务方式进行了信息化升级。

尽管美国在此领域中发展历史较为长远，也较为稳健，但是网络金融始终没有成为一种独立的业态从传统金融中分离出来，因为它更多体现的是传统金融形式的信息化。目前，它的主要业务有以下几种：

一是传统金融业务的互联网化，包括银行业、证券业、保险业、基金等通过互联网实现其传统业务的金融形式。

二是金融支付的互联网化，包括第三方支付、移动支付等依附移动终端来实现的一系列金融活动。因为具备便利性和高效性，因此其受到较多非金融企业的大力支持。比较典型的代表有 Facebook 的 Credits 支付系统、PayPal 的微支付系统 Digital Goods。它们成为互联网和支付体系结合的成功案例。

三是信用业务的互联网化，包括存贷款、众筹等一些新兴的互联网金融信用业务。在这个过程中，互联网的通畅性为业务双方成功搭建了平台，提高了资金的流动性。

四是虚拟货币，以比特币为代表。比特币顺应了信息化社会的消费及交换需求；同时，在国际市场变革的过程中，它提供了一种低门槛、更直接的货币兑换方式。

总的来说，美国金融科技的健康发展依托完善的社会信用体系。首先，美国的金融科技市场有着很高的进入门槛，除了需要提供足额的注册资金以外，审批程序也十分严格；其次，美国的信息披露体系较为完善，消费者可以尽可能地发现潜在的风险，避免被欺骗或者被商家误导情况的发生。

（二）我国金融科技发展历史

我国金融科技大致可以分为五个发展阶段：

第一个阶段是 20 世纪 90 年代至 2005 年的传统金融行业互联网化阶段。在这一阶段，互联网与金融的结合主要体现为互联网为金融机构提供技术支持，帮助银行"把业务搬到网上"，还没有出现真正意义的金融科技业态。

第二个阶段是 2005—2011 年，金融科技开始兴起，以第三方支付规范发展为典型特征。此时，网络借贷开始在我国萌芽，第三方支付机构逐渐成长起来，互联网与金融的结合开始从技术领域深入金融业务领域。这一阶段的标志性事件是 2011 年中国人民银行开始发放第三方支付牌照，第三方支付机构进入规范发展的轨道。

第三个阶段是 2012—2015 年，进入金融科技业务迸发阶段。在金融科技发展的过程中，我国金融科技呈现多种多样的业务模式和运行机制。在这一阶段，众筹融资平台开始起步，第一家专业网络保险公司获批，一些银行、券商也以互联网为依托，对业务模式进行重组改造，加速建设线上创新型平台。同时，移动互联网的发展使得手机成了支付终端。手机信贷、余额宝、招财宝、微信支付以及手机团购、新年红包、微信订票等新产品、新业务不断涌现。政府部门也开始关注互联网金融发展过程中遇到的新问题新挑战。2015 年 7 月 18 日，中国人民银行会同有关部委牵头、起草、制定的《关于促进互联网金融健康发展的指导意见》正式对外发布。

第四个阶段是 2016—2018 年，是金融科技规范发展阶段。为了贯彻落实党中央、国务院决策部署，鼓励和保护真正有价值的金融科技创新，整治违法违规行为，切实防范风险，建立监管长效机制，促进金融科技规范有序发展，国务院办公厅于 2016 年 4 月 12 日印发《互联网金融风险专项整治工作实施方案》。此后，加强行业监管、推动规范发展成为金融科技发展的主基调。

第五个阶段是 2019 年至今，是金融科技焕发新生的阶段。在这一阶段，金融科技的称谓逐渐被业内和大众接受。2019 年 9 月，中国人民银行印发《金融科技（FinTech）发展规划（2019—2021 年）》（以下简称《规划》），明确提出到 2021 年建立健全我国金融科技发展的"四梁八柱"，进一步增强金融业科技应用能力。作为首份规范金融科技发展的顶层文件，《规划》的出台起到了"定海神针"的作用，意义重大。整体来看，《规划》对金融科技创新赋能金融发展给予高度认可。在《规划》的指导下，金融科技发展将进入健康有序、稳步增长的新时期。

新 闻 摘 录

互联网金融为何争相转型金融科技？

随着互联网金融从野蛮生长到强监管的时代的转变，金融科技逐步兴起，"互联网＋金融"的内核开始裂变。如今，越来越多的公司从"互联网金融公司"升级为"金融科技公司"。这两者之间有何区别？简单地说，互联网金融是通过接入大数据，停留在"触网"层面，强调的是互联网的渠道和场景；金融科技则强调"以技术为核心"，在大数据、人工智能、云计算、分布式记账的区块链等技术基础上提升整体的"金融服务效率"。

资料来源：王思远. 看博鳌：互联网金融为何争相转型"金融科技"？［EB/OL］. 参考消息，2017－03－24.

第二节　金融科技理财

一、金融科技理财的基本内涵

金融科技理财是指应用大数据、云计算等技术，常常通过互联网等渠道管理理财产品，获取一定利益。近年来，金融科技理财发展迅速，其原因至少包括以下几个方面：

第一，从互联网特性来看，互联网的便捷性打通了资金链条，降低了理财产品管理及运营成本，互联网的长尾效应聚合个人用户零散资金，既提高了互联网理财运营商在商业谈判中的地位，也使得个人零散资金获得了更高的收益回报。

第二，从用户需求来看，金融科技理财产品具有的低门槛、高收益和高流动性特点，贴合大众理财需求——1 元起购，按天计算收益，T＋0 当天赎回模式，同时收益率高出银行活期储蓄收益数倍，拥有压倒性优势。

第三，从购买渠道来看，金融科技理财产品购买渠道多依托于用户规模大、使用频率高、发展成熟的第三方支付平台，为产品的购买提供了极大的便捷。

金融科技理财的优势

1. 信息优势

信息优势主要体现为信息量的广泛与传播的迅速。投资者毕竟不是专家，长久以来困扰着他们的是信息不对称的问题。投资者可以在网上轻松地掌握全国各地甚至全球的财经信息，而各金融网站传递的信息几乎没有数量限制。一般而言，网络证券交易提供的行情更新时间在 8～10 秒，快于其他任何一种委托方式。

2. 成本优势

与传统的理财服务相比，金融科技理财服务节省了大量的运营成本，使服务供应商能够不断地提高服务质量和降低服务费用，最终使投资者受惠。首先，节省了设立庞大经营网点的费用；其次，节省了通信费用；最后，整合了数据等资源，优化了工作流程。数据统计显示，一般新建一家营业部需要一次性投资 500 万～2 000 万元，日常营业费用为每月 25 万～80 万元，而发展虚拟的网上理财网站的投资仅为其 1/3～1/2，日常营业费用更是只有其 1/5～1/4。

3. 时空优势

金融科技理财空间上覆盖面广，业务范围可以覆盖全球，拥有无限扩张的全球化目标市场；时间上提供全天候营业服务，真正做到了每周 7 天、每天 24 小时营业，极大地方便了客户。

4. 服务优势

金融科技理财可以提高服务质量，最明显的就是为投资者提供个性化服务。以前，一般投资者不是专家，要进行技术面分析和基本面分析都是相当困难的，需要耗费大量的时间和精力。但是借助互联网，尤其是网络的信息搜集功能，投资者可以获得权威的研究报告和现成的投资分析工具。

5. 效率和质量优势

在金融市场上，效率就是金钱。而理财活动要耗费投资者的时间、金钱和精力去搜集信息、研究市场行情、研究投资工具、作投资决策等。网络理财可以节省投资者每一步骤的投入，提高理财的效率，使投资者处处掌握先机，最终提高投资者的应变能力；同时，互联网技术和计算机技术的应用，使投资者可以减少投资的盲目性和随意性，提高了理财活动的质量。

二、金融科技理财的主要业态

（一）互联网银行

互联网银行（Internet Bank or E-bank）是指借助现代数字通信、互联网、移动通信及物联网技术，通过云计算、大数据等方式在线实时为客户提供存款、贷款、支付、结算、汇转、电子票证、电子信用、账户管理、货币互换、投资理财、金融信息等全方位、无缝、快捷、安全和高效的互联网金融服务的机构。

1995 年，美国第一家没有分支机构的纯网络银行——安全第一网络银行（Security First Network Bank）诞生，标志着国际上互联网技术正式进入金融业。从此，利用互联网作为拓展业务的一个渠道在互联网应用发达的国家和地区逐渐被金融业接受。在 B2B 市场上，金融业过去只是为少数大公司提供综合服务，由于互联网的发展，现在已经对所有企业开放。利用互联网，各种类型的企业均可以得到一系列的金融服务，包括从管理银行账户、账单支付、资产管理，到为员工提供的各种保险产品等。

互联网银行有如下特点：

（1）互联网银行无需分行，服务全球，业务完全在网上开展；通过互联网技术，降低了人力资源等成本。

（2）拥有一个非常强大、安全的平台，保证所有操作在线完成，足不出户，流程简单，服务方便、快捷、高效、可靠，实现了真正的 7×24 小时服务。

（3）以客户体验为中心，用互联网精神做金融服务，共享、透明、开放、全球互联，是未来银行的必然发展方向。

案例分析

名人论互联网银行

传统银行若不能对电子化做出改变，将成为 21 世纪灭绝的恐龙。

未来没有银行，如果有，那它一定是互联网银行。

互联网金融仍依托银行存贷服务，相当于延伸了银行服务半径，不会导致传统银行灭亡。

互联网金融定位大众标准化服务，可以解决传统银行零售金融高成本困境。

思考：你认为未来传统银行会消失吗？谈谈你的看法和理由。

（二）互联网证券

互联网证券（Internet Securities）是证券业以互联网等信息网络为媒介，为客户提供的一种全新商业服务，包括有偿证券投资资讯（国内外经济信息、政府政策、证券行情）、网上证券投资顾问、股票网上发行、买卖与推广等多种投资理财服务。

典型的互联网证券业务有：

1. 网上证券经纪业务

网上证券经纪业务（Online Brokerage）被认为是网上金融业务中最成功的领域。目前在 OECD 成员中，股票交易的 25%～35% 是通过网上经纪进行的，韩国的记录最高达到 70%。近年来，一些发达经济体的券商纷纷取消网上股票交易佣金，进一步激发了客户进行在线证券交易热情，也引发了更加激烈的竞争。例如：美国最大的在线券商嘉信理财（Charles Schwab）从 2019 年 10 月 7 日开始，把美国股票、ETF 和期权在线交易佣金降至零；美国在线券商 TD Ameritrade、零售经纪公司 E＊Trade 等也相继推出"零佣金"政策。

2. 网上资产管理业务

网上资产管理业务（Online Asset Management）也非常流行。互联网正越来越频繁地成为投资者买卖投资基金的渠道。在美国，几乎一半的基金投资者通过互联网进入基金公司的网站。但是，大部分使用者都是在评价基金业绩信息、股票价格、个人账户信息等。大约 18% 的网上用户通过互联网进行基金交易。由于互联网的公开性，新进入该市场的网上经纪公司正在改变该市场已有的局面。

（三）互联网保险

互联网保险（Internet Insurance）也是互联网理财的主要业态之一。我国 2015 年颁布的《互联网保险业务监管暂行办法》指出，互联网保险业务是指保险机构依托互联网和移动通信等技术，通过自营网络平台、第三方网络平台等订立保险合同、提供保险服务的业务。互联网保险可实现保险信息咨询、保险计划书设计、投保、交费、核保、承保、保单信息查询、保全变更、续期交费、理赔和给付等保险全过程的网络化。

2000 年 8 月，国内两家知名保险公司——太平洋保险和平安保险几乎同时开通了自己的全国性网站。太平洋保险的网站成为我国保险业界第一个贯通全国、连接全球的保险网络系统。平安保险开通的全国性网站 PA18，因网上开展保险、证券、银行、个人理财等业务而被称为"品种齐全的金融超市"。

同年 9 月，泰康人寿保险公司也在北京宣布泰康在线开通。在该网上可以实现从保单设计、投保、核保、交费到后续服务全过程的网络化。与此同时，由网络公司、代理人和从业人员建立的保险网站不断涌现，如保险界等。

当前，互联网保险出现了新的趋势——市场细分。例如：专门销售个人人寿保险网站等。有些网站还获得了风险投资，在风险投资的推动下，互联网保险将取得更大、更快的发展，竞争也必然加剧。一场互联网保险的市场争夺战在全国范围打响。

新闻摘录

慧择保险在美国纳斯达克上市

2020 年 2 月 12 日，被称作"保险电商第一股"的慧择保险在美国纳斯达克上市。业内人士指出，我国互联网保险前景广阔，充满机遇，而在持续经营能力和合规发展方面，互联网保险的相关企业还需要积极面对挑战。慧择保险此次发行 465 万美国存托凭证（ADS），每股存托凭证代表 20 股普通股，发行价在 9.4～11.4 美元，计划募资金额不超过 5 301 万美元（约 3.7 亿元人民币）。

从业绩表现来看，2017 年、2018 年和 2019 年 1 至 9 月，慧择保险营业收入分别为 2.63 亿元、5.09 亿元和 7.35 亿元，净利润分别为 −9 704.5 万元、292.8 万元和 2 251.3 万元。

中国保险行业协会发布的数据通报显示，2019 年上半年，共有 71 家财产保险公司开展互联网保险业务，互联网财产保险保费收入共 381.53 亿元，同比增长 16.89%。

资料来源：齐金钊，张玉洁. 慧择保险上市 互联网保险方兴未艾 [EB/OL]. 中证网，2020 − 02 − 13.

学思之窗

你认为互联网保险的发展前景如何？你会在互联网购买保险吗？

三、不同金融科技模式下的理财

（一）第三方支付与理财

以余额宝为代表的第三方支付衍生理财工具，给互联网理财提供了极大的便利。余额宝于 2013 年 6 月推出，是蚂蚁金服旗下的余额增值服务和活期资金管理服务。余额宝对接的是天弘基金旗下的增利宝货币基金，特点是操作简便、低门槛、零手续费、可随取随用。除理财功能外，余额宝还可直接用于购物、转账、缴费还款等消费支付，是移动互联网时代的现金管理工具。

余额宝本质是货币基金，但与传统的货币基金相比，其流动性更好，应用场景更丰富，使用更便捷，并且实现了与第三方支付（支付宝）、小额消费信贷（花呗）以及蚂蚁金融平台上其他理财产品的无缝对接，可以认为是现金的良好替代物。但正因为其应用场景丰富，使用便捷，往往容易引起冲动型消费。

（二）众筹与理财

众筹，可以发起，也可以投资。发起众筹的目的是融资，运用得好，发起成功，可能是一种在其他方法无法融资时的一根"救命稻草"，也可能是降低融资成本的渠道。从理财的角度看，投资众筹可能是一笔比较划算的消费（对多数产品或者服务类众筹而言），或者是一种精神上的回报（如公益类众筹）。但同时要警惕投资项目虽然立项成功，但后续经营操作失败的风险。此时投资者可能无法获得当初立项时承诺的回报。

（三）互联网金融门户与理财

互联网金融门户提供了"搜索＋比价"的服务，即采用金融产品垂直搜索方式，在平台上对各家金融机构的产品自身的价格、特点等进行比对分析，方便投资者选择合适的金融服务产品。从理财角度看，互联网金融门户网站集中提供了大量金融科技产品的信息，可以节约分别挑选的时间成本，可以帮助投资者及时了解金融科技及其产品的最新动向。

案例分析

比特币

比特币（Bitcoin）的概念最初于 2008 年提出，是一种 P2P 形式的数字货币。与大多数货币不同，比特币不依靠特定货币机构发行，它依据特定算法，通过大量的计算产生。比特币使用整个 P2P 网络中众多节点构成的分布式数据库来确认并记录所有的交易行为，并使用基于密码学的设计来确保货币流通各个环节的安全性。

P2P 网络的去中心化特性与算法本身可以确保无法通过大量制造比特币来人为操控币值。基于密码学的设计可以使比特币只能被真实的拥有者转移或支付，这同样确保了货币所有权与流通交易的匿名性。比特币与其他虚拟货币最大的不同是其总数量非常有限，具有极强的稀缺性。该货币系统曾在 4 年内只有不超过 1 050 万个，之后的总数量将被永久限制在 2 100 万个。

比特币可以用来兑现，使用者可以用比特币购买一些虚拟物品，如网络游戏当中的衣服、帽子、装备等。只要有人接受，使用者也可以使用比特币购买现实生活中的物品。

思考：比特币到底是什么？其存在有合理性吗？你是否会接受这种数字货币？

行业洞察

智能投顾行业未来前景值得期待

智能投顾（Robo-Advisor，RA）是指依据需求者设定的投资目的及风险承受度，通过计算机程序的算法，提供自动化的投资组合建议。

2022 年 2 月 28 日，清华大学金融科技研究院发布了《中国智能投顾评测体系研究（2021 年第四季度）报告》（以下简称《报告》）。《报告》涵盖智能化水平、投资管理水平、安全治理水平、服务体验水平四个方面的评价指标，赋权进行综合评分。

《报告》指出，在智能化水平方面，少数银行、互联网公司及基金公司智能化水平较高，但两极分化较为明显。在投资管理水平上，投资管理水平总体结果较第三季度有所提高，资产分散度低的产品更易获得高收益率，但也更易面临高风险。

学思之窗

回顾个人理财规划的具体内容和一般步骤，谈一谈目前有没有哪些互联网理财模式比较适合你。

第三节　金融科技风险、监管与展望

一、金融科技风险

相对于传统金融而言，金融科技刚刚兴起，各种模式层出不穷，在一些领域存在野蛮发展的特点。和传统金融一样，金融科技存在市场风险、信用风险、流动性风险和操作风险等金融领域的共性风险，此外还具有其他特性风险。

（一）法律定位不明

一些金融科技机构法律定位不明，可能"越界"触碰法律"底线"。现有法律还没有对部分金融科技机构的属性做出明确定位。例如：P2P网络借贷平台的产品设计和运作模式略有改变，就可能"越界"进入法律上的灰色地带，甚至触碰"底线"。

（二）监管难度较高

金融科技技术环境中存在"道高一尺，魔高一丈"现象，这对金融科技的风险防控和金融监管提出了更高的要求。金融科技中的网络银行、手机银行等的交易和支付过程均在互联网或者移动互联网上完成，交易的虚拟化使金融业务失去了时间和地理限制，交易对象变得模糊，交易过程更加不透明，金融风险形式更加多样化。由于被监管者和监管者之间信息不对称，金融监管机构难以准确了解金融机构资产负债实际情况，难以针对可能的金融风险采取切实有效的金融监管手段。

（三）个人信息泄露

金融科技是在大数据基础上进行数据挖掘和分析，在这个过程中，个人交易数据的敏感信息很容易被广泛收集，这对客户账户安全和个人信息的保护提出了巨大的挑战。目前，出现了不少客户的信息数据丢失的案例，交易平台并没有在传输、存储、使用、销毁等方面建立个人隐私保护的完整机制，加大了信息泄露的风险。计算机病毒可通过互联网快速扩散与传染；此外，计算机操作系统本身就存在漏洞，这就给利用互联网窃取别人隐私的黑客提供了温床。当人们通过互联网进行投资或融资业务时，也就可能将个人信息及资产暴露了。

二、金融科技监管

（一）金融科技监管概述

为鼓励金融创新，促进金融科技健康发展，明确监管责任，规范市场秩序，经党中央、国务院同意，中国人民银行等十部门于 2015 年 7 月 18 日联合印发了《关于促进互联网金融健康发展的指导意见》（银发〔2015〕221 号，以下简称《指导意见》）。

《指导意见》按照"鼓励创新、防范风险、趋利避害、健康发展"的总体要求，提出了一系列鼓励创新、支持互联网金融稳步发展的政策措施，积极鼓励互联网金融平台、产品和服务创新，鼓励从业机构相互合作，拓宽从业机构融资渠道，坚持简政放权和落实、完善财税政策，推动信用基础设施建设和配套服务体系建设。

《指导意见》按照"依法监管、适度监管、分类监管、协同监管、创新监管"的原则，确立了互联网支付、网络借贷、股权众筹融资、互联网基金销售、互联网保险、互联网信托和互联网消费金融等互联网金融主要业态的监管职责分工，落实了监管责任，明确了业务边界。

《指导意见》坚持以市场为导向发展互联网金融，遵循服务好实体经济、服从宏观调控和维护金融稳定的总体目标，切实保障消费者合法权益，维护公平竞争的市场秩序，在互联网行业管理，客户资金第三方存管制度，信息披露、风险提示和合格投资者制度，消费者权益保护，网络与信息安全，反洗钱和防范金融犯罪，加强互联网金融行业自律以及监管协调与数据统计监测等方面提出了具体要求。

（二）互联网支付与网络借贷监管

互联网支付是指通过计算机、手机等设备，依托互联网发起支付指令、转移货币资金的服务。互联网支付应始终坚持服务电子商务发展和为社会提供小额、快捷、便民小微支付服务的宗旨。银行业金融机构和第三方支付机构从事互联网支付，应遵守现行法律法规和监管规定。第三方支付机构与其他机构开展合作的，应清晰界定各方的权利义务关系，建立有效的风险隔离机制和客户权益保障机制；要向客户充分披露服务信息，清晰地提示业务风险，不得夸大支付服务中介的性质和职能。互联网支付业务由中国人民银行负责监管。

网络借贷包括个体网络借贷（即 P2P 网络借贷）和网络小额贷款。个体网络借贷是指个体和个体之间通过互联网平台实现的直接借贷。在个体网络借贷平台上发生的直接借贷行为属于民间借贷范畴，受合同法、民法通则[1]等法律法规以及最高人民法院相关司法解释规范。个体网络借贷要坚持平台功能，为投资方和融资方提供信息交互、撮合、资信评估等中介服务。个体网络借贷机构要明确信息中介性质，主要为借贷双方的直接借贷提供信息服务，不得提供增信服务，不得非法集资。网络小额贷款是指互联网企业通过其控制的小额贷款公司，利用互联网向客户提供的小额贷款。网络小额贷款应遵守现有小额贷款公司监管规定，发挥网络贷款优势，努力降低客户融资成本。网络借

---

[1] 此处为《关于促进互联网金融健康发展的指导意见》原文。2020 年 5 月 28 日，第十三届全国人民代表大会第三次会议表决通过了《中华人民共和国民法典》，自 2021 年 1 月 1 日起施行。《中华人民共和国合同法》《中华人民共和国民法通则》同时废止。

贷业务由银监会①负责监管。

金融视野

《网络借贷信息中介机构业务活动管理暂行办法》摘录

第十条　网络借贷信息中介机构不得从事或者接受委托从事下列活动：

（一）为自身或变相为自身融资；

（二）直接或间接接受、归集出借人的资金；

（三）直接或变相向出借人提供担保或者承诺保本保息；

（四）自行或委托、授权第三方在互联网、固定电话、移动电话等电子渠道以外的物理场所进行宣传或推介融资项目；

（五）发放贷款，但法律法规另有规定的除外；

（六）将融资项目的期限进行拆分；

（七）自行发售理财等金融产品募集资金，代销银行理财、券商资管、基金、保险或信托产品等金融产品；

（八）开展类资产证券化业务或实现以打包资产、证券化资产、信托资产、基金份额等形式的债权转让行为；

（九）除法律法规和网络借贷有关监管规定允许外，与其他机构投资、代理销售、经纪等业务进行任何形式的混合、捆绑、代理；

（十）虚构、夸大融资项目的真实性、收益前景，隐瞒融资项目的瑕疵及风险，以歧义性语言或其他欺骗性手段等进行虚假片面宣传或促销等，捏造、散布虚假信息或不完整信息损害他人商业信誉，误导出借人或借款人；

（十一）向借款用途为投资股票、场外配资、期货合约、结构化产品及其他衍生品等高风险的融资提供信息中介服务；

（十二）从事股权众筹等业务；

（十三）法律法规、网络借贷有关监管规定禁止的其他活动。

资料来源：中国银行保险监督管理委员会网站．

（三）股权众筹融资和互联网基金销售监管

股权众筹融资主要是指通过互联网形式进行公开小额股权融资的活动。股权众筹融资必须通过股权众筹融资中介机构平台（互联网网站或其他类似的电子媒介）进行。股权众筹融资中介机构可以在符合法律法规规定的前提下，对业务模式进行创新探索，发挥股权众筹融资作为多层次资本市场有机组成部分的作用，更好地为创新创业企业服务。股权众

---

① 此处为《关于促进互联网金融健康发展的指导意见》原文。2018年3月，中国银行保险监督管理委员会成立，不再保留中国银行业监督管理委员会。

筹融资方应为小微企业，应通过股权众筹融资中介机构向投资人如实披露企业的商业模式、经营管理、财务、资金使用等关键信息，不得误导或欺诈投资者。投资者应当充分了解股权众筹融资活动风险，具备相应的风险承受能力，进行小额投资。股权众筹融资业务由证监会负责监管。

基金销售机构与其他机构通过互联网合作销售基金等理财产品的，要切实履行风险披露义务，不得通过违规承诺收益方式吸引客户；基金管理人应当采取有效措施防范资产配置中的期限错配和流动性风险；基金销售机构及其合作机构通过其他活动为投资人提供收益的，应当对收益构成、先决条件、适用情形等进行全面、真实、准确表述和列示，不得与基金产品收益混同。第三方支付机构在开展基金互联网销售支付服务过程中，应当遵守中国人民银行、证监会关于客户备付金及基金销售结算资金的相关监管要求。第三方支付机构的客户备付金只能用于办理客户委托的支付业务，不得用于垫付基金和其他理财产品的资金赎回。互联网基金销售业务由证监会负责监管。

（四）互联网保险业监管

保险公司开展互联网保险业务，应遵循安全性、保密性和稳定性原则，加强风险管理，完善内控系统，确保交易安全、信息安全和资金安全。专业互联网保险公司应当坚持服务互联网经济活动的基本定位，提供有针对性的保险服务。保险公司应建立对所属电子商务公司等非保险类子公司的管理制度，建立必要的防火墙。保险公司通过互联网销售保险产品，不得进行不实陈述、片面或夸大宣传过往业绩、违规承诺收益或者承担损失等误导性描述。互联网保险业务由保监会负责监管[①]。

（五）其他金融科技监管

互联网信托和互联网消费金融。信托公司、消费金融公司通过互联网开展业务的，要严格遵循监管规定，加强风险管理，确保交易合法合规，并保守客户信息。信托公司通过互联网进行产品销售及开展其他信托业务的，要遵守合格投资者等监管规定，审慎甄别客户身份和评估客户风险承受能力，不能将产品销售给与风险承受能力不相匹配的客户。信托公司与消费金融公司要制定完善产品文件签署制度，保证交易过程合法合规，安全规范。互联网信托业务、互联网消费金融业务由银监会负责监管[②]。

三、金融科技展望

2016 年被业内称为金融科技"监管元年"，金融科技的发展将更加规范化。如果把视

---

① 此处为《关于促进互联网金融健康发展的指导意见》原文。2018 年 3 月，中国银行保险监督管理委员会成立，不再保留中国保险监督管理委员会。

② 此处为《关于促进互联网金融健康发展的指导意见》原文。2018 年 3 月，中国银行保险监督管理委员会成立，不再保留中国银行业监督管理委员会。

野放得再长远一些，未来金融科技又会有怎样的发展呢？

（一）金融科技与传统金融合作竞争

金融科技与传统银行将会形成错位竞争、互补共赢的局面。由于客户黏性、偏好、金融基础设施、风险以及客户定位的差异，金融科技不但不会与传统金融发生明显"遭遇战"，反而会成为对现有金融体系的有益补充，优化金融生态；与此同时，传统金融行业可以借助大数据、云计算等手段，主动接轨金融科技的业务领域。在经过了一段时间的野蛮发展和无序竞争之后，两者将会达到合作共赢、互补共生的均衡状态。

（二）金融科技创新与完善监管并存

金融科技凭借技术和机制优势，降低了交易成本，扩展了金融服务的广度和深度，也为金融监管提出了一系列挑战与难题，如金融安全、金融消费者保护、参与主体的偏好与黏性、信用缺失、制度缺失、技术风险、商业模式不稳定、机制僵化、监管滞后等问题。除了"互联网＋银行""互联网＋保险""互联网＋证券"，还有 P2P、众筹、供应链金融、第三方支付、比特币等新生金融业态的蓬勃发展，这些都对行业监管的前瞻性、科学性提出了更高的要求。如何建立完善的监管制度、如何发挥金融科技协会的自律管理功能以及如何贯彻有效的分类监管手段都是未来需要细化探讨的焦点。

（三）金融科技与金融文化生态共生

金融科技更加关注微观个体与文化转向。金融科技更多关注微观个体的性格、思维与行为特征，其发展背后深层次的文化与制度原因将更受到重视。例如：性别对投资目标、投资方向、风险偏好及投资回报期望均有影响；消费者的个性、观念、态度及忠诚度等要素对其接纳金融科技的影响。此外，经济主体的金融素养、面对金融创新的微观个体差异、文化金融等都将对金融科技的发展产生持续影响。

银行业是否会成为"新世纪的恐龙"？新生的金融科技如何走？能走多远？走到哪里去？有哪些商业机会？有太多的问题值得我们去探索、去追寻。我们应该庆幸生活在这样一个充满创造力和生命力的时代，能够见证金融科技新发展的到来！

本章小结

1. 金融科技是技术驱动的金融创新，旨在运用现代科技成果改造或创新金融产品、经营模式、业务流程等，推动金融发展提质增效。

2. 金融科技模式层出不穷，而且在不断发展，当前主要有第三方支付、众筹、互联网金融门户等模式。

3. 金融科技理财是指应用大数据、云计算等技术，常常通过互联网管理理财产品，获取一定利益。金融科技理财已经渗透到银行、证券、保险等传统金融行业，并与各种金融科技模式相结合。

4. 和传统金融一样，金融科技存在市场风险、信用风险、流动性风险和操作风险等金融领域的共性风险，此外还具有法律定位不明、监管难度较高、个人信息易泄露等特性风险。

想一想

1. 简述金融科技的主要模式。
2. 比较国内外金融科技发展的异同。
3. 什么是金融科技理财？金融科技理财与一般理财有什么区别与联系？
4. 金融科技有哪些风险？
5. 谈一谈你对金融科技未来发展趋势的认识。

算一算

搜索并登录一家众筹网站，浏览一下已经过了募集期的众筹项目，大致估算一下众筹项目的成功概率。

查一查

1. 根据金融科技的主要模式的介绍，针对每种模式，各搜索并登录一家有代表性的网站，浏览并思考你是否喜欢这种模式，并说明原因。
2. 搜索《金融科技（FinTech）发展规划（2019—2021 年）》全文，结合所学内容，谈一谈你对当前金融科技发展有何认识或疑问。

参考文献

REFERENCES

1. 阿瑟·J. 基翁. 个人理财：第 6 版 ［M］. 郭宁，汪涛，译. 北京：中国人民大学出版社，2016.

2. 弗雷德里克·S. 米什金. 货币金融学：第 11 版 ［M］. 郑艳文，译. 北京：中国人民大学出版社，2016.

3. 兹维·博迪，罗伯特·C. 默顿，戴维·L. 克利顿. 金融学：第 2 版 ［M］. 曹辉，曹音，译. 北京：中国人民大学出版社，2018.

4. 维克托·迈尔-舍恩伯格，肯尼思·库克耶. 大数据时代 ［M］. 盛杨燕，周涛，译. 杭州：浙江人民出版社，2013.

5. 苏珊娜·奇斯蒂，亚诺什·巴伯斯. Fintech：全球金融科技权威指南 ［M］. 邹敏，李敏艳，译. 北京：中国人民大学出版社，2017.

6. 陈宇. 风吹江南之互联网金融 ［M］. 北京：东方出版社，2014.

7. 陈雨露. 国际金融 ［M］. 7 版. 北京：中国人民大学出版社，2023.

8. 郭福春，姚星垣. 经济金融指标解读 ［M］. 2 版. 北京：科学出版社，2015.

9. 郭福春，陶再平. 互联网金融概论 ［M］. 北京：中国金融出版社，2015.

10. 黄达. 金融学 ［M］. 4 版. 北京：中国人民大学出版社，2017.

11. 李耀东，李钧. 互联网金融：框架与实践 ［M］. 北京：电子工业出版社，2014.

12. 刘勇等. 金融科技十讲 ［M］. 北京：中国人民大学出版社，2021.

13. 王静，裘晓飞. 个人理财 ［M］. 2 版. 北京：科学出版社，2015.

14. 姚星垣. 绿色金融 50 问 ［M］. 杭州：浙江工商大学出版社，2021.

15. 姚星垣，郭福春. 经济金融指标解析 ［M］. 北京：中国人民大学出版社，2021.

16. 周建松. 货币金融学基础 ［M］. 2 版. 北京：高等教育出版社，2014.

图书在版编目（CIP）数据

金融学基础 / 周建松主编；姚星垣副主编. --4 版
. --北京：中国人民大学出版社，2024.6
新编 21 世纪高等职业教育精品教材 . 金融类
ISBN 978-7-300-32851-5

Ⅰ.①金… Ⅱ.①周… ②姚… Ⅲ.①金融学—高等
职业教育—教材 Ⅳ.①F830

中国国家版本馆 CIP 数据核字（2024）第 102571 号

"十四五"职业教育国家规划教材
新编 21 世纪高等职业教育精品教材·金融类
金融学基础（第四版）
主　编　周建松
副主编　姚星垣
Jinrongxue Jichu

出版发行	中国人民大学出版社			
社　　址	北京中关村大街 31 号		**邮政编码**	100080
电　　话	010 - 62511242（总编室）		010 - 62511770（质管部）	
	010 - 82501766（邮购部）		010 - 62514148（门市部）	
	010 - 62515195（发行公司）		010 - 62515275（盗版举报）	
网　　址	http://www.crup.com.cn			
经　　销	新华书店			
印　　刷	北京七色印务有限公司		**版　　次**	2013 年 8 月第 1 版
开　　本	787 mm×1092 mm　1/16			2024 年 6 月第 4 版
印　　张	17.75 插页 1		**印　　次**	2025 年 8 月第 3 次印刷
字　　数	395 000		**定　　价**	48.00 元